慣用表現・変則的表現から見える英語の姿

慣用表現・変則的表現　から見える　英語の姿

住吉 誠・鈴木 亨・西村義樹［編］

開拓社

まえがき

　英語の文法について実証的な研究を進めていくと，そこにはそれぞれに独自の特徴を持つ多様な語法や表現が存在し，一般化による説明の試みが想定外の事例に裏切られるという体験は，多くの研究者が共有するところであろう．一方，そのような事例を，「慣用」や「変則」という名の下で単なる例外として脇に片づけておくことができずに，その存在理由や来歴の探究にこだわってしまうのも，文法研究者の性ではないだろうか．

　本書は，2017年11月19日に東北大学で開催された日本英語学会のシンポジウム「慣用表現・変則的表現から見える英語の姿」（司会・講師：住吉誠，講師：西村義樹，内田聖二，コメンテーター：八木克正）をきっかけに生まれた論文集である．このシンポジウムでは，異なる理論的立場や研究アプローチから具体的な慣用表現や変則的表現を分析することにより，現代英語の多様な姿を明らかにするとともに，慣用表現・変則的表現を研究することの理論的意義を再評価するというテーマが掲げられていた．幸いシンポジウムには多くの熱心な聴衆に参加していただき，会場でも活気ある議論が交わされた．これに手応えを感じた上記発表者4名に，当時大会運営委員としてシンポジウムの企画に関わった鈴木亨・都築雅子が加わった6人のメンバーでシンポジウム終了後に意見交換を行い，このシンポジウムの成果を発展的な形で書籍化して記録に残したいということになった．最終的に，住吉誠，鈴木亨，西村義樹の3名が編者を務めることとなり，関連分野の気鋭の研究者に声をかけ，英語の慣用表現・変則的表現について理論的に研究することの現代的意義に賛同いただいた方々にそれぞれの立場から論文を執筆していただき，全部で13本の論文からなる本書が完成するにいたった．

　ここに収められた各論文は，具体的な慣用表現や変則的表現の分析を通じて，変容する現代英語の姿を多面的に明らかにしていくとともに，様々な理論的視点から文法における慣用性や変則性とは何かという問題を掘り下げ，

一見逸脱的あるいは周辺的に見える事象を深く追求することが，言語の本質にある創造性や可塑性，変化や変異への志向など，より大きな問題の解明へとつながる可能性を示している．

　本書では「慣用表現」や「変則的表現」をゆるやかにとらえ，慣用的な語法や好まれる言い回しから，コロケーションや構文，従来の言語理論や英文法の規範的説明からもれてしまうような事象，さらには特定の言語使用域で見られる現象まで広く含めて考えている．これらの「不規則」または「周辺的」な表現としての慣用表現・変則的表現が，伝統的な文法研究や言語理論においてどのように扱われてきたか，その概説ついては，〈序論〉となる第I部を参照していただきたい．第II部〈変容する現代英語の語法〉では，比較的新しくまだ一般にはあまり認知されていないと思われる最近の語法に焦点を当てた4編の論文をまとめている．第III部〈慣用表現の成立と文法〉は，いわゆる慣用表現と呼ばれるものがどのように実質化されていくのか，そのプロセスや成立条件を解明する4編の論文から構成される．第IV部〈構文の意味と慣用の拡がり〉は，構文という枠組みにおいて意味解釈が拡張的な変異を示す事例について考察する2編の論文からなる．最後に第V部〈言語使用における慣用と変則〉には，コーパス解析や語用論の視点から特定の言語使用域（文体）における慣用や変則の様相を分析した2編の論文を収めている．

　文法研究においては，一般化された規則による説明が言語の体系的な成り立ちを実感させてくれる側面も確かにあるが，一方でそのような一般化からはこぼれ落ちてしまうような「不規則」または「周辺的」な現象を問い直すところから，従来の言語観の更新を迫るような深い洞察が得られることもある．これはおそらく言語そのものが，体系化や規範性を志向する側面と，そこに収まらずに解放されていく創造的・拡張的な側面を併せ持つことを反映していると思われる．ここに収録された各論文は，概ね後者の側面，すなわち慣用や例外的・周辺的な事例を分析することに注力しているが，本論文集が全体として示唆しているのは，そのような変則的な拡がりから見えてくる，反転された新たな言語観・文法観の可能性である．そこには，本書で取り上げたような慣用表現・変則的表現は我々の言語に遍在するものであり，

そのありようは深いところで人間言語の本質に触れているのではないかという気づきが含まれている．

　最後になるが，本書を出版するにあたり，企画から完成に至るまで開拓社の川田賢氏には貴重な助言をいただいた．ここに記し感謝の意を表したい．

　2019 年 7 月

住吉誠・鈴木亨・西村義樹

目　次

まえがき　v

第 I 部　序　論

第 1 章　慣用表現・変則的表現はどう考察されてきたか
　………………………………住吉　誠・鈴木　亨・西村義樹　2

第 II 部　変容する現代英語の語法

第 2 章　現代アメリカ英語の rumor
　　　——Corpus of Contemporary American English の分析から——
　………………………………………………………………家入葉子　18

第 3 章　「懸念」を表す fear について
　…………………………………………………………五十嵐海理　35

第 4 章　句読法から語用論標識へ
　　　——Period の談話機能の発達と今後のアメリカ英語について——
　………………………………………………………………柴﨑礼士郎　54

第5章　動詞のパタンに見られる変則性
　　　　　………………………………………………………… 住吉　誠　70

第 III 部　慣用表現の成立と文法

第6章　慣用表現 "if X is any indication [guide]" について
　　　　　………………………………………………………… 平沢慎也　90

第7章　使用基盤モデルから見た make/let 使役構文
　　　　　………………………………………………………… 西村義樹　108

第8章　結果構文の強意読みと慣用表現
　　　　　………………………………………………………… 都築雅子　126

第9章　断定のモダリティ表現 "it is that" の特性
　　　　　………………………………………………………… 八木克正　146

第 IV 部　構文の意味と慣用の拡がり

第10章　three brothers and sisters の不思議
　　　　　………………………………………………………… 小早川　暁　164

第11章　活動動詞を含む属性評価文の拡張と両義的解釈
　　　　　………………………………………………………… 鈴木　亨　188

第 V 部　言語使用における慣用と変則

第 12 章　コーパス解析に基づくテキストジャンルと
　　　　　名詞の用法の関係性
　　　　　………………………………………………後藤一章　206

第 13 章　フィクションのテンスとダイクシス
　　　　　………………………………………………内田聖二　226

執筆者紹介 ………………………………………………………… 247

第Ⅰ部

序　論

第 1 章

慣用表現・変則的表現はどう考察されてきたか

住吉　誠・鈴木　亨・西村義樹
関西学院大学・山形大学・東京大学

1. はじめに

　本書の各論文でいう「慣用表現」「変則的表現」は，様々な言語現象を包含する．「慣用表現」や「イディオム」(idiom) というと，ことわざや定型の成句といった狭義の慣用表現を思い起こしがちである．しかしながら，本書では「慣用表現」を柔軟にとらえ，古くは Smith (1925) が述べているように，広義の慣用も指すものと考えたい．

> (1)　… "idioms" … has various meanings … "Idiom" is sometimes used, in English … to describe the form of speech peculiar to a people or nation … We also use "idiom" for … those forms of expression, of grammatical construction, or of phrasing, which are peculiar to a language, and approved by its usage, although the meanings they convey are often different from their grammatical or logical signification.　　　　　　(Smith (1925: 167))

同趣旨の定義づけは，小西（編）(2006: 602) にも見られる．そこでは，「イディオム，慣用語句」を広義にとらえた「ある言語に特有の言語表現，その言語そのものがイディオム」という考え方と，「一言語内で文法的あるいは意味的観点から，論理的に説明のつかない言語現象」という狭義の考え方が紹介されている．

このように「慣用」をより柔軟にとらえれば，いわゆる熟語や慣用句だけでなく，語の慣習的使用法，コロケーション，複数語の連鎖，補文，（構文文法でいう）構文，語用論的慣用，名詞の出現位置とジャンルの相関性など，様々な現象をその研究対象に含めて考えることができる．[1] 三好（1977: 257）は，ドイツ語では静止・運動を表す動詞が不定詞の印である zu を伴わない単純不定詞と密接に結合し，ある種の熟語的成句となると述べているが，これはドイツ語の慣用であるし，同じように，使役動詞 make が原形不定詞と使われる構造はまさしく英語らしい英語（idiomatic English）のひとつと言えるだろう．

また「変則的表現」は従来の文法規則や規範などからみると逸脱していると思われる例を指す．「逸脱」という表現はネガティブなイメージを与えるが，視点を変えて通常の文法規則に合致しない形を英語の「しなやかさ」を示す例としてみるのであれば，そこには斬新で豊饒な英語の世界が広がっている．そのような「変則性」は現在起こっている英語の変化の具体的現れであることもあるし，これまで気づかれていなかった英語の定型化であることもある．また人間の言語使用の創造的な部分が表れている部分でもある．

従来このような「変則性」がすなわち「慣用」であるととらえられることが多かったが，「変則性」が「慣用」であっても，「慣用」が必ずしも「変則」であるわけではない．「慣用」の中には，文法的には英語の文法に合致した正則的表現も含まれる．このような「正則」も慣用としてみなすことができるようになったことは，コーパス言語学の進展によるところが大きい．

「変則性」を単なる文法規則違反ととらえる向きもあるが，言語はかならず規則的な部分と不規則な部分を持つ．

---

[1] Croft and Cruse (2004: 230) は, idiom を grammatical units larger than a word which are idiosyncratic in some respect とし, it takes one to know one, pull a fast one, bring down the house, wide awake, sight unseen, all of a sudden, (X) blow X's nose, Once upon a time … といった例を挙げている．本書でいう「慣用表現」はこれらよりも多様な言語表現を含むものである．

(2) We must recognize that language is a mixture of regularity and irregularity, and deal with this fact in a natural, appropriate way.

(Langacker (1987: 45))

どちらを主と考えるかは立場によるが,近年は Taylor (2012) のように不規則性に注目する立場の研究者が出てきている.古くは大塚 (1956: 140) が「一方では,言語は規則的になろうとする.するとまた他方では,種々の原因から不規則的になろうとする.この規則的ならんとする傾向と,不規則的ならんとする傾向の相剋が具体的言語の姿である.だから文法上の研究は,規則性に着眼した組織としての研究と,不規則性に着眼しての反規則的な箇々の事実の説明,その何れかにある筈である」と述べている.このような考え方に立てば,不規則性を中心に据えた研究の重要性も理解できる.日本の伝統的な英語研究と最新の認知文法の考え方が重なりを見せているのは極めて興味深い.

この章では,必ずしも組織だった記述ではないが,(狭義・広義問わず) 慣用表現や変則的表現が各理論や立場でどのようにとらえられてきたか,考察されてきたかを概観する.個別の具体的な問題にどのようなものが含まれるのかについては,第 2 章以下の議論を参照されたい.ここではやや総花的にはなるが,慣用や変則についてそれぞれの立場の考え方を紹介することで,第 2 章以降の個別事例研究を理解するための手助けとしたい.

2. 伝統文法・記述的英文法

狭義の慣用表現が表す意味については,Sweet (1891: 183) が以下のように述べている.

(3) … the distinction between an idiom and an ordinary 'general' sentence is that in the former the meaning of the whole is isolated from that of its elements.

これは現代でいう「意味の非合成性」の考え方と同じである.このような慣

用表現の意味の非合成性は，近年さかんになってきたフレイジオロジーの中心的な考え方をなす．

また，形態的な特徴に目を転じれば，次のような Jespersen (1924: 18) の意見が目に留まる．

(4) Some things in language—in any language—are of the formula character; that is to say, no one can change anything in them.

ここでは，慣用表現を狭義にとらえ，その構成する要素を変えることができない固定した連鎖であるとしている．慣用表現の持つこのような「固定性」を大規模コーパスによって検証したものが Moon (1998) であるが，実際には狭義の慣用表現においても，それを構成する単語の入れ替わりは頻繁であり，かなりの「しなやかさ」が確認されている．

次に変則性について見てみよう．Quirk et al. (1985: 838) は，「変則」(irregular) とは何かについて正確な説明は難しいと断りながら「節構造の規則的パタンに合致しないもの」を「変則文」(irregular sentence) と呼び，(i) Long live the Queen! といった慣用表現，(ii) 従属節のみで成立する If only I had been there! といった形，(iii) Sorry to hear about your father. のように節の主要要素を欠くものの3つに分類している．実際問題として，「規則的パタンに合致しないもの」を文字通りにとらえれば，Long live the Queen! といった慣用表現のみならず，多種多様な事例を含めることができるだろう．

このような現代英語にみられる不規則性は，前時代において規則的なものであった場合がある．

(5) Irregularities in one stage are in many instances recognized as survivals of regularities in older stages.　　(Jespersen (1924: 31f.))

動詞の屈折などを含む多くの場合において，このような古い時代の規則の残滓が現代英語において不規則性を示す事例となることがある．しかし，すべてをこの考え方で説明できるわけではないこともまた事実である．だからこそ不規則性を深く考察する価値があると言えるだろう．

(6) A phrase like "How do you do?" is entirely different from such a phrase as "I gave the boy a lump of sugar." In the former everything is fixed. (Jespersen (1924: 18ff.))

How do you do? のように完全に固定したフレーズを慣用表現とみなすだけでなく，二重目的語の表現についても「フレーズ」という語で説明しているのは，極めて示唆的である．Jespersen はこれに続けて，「単語が固定化している How do you do? と異なり，使用される単語は様々であるが，文の構造のタイプが固定化している」(the type is fixed) と述べており，二重目的語構文が英語の慣用であることを指摘している．最初の定義にしたがえば，広義の慣用の例であり，このような考え方は現代の構文文法の考え方と通じる部分である．

さらに，慣用表現は全体として一つの固まりとして扱われるということも指摘されている (Jespersen (1924: 18))．後の構文文法やフレイジオロジーと異なり，それぞれの考え方が断片的な言及にとどまっていたということはあるが，様々な慣用表現についての考え方の土台はこの段階でほぼ作られていたと考えてよい．次の引用には，フレイジオロジーや構文文法でも中心となるような考え方が見える．

(7) A formula may be a whole sentence or a group of words, or it may be one word, or it may be only part of a word, —that is not important, but it must always be something which to the actual speech-instinct is a unit which cannot be further analyzed or decomposed in the way a free combination can. The type or pattern according to which a formula has been constructed, may be either an extinct one or a living one; but the type or pattern according to which a free expression is framed must as a matter of course be a living one; hence formulas may be regular or irregular, but free expression always show a regular formation.
(Jespersen (1924: 24))

3. 認知文法

Ronald W. Langacker の創始した認知文法では，以下の引用から見て取れるように，母語話者の言語使用を可能にする知識における慣用表現の重要性が最初期から注目されていた．

(8) … In the classic conception (now considerably modified), syntax was thought to deal with novel, multiword expressions (phrases, clauses, and sentences) assembled in accordance with general rules. Lexicon was the province of fixed expressions, most no larger than single words; not predictable by rules of any generality, they had to be listed individually. The two classes thus stood sharply opposed with respect to novelty, generality, and size.

　This dichotomous perspective made it inevitable that a large body of data fitting neither category would be mostly ignored. I refer here to the huge set of stock phrases, familiar collocations, formulaic expressions, and standard usages that can be found in any language and thoroughly permeate its use. (中略)

　There are literally thousands of these **conventional expressions** in a given language, and knowing them is essential to speaking it well. This is why a seemingly perfect knowledge of the grammar of a language (in the narrow sense) does not guarantee fluency in it; learning its full complement of conventional expressions is probably by far the largest task involved in mastering it. Yet conventional expressions have received so little attention that I found it necessary to invent this term for the class as a whole.

(Langacker (1987: 35-36))

認知文法の最大の特徴の1つは，先行理論である生成文法ではほぼ完全に無視されていたために名称すら与えられていなかった慣用表現がきわめて重要な役割を果たすものとして言語知識を捉え直すところにあると言ってもよ

いほどである。[2]

　母語話者の言語知識は，特定の形式（発音，綴りなど）と特定の意味とが慣習的に結びついた表現の単位として1つ1つ記憶に蓄えられている語彙項目の集合である語彙と，複数の語彙項目から複合的な表現を新規に組み立てるためのパタンの集成としての文法，という2つの領域に分かれていると考えること——Taylor (2012) が「辞書＋文法書モデル」と呼ぶもの——が言語学でも外国語教育でも一般化している．このようなモデルの考察の範囲から外れてしまう現象こそが上の引用でその重要性が強調されている類の慣用表現[3]にほかならない．そのような慣用表現は，文法のパタンの適用例であるため（伝統的な意味での）語彙項目ではなく，語彙項目を含むために（こちらも伝統的な意味での）文法のパタンでもないからである．しかし，そうした慣用表現の知識が母語話者として言語を使用するために必要不可欠であるとするならば，「辞書＋文法書モデル」に代る言語知識のモデルが必要となる．そうした代案として Langacker が提唱するのが第7章に登場する使用基盤モデル (usage-based model) である．[4]

4. 語彙意味論と構文文法

　従来の生成文法では，規則の一般化に従わない変則的表現について，それがある程度慣用的に定着したものである場合には，いわゆるイディオムとして，またその解釈が文脈や場面に大きく依存するような場合には，語用論の問題として，いずれも理論的考察からは例外的，あるいは周辺的な扱いを受

---

[2] Langacker が言語知識における慣用表現の重要性に注目し始めたのは，遅くとも，認知文法の着想を得たとされる1976年に遡る．Langacker (1976) 参照．この論文では，広義の慣用表現に相当するものが "conventional modes of expression" と呼ばれている．この意味での慣用表現と Whorf (1956 [1939]) の好まれる言い回し (fashions of speaking) との関連性については西村・長谷川 (2016) を参照．

[3] (8) の引用で省略した箇所には，hold ... responsible for, I don't care, mow the lawn, have great respect for, I'll do the best I can, answer the phone, underlying assumptions などが例として挙げられている．

[4] 使用基盤モデルについては Langacker (1988, 2000, 2005) 参照．Taylor (2012) はこのモデルの (Langacker (2005) の意味での) ラディカルな解釈に基づく斬新な試みである．

ける傾向があった．しかし，近年，広い意味で生成文法の流れをくむ意味論研究である概念意味論 (Jackendoff (1997))，語彙意味論 (Rappaport Hovav and Levin (1998))，生成語彙論 (Pustejovsky (1995)) などに加え，認知言語学の中でも形式化の志向が比較的強い構文文法 (Goldberg (1995), Michaelis (2004)) においても，規則の一般化によってとらえにくい変則事例，とりわけ語の本来の意味が文脈に応じて弾性 (elasticity) をもって柔軟に読み換えられるような事例に関して，強制 (coercion)，もしくはそれに類する意味解釈のしくみが提案され，広く議論されている．例えば，構文文法における強制に相当する1つの提案としては，Michaelis (2004) の上書き原理 (the override principle) がある．

(9) The override principle: If a lexical item is semantically incompatible with its syntactic context, the meaning of the lexical item conforms to the meaning of the structure in which it is embedded. (Michaelis (2004: 25))

理論や研究者により名称や定式化は異なるが，一般に強制とは，特定の語とそれが生じる形態・統語構造に意味解釈上のずれ (mismatch) が生じる場合に，語の本来の意味を文脈に合わせて臨時に読み換える意味解釈のしくみである．これにより，慣習的に固定化された言語知識の体系においても，変則的に生じる表現に対し，一定の条件下で場面に応じた適切な解釈を与えることが可能になる．

例えば，本来は目的語をとらない自動詞である sneeze が，使役移動事象を表す他動詞構文の文脈に生じる He sneezed the napkin off the table. (Goldberg (1995: 54)) のような例においては，単に「くしゃみをする」という意味では文全体の整合的な解釈が成立しないが，the napkin という目的語と，off the table という移動の方向性を表す句を含む当該表現に限定して，「くしゃみをすることにより，モノを一定方向に動かす」という他動詞的な意味に拡張して解釈されることになる．

強制による変則的表現の分析においては，生成文法に近い語彙意味論や生成語彙論が概ね規則の体系性を前提としつつ，そこに例外や拡張事例の説明

をいかに取り込むかという点が意識されているのに対し，構文文法や認知文法では，使用基盤の視点から，強制における文脈への依存や背景知識の関与を言語システムの恒常的なあり方として位置づけようという志向があると思われる．しかし，そのような力点の違いをおいても，広義の強制に相当するしくみによる変則的事例のとらえ方が複数の異なる理論間で共有されるようになっているという点は興味深い．

　Audring and Booij (2016) によると，強制として分析される様々な事例は，文脈による強制の度合い（語の本来の意味が最終的にどの程度保持されるか）に応じて段階的に次の3つのタイプに分類することができる．

(10) a. 　選択強制 (coercion by selection)
　　 b. 　拡充強制 (coercion by enrichment)
　　 c. 　上書き強制 (coercion by override)

「選択強制」では，語彙情報に含まれる（優先順位がより低い）意味が選ばれる．あらかじめ規定された当該の語の複数の意味記述（語義）から文脈への適合度が高いものが選ばれるので，実質的に新たな意味が生じるというわけではない．例えば，drop the book と discuss the book では，前者の the book が物理的存在物を表すのに対し，後者は情報内容としての解釈を持つが，相対的に優先順位が低い後者の意味は，動詞 discuss との共起関係に対応して選択されると考えられる．2つ目の「拡充強制」では，当該語彙の意味特性は保持されたまま，文脈によって必要とされる意味情報が拡充される．例えば，begin the book と finish the beer では，それぞれ "reading" と "drinking" という活動を表す述語内容がいわば補われて，動詞補部の the book や the beer の意味が拡充されていると分析できる．3つ目の「上書き強制」は，語の意味が言語使用の場面に応じてその場かぎりで変更されるもので，文脈や言語外の知識にもっとも強く依存するタイプである．上で取り上げた動詞 sneeze のような事例は，これに相当すると考えられる．

　このように強制の適用範囲が段階的に連続性を持ったものとして特徴づけられるのであれば，もともとは文脈や場面に応じて要請された臨時の意味解釈が，その先に慣用化が進み，イディオムとなった定型表現や自立した語義

として定着していくというような，言語使用から言語変化への創造的かつ動的な側面を連続的にとらえることができると思われる．つまり，変則的に生じた表現における文法形式と意味のずれに対し，既存の言語知識とその場の文脈情報を調整し，それなりに整合的な解釈を与える強制のしくみは，言語の多様な変異や変化を支える創造的言語使用に不可欠な文法特性の1つであると考えることができる．

本書に収められた各論文が示すように，英語の真の姿を的確にとらえる上で変則的表現の「遍在」が認められるのであれば，文法形式と意味のずれを創造的に調整する強制のしくみは人間言語の本質的なあり方に深く関わっていることが示唆される．

5. コーパス言語学

コーパスの大規模化，コーパス言語学の進展により，言語使用においては文法規則を使用して発話のたびに単語を並べていくのではなく，単語の一定の固まりが頻繁に使用されることがわかってきた．そのような固まりは言語の大部分を成しているとされる．このような言語の「定型性」に触れた研究の中には，我々が読み書き話し聞くものの7割程度までが何らかの定型表現であると主張するものもある (Hill (2000: 53))．ここでコーパス言語学における代表的な研究を見ておこう．

Sinclair (1991: 110) は，発話をスロットが連続したものと考えて，そのスロットが文法規則に従ってひとつひとつの単語で埋められていくとする考え方を「開かれた選択の原則」(the open-choice principle)[5] と呼んだ．対して，発話者は単語の既成連鎖を使用して発話を行うとする考えを「イディオム原則」(the idiom-principle) と名付けた．この考え方では狭義の慣用表現だけではなく，通常の文法規則で分析できるような固まりも既成連鎖として認められる．コーパスを使用した研究は，一定の単語の固まりが頻繁に生じ，その連鎖全体がある意味を表すのに使用されていることを明らかにし

---

[5] この節の専門用語の日本語訳は，中野（他）(2015) に従った．

た．このような固まりは，全体として1つの単位として発話され理解される．発話者はそれを使用のたびに組み立てるのではなく，あたかもプレハブのように固まりのまま脳内辞書に収めていると考えられている．このような考え方は，文法よりも語が大きな役割を果たすので，語を中心に据えた言語モデルであると言える (McEnery and Hardie (2012: 143))．

Wray (2002) は慣用表現の研究であるが，生成文法で言われてきた，人間がこれまで見聞きしたことのない文を発話し理解できる生得的な能力を持っているという考えは全く妥当ではあるが，それがあまりにも強調されすぎてきたとし (p. 11)，複数の単語をまとまりで処理することは，（狭義の）イディオムに限らず，通常の文法規則でも分析できるような現象にも見られるとしている (p. 15)．ここには Sinclair のイディオム原則の影響が見られる．

コーパスの分析では，上でも述べたように，類似するまたは同じ語の連鎖が頻繁に使用されていることが明らかになる．これらを「語彙結束」(lexical bundles) と命名して注目したものに Biber et al. (1999: 990ff.) がある．自然な発話において，一緒に使われる語の連鎖のことである．統語的な区切りにかかわらず連鎖として生じるものを固まりととらえるため，扱われている表現を見ると I thought that was のようなものが多数あり，必ずしも意味的なまとまり (semantic unit) に対応するものではない．

コーパスを使用した連鎖や固まりの研究は他にも Hunston and Francis (2000), Stubbs (2002) や Hoey (2005) がある．Hoey は，コロケーションだけでなく，それらが現れやすい構造（コリゲーション）や文脈といった場も含めて語が習得されると考えている．いずれにせよ，このような研究は，文法規則に単語を当てはめていくという，従来の考えではなく，語を考察の中心に据えてその語がどのような語と使用されるか，どのようなパタンを持つかという問題を扱う．

6. フレイジオロジー

フレイジオロジーとは，複数の語からなる慣用的な連鎖や定型表現の研究である (Granger and Meunier (2008: XIX))．このような連鎖は，文そのもの

の時もあるし，単語と文の中間的なものもある．このような連鎖には，コロケーション，成句，イディオム，諺，パタン，特定の語が取る構文，補文構造などが含まれる．また上で触れた語彙結束も含まれる（八木（2015: 71f.））．

本書との関係で言えば，語を研究の中心に据えるフレイジオロジーは慣用と個別の変則性を扱うのに適した分野と言える．以下の引用文中の phraselogisms とは，ある意味を表すのに使用される語の定型連鎖と考えられたい．

(11)　… the analysis of phraseologisms does not only reveal patterns, and maybe peculiarities, of usage …　　　(Gries (2008: 18))

このような連鎖は，意味の非合成性，統語的な固定性，機能といったような観点からいくつかの範疇に分けることができる（どのような基準で何をフレーズとみなすかについての議論は Gries (2008) を参照）．意味的な非合成性や構成要素の単語が入れ替わるかどうかといった問題は，上で触れた伝統的英文法でも論じられていたが，フレイジオロジーはそれをより体系化しようとする試みとも考えられる．このように幅広い現象を実証的に扱うフレイジオロジーが台頭していることの背景には，定型連鎖の研究が言語研究の端役ではなく，主役になってきていることがある (Granger and Meunier (2008: XIX))．

フレイジオロジーで扱われる事例は，構文文法で扱われるそれと類似するものが多い．どちらもある種の慣用性を扱うということで親和性の高さがある (Wray (2002: 10, 15))．ただしフレイジオロジーはあくまでも語の連鎖をみるので，構文文法で取り上げられる $[_{VP} V\ OBJ_1\ OBJ_2]$ のような抽象化された項構造を扱うことはないとする意見もある (Gries (2008: 8))．

フレイジオロジーで扱われる現象は，従来の狭義の慣用表現だけではない．これまで通常の文法の範疇にあったものが，フレイジオロジーの中で扱われることも増えてきた (Granger and Meunier (2008: XX))．文法規則で分析できるような統語形式を持つものであっても慣用的に連鎖として現れるのであれば，分析の対象とできる．本書の第2章以降で扱われる多くの現象が，変則・正則問わず語の使用法や語の固まりを扱っており，フレイジオロジーの考え方が言語分析に有益であることを示している．このような考え方は，Graddol (2004: 1330) が「文法の未来」という見出しの中で描いてい

るように，今後の文法の考え方の主流になっていくことが期待される．

(12) [M]uch of what we have expected of grammars can be better explained by focusing on words and the complex way in which they keep each other's company.

7. おわりに

これまで見てきたように，慣用表現やイディオム，変則性といったことは伝統文法の時代から認識されていたが，それが言語研究のより中心的な位置を占めるようになったのはここ20年ほどのことである．言語研究のデータが内省や直観にもとづくものから，コーパスが提供する実例に大きくシフトしている流れを考えれば，慣用性や変則性といったことが研究の中心になっていくのは至極当然とも言える．Quirk et al. (1972: 411) は，慣用表現を a residue of minor categories/something of a museum of oddments という表現で形容しているが，そのような考えはいまや昔のものとなった．本書のテーマは，慣用や変則性といった点から英語の姿を明らかにすることにある．慣用や変則性を中心に英語を見ることで，どのようなことが明らかにできるのか．その具体例については，本書に収められた各論文を参照されたい．

参考文献

Audring, Jenny and Geert Booij (2016) "Cooperation and Coercion," *Linguistics* 54, 617–637.

Croft, William and D. Alan Cruse (2004) *Cognitive Linguistics*, Cambridge University Press, Cambridge.

Goldberg (1995) *Constructions: A Construction Grammar Approach to Argument Structure,* University of Chicago Press, Chicago.

Graddol, David (2004) "The Future of Language," *Science* 303, 1329–1331.

Granger, Sylvian and Frabbt Meunier (2008) *Phraseology: An Interdisciplinary Perspective*, John Benjamins, Amsterdam.

Gries, Stefan Th. (2008) "Phraseology and Linguistic Theory," *Phraseology: A In-*

terdisciplinary Perspective, ed. by Sylviane Granger and Fanny Meunier, 3-25, John Benjamins, Amsterdam.

Hill, Jimmie (2000) "Revisiting Priorities: From Grammatical Failure to Collocational Success," *Teaching Collocation*, ed. by Michael Lewis, 47-69, Heinle, Boston, MA.

Hoey, Michael (2005) *Lexical Priming: A New Theory of Words and Language*, Routledge, London and New York.

Hunston, Susan and Gill Francis (2000) *Pattern Grammar*, John Benjamins, Amsterdam.

Jackendoff (1997) *The Architecture of the Language Faculty*, MIT Press, Cambridge, MA.

Jespersen, Otto (1924) *The Philosophy of Grammar*, Allen and Unwin, London.

小西友七（編）『現代英語語法辞典』三省堂，東京．

Langacker, Ronald W. (1976) "Semantic Representations and the Linguistic Relativity Hypothesis," *Foundations of Language* 14, 307-357.

Langacker, Ronald W. (1987) *Foundations of Cognitive Grammar, Volume I, Theoretical Prerequisites*, Stanford University Press, Stanford.

Langacker, Ronald W. (1988) "A Usage-Based Model," *Topics in Cognitive Linguistics*, ed. by Brygida Rudzka-Ostyn, 127-161, John Benjamins, Amsterdam and Philadelphia.

Langacker, Ronald W. (2000) "A Dynamic Usage-Based Model," *Usage Based Models of Language*, ed. by Michael Barlow and Suzanne Kemmer, 1-63, CSLI Publications, Stanford.

Langacker, Ronald W. (2005) "Construction Grammars: Cognitive, Radical, and less so," *Cognitive Linguistics: Internal Dynamics and Interdisciplinary Interaction*, ed. by Francisco José Ruiz de Mendoza Ibáñez and M. Sandra Peña Cervel, 101-159, Mouton de Gruyter, Berlin and New York.

McEnery Tony and Andrew Hardie (2012) *Corpus Linguistics*, Cambridge University Press, Cambridge.

Michaelis, Laura (2004) "Type Shifting in Construction Grammar: An Integral Approach to Aspectual Coercion," *Cognitive Linguistics* 15, 1-67.

三好助三郎（1977）『新独英比較文法』郁文堂，東京．

Moon, Rosamund (1998) *Fixed Expressions and Idioms in English: A Corpus-based Approach*, Oxford University Press, Oxford.

中野弘三・服部義弘・小野隆啓・西原哲雄（2015）『最新英語学・言語学用語辞典』開拓社，東京．

西村義樹・長谷川明香（2016）「語彙，文法，好まれる言い回し——認知文法の視点——」『日英対照 文法と語彙への統合的アプローチ：生成文法・認知言語学と日

本語学』, 藤田耕司・西村義樹（編）, 282-307, 開拓社, 東京.
大塚高信（1956）『英文法点描』泰文堂, 東京.
Pustejovsky, James (1995) *The Generative Lexicon*, MIT Press, Cambridge, MA.
Quirk, Randolph, Sidney Greenbaum, Geoffrey Leech and Jan Svartvik (1972) *A Grammar of Contemporary English*, Longman, London.
Quirk, Randolph, Sidney Greenbaum, Geoffrey Leech and Jan Svartvik (1985) *A Comprehensive Grammar of the English Language*, Longman, London.
Rappaport Hovav, Malka and Beth Levin (1998) "Building Verb Meanings," *The Projection of Arguments: Lexical and Compositional Factors*, ed. by Miriam Butt and Wilhelm Geuder, 97-134, CSLI Publications, Stanford.
Sinclair, John (1991) *Corpus Concordance and Collocation*, Oxford University Press, Oxford.
Smith, Logan P. (1925) *Words and Idioms: Studies in the English Language*, Constable and Company, London.
Stubbs, Michael (2002) *Words and Phrases: Corpus Studies of Lexical Semantics*, Blackwell, Oxford.
Sweet, Henry (1891) *A New English Grammar: Logical and Historical, Part I*, Oxford University Press, London.
Taylor, John, R. (2012) *The Mental Corpus: How Language is Represented in the Mind*, Oxford University Press, Oxford.
Whorf, Benjamin Lee (1956 [1939]) "The Relation of Habitual Thought and Behavior to Language," *Language, Thought, and Reality: Selected Writings of Benjamin Lee Whorf*, ed. by John B. Carroll, 134-159, MIT Press, Cambridge, MA.
Wray, Alison (2002) *Formulaic Language and the Lexicon*, Cambridge University Press, Cambridge.
八木克正（2015）「コーパスとフレイジオロジー」『コーパスと英文法・語法』, 深谷輝彦・滝沢直宏（編）, 71-90, ひつじ書房, 東京.

第 II 部

変容する現代英語の語法

第 2 章

現代アメリカ英語の rumor
―Corpus of Contemporary American English の分析から―

家入葉子

京都大学

1. はじめに

「うわさ」は基本的な社会現象の1つであるといえよう．しかしながら，英語の rumor は，中英語期の借用語である．*Oxford English Dictionary* (*OED*) で rumour を見ると，14世紀末の John Wyclif, Geoffrey Chaucer, John Trevisa 等の引用例から始まる．その意味は，"General talk, report, or hearsay, not based upon definite knowledge" (*OED*, s.v. *rumour*, n. 1a), または "A wide-spread report of a favourable nature" (*OED*, s.v. *rumour*, n. 2a) となっており，このうちの後者の意味は，現在ではもはや使用されなくなった．おそらく，借用された当初は両者にまたがるような意味で使用されていたものが，現在では，狭められた意味（特に否定的な意味合い）で使用するのが慣用となったのであろう．

このような視点から見ると，rumor はいくつかの点で，その用法に偏りがあり，他にも興味深い点がある．例えば，現代英語では，動詞の rumor は基本的に受動態に限られる．*OED* (s.v. *rumour*, v.) によれば，動詞の rumor は名詞の rumor よりも若干遅れ，15世紀からの使用となっている．初期の例としては能動態のものも挙がっているので，rumor が受動態で使用されるのが一般的となるのには，多少の時間がかかったようである．

このような興味深い事実があるにもかかわらず，rumor の語法への関心は高くない．*OED* をはじめ，多くの辞書は，rumor にあまり多くのスペー

スを割いていない．動詞の rumor について Toyota (2009) が議論している以外は，先行研究もほとんどない．Toyota (2009) は，受動態でのみ使用される動詞として，aggrieve, cloister, repute, rumor の歴史的変化を扱い，英語の語順の変化とともに行為者を明らかにしない表現方法の 1 つとして受動態の使用が確立するという．Toyota はこれを impersonalization という用語で説明する．

この他では，rumor は英文法全般を扱う研究，動詞全般を扱う研究，受動態全般を扱う研究の中で簡単に触れられるのみで，Quirk et al. (1985: 1203) や Huddleston and Pullum (2002: 1233) などの定番の文法書でも，rumor が受動態のみに起こる動詞であることに言及する程度である．Stein (1979: 163) や Levin (1993: 107) も同様である．Dixon (2005: 368) には若干の説明があり，judgement を表す to 不定詞構文を取る他の動詞とともに rumor を取り上げ，judgement を行う人が特定されるのを避けるために受動態で起こるのだと指摘する．

名詞の rumor については，先行研究はさらに少ない．鈴木・三木 (2011: 101) が，やはり現代英語の変化全般を扱う著作の中で無冠詞に触れ，その中で Rumor says ... および Rumor has it ... という表現の慣用性に数行ほど言及しているが，それ以外は見当たらない．そこで小論では，rumor の語法にこだわってみることにする．rumor の史的変遷にも関心があるが，小論ではまず，現代英語の分析を試みる．

2. データと全般的傾向

現代英語 rumor の用法を分析するにあたり，小論では Mark Davies が提供する Corpus of Contemporary American English (COCA) を使用する．まずは 1,000 例を詳細に分析することを目指すこととし，調査対象を Spoken のみ，年代は 2000～2009 年の 10 年間とした．[1] ただし，必要に応じ

---

[1] COCA は本来，Spoken, Fiction, Magazine, Newspaper, Academic の 5 つのジャンルから構成されている．

て，この範囲を超えたデータも検索することとする．COCA (Spoken 2000-2009) で単純に rumor を含む文字列を検索すると，その用例数は 1,132 となる．[2] このうちの 1,068 例が名詞の rumor で，残りの 64 例が動詞の rumor であることから，名詞としての用法が大多数であることがわかる．以下，rumor の名詞用法，動詞用法の順に議論する．なお分析では，(1) のように rumor が固有名詞として使用されるものは除外する．[3]

(1) Her song "*Rumors*" addresses the problem …

(COCA, Spoken 2005, CNN_Showbiz)

また，以下のような rumor を最終要素としない連語は複合語的（あるいは複合語そのもの）であり，rumor そのものとは性質が異なると考えられるので，やはり次節以降の分析からは除外する．

(2) But starting in March 2000, a series of events took the *rumor mill* to the mainstream press.　(COCA, Spoken, 2003, NBC_Dateline)

しかしながら，この連語のあり方には興味深い点もある．そこで，ここで少し触れておくことにしたい．COCA (Spoken, 2000-2009) で除外の対象となったのは 25 例で，その内訳は以下の通りである．[4]

表1　rumor を最終語としない連語 (COCA, Spoken 2000-2009)

rumor mill	15	rumor spreading	1
rumor mongering	4	rumor case	1
rumor monger	1	rumor hotline	1
rumor control	1	rumor stuff	1

名詞用法の rumor が 1,000 例を超えることを考えると，種類，頻度ともに

---

[2] 一般にイギリス英語の綴り字とされる rumour についても，COCA 全体では多数の例があり，出典を見ると必ずしもアメリカ英語ではないと思われるものも少なくない．ただし，Spoken 2000-2009 の該当例はすべて rumor であった．
[3] 小論の例文は特に断らない限り，COCA からの引用である．引用内の斜字体は筆者．
[4] ハイフン，スペースの有無にかかわらず，連語と考えられるものはすべて調査した．

少数であるというのが率直な印象である．辞書で慣用的な連語とされる傾向があるのは rumor mill と rumor monger である．また，動詞と rumor の結びつきが名詞の形で生起したものとして，rumor mongering, rumor control, rumor spreading がある．残りの rumor case, rumor hotline, rumor stuff は，逆に連語間の結びつきがきわめて弱く，慣用的な連語への道のりは遠い．case, hotline, stuff が多様な名詞と共起する汎用性の高い名詞で，rumor との関係性が特に際立っているとは感じられないからである．

　表1に示すように，rumor mill はある程度の頻度で起こるが，もう1つの慣用的な連語である rumor monger は，実はあまり多くない．今回の調査では，該当するのは1例だけであった．COCA 全体で調べてみても，その合計はやはり 22 例（Spoken 2000-2009 の1例を含む）と少ない．[5] rumor は複数の人々で共同制作するものであり，rumor monger は特定できない，という語彙としての性質によるものかもしれない．この点については，以下の議論とも関係してくる．

3. 名詞の rumor と共起する動詞，および構文

　名詞の rumor では，まず鈴木・三木（2011）が示した構文に焦点を当てる．鈴木・三木（2011: 101）は，以下の4つの文を挙げ，冠詞を伴わない (3c) と (3d) は慣用的であるという．

(3) a. There is a rumor that his teacher is leaving.
　　b. The rumor is that his teacher is leaving.
　　c. Rumor says that his teacher is leaving.
　　d. Rumor has it that his teacher is leaving.

(鈴木・三木（2011: 101））

---

[5] ここでもハイフン，スペースの有無にかかわりなく，また単数・複数のすべての例を検索した．なお，辞書によっては，本研究の結果とは逆に，rumor monger は取り上げるものの，rumor mill には言及しないものもある．例えば，*Oxford Advanced Learner's Dictionary of Current English*, *Cambridge Advanced Learner's Dictionary*, *The American Heritage College Dictionary* など．

そこで，(3c, d) について COCA (Spoken 2000-2009) の 1,039 例の名詞 rumor（名詞の総数 1,068 例から固有名詞用法と連語を引いたもの）[6] を見たところ，動詞として say を使用する c 型は 1 例もなかった．ただし COCA 全体で検索すると，(4) のような Rumor says ... は 10 例ほどある．

(4) *Rumor says* the horse traders are bringing some good horseflesh to Taos.　　　　　　　　　(COCA, Fiction 2016, Paloma Horse Traders)

ただしこの中には，(5) のように rumor が無冠詞でないものも含まれる．

(5) Another *rumor says* she secretly married Rene Elizondo, her boyfriend of 10 years.　　　　　　　(COCA, News 1995, USA Today)

以上より，Rumor says ... の頻度は，それほど高いとはいえないようである．
　一方，have を使用する (3d) は，COCA (Spoken 2000-2009) でも (6) のように使用例がある．

(6) *Rumor has it* you two have millions stashed away.
　　　　　　　　　　　　　　(COCA, Spoken 2003, CNN_Cooper)

(6) のように rumor has it ... という典型的な形式が 12 例で，その他に (7) のような rumors have it ... (rumors が複数) もある．[7]

(7) All right, Kate, if it is true, and *rumors have it* that perhaps 78-year-old William Rehnquist or 73-year-old Sandra Day O'Connor might be the first ones to retire ...
　　　　　　　　　　　　　　(COCA, Spoken 2003, CNN Live_Sun)

さらに rumor に修飾語が付き，時制が過去形になるものも異形とすると，(8) のような例が 2 例ある．

---

[6] 取得した例の中には，明らかな重複が 1 例含まれていたので，これも除外した．
[7] Spoken (2000-2009) を含む COCA 全体では，複数形の rumors have it ... は 6 例観察できた．

(8) ... though *a hot local rumor had it* for a while that William Jefferson Clinton might be interested.

(COCA, Spoken 2001, NPR_Saturday)

この他にも，(9)(10)のように，rumor が have を取るものの，that 節ではなく動名詞構文を導くものもある．

(9) *One rumor had* them traveling to New York every Tuesday except September 11th.　　(COCA, Spoken 2001, CBS_Morning)

(10) *One rumor*, for instance, *had* Madonna taking steroids during her Vogue tour in 1991.　　(COCA, Spoken 2008, Fox_Gibson)

すなわち，rumor has it ... の周辺には，異形の広がりがあることがわかる．なお，rumor が無冠詞になっているものを慣用的と判断するのも難しそうである．すでに，rumors have it ... のような複数形の用例があることには触れた．一方，無冠詞の rumor に目を向けると，rumor says ... や rumor has it ... 以外でも無冠詞は普通に起こることがわかる．例えば，

(11) We'll try to sort out *rumor* from fact.

(COCA, Spoken 2001, Fox_OReilly)

(12) Some of it is largely undocumented and it's mainly hearsay and *rumor*.　　(COCA, Spoken 2002, CNN_Insight)

(13) But apparently—*rumor* was that passengers were herded to the back of the plane and ...　　(COCA, Spoken 2006, NPR_Science)

(11)(12)は具体的な rumor の事案というよりも抽象的な rumor という概念を指しているように思われるが，(13)のように実際に生起している rumor について述べる場合でも無冠詞は起こるので，一般化は容易ではない．1,039 例の名詞の rumor の内訳は，複数形の rumors が最も多く，705 例（67.9%）である．残りの 334 例が単数の rumor で，このうちの 45 例が冠詞も指示詞も形容詞もつかない無修飾の rumor である．たしかに，無修飾の rumor の数は多いとはいえない．しかし，rumor says ... や rumor has it ... のよう

な特定の構文に限定されているともいえない.

　むしろ COCA (Spoken 2000-2009) から取得した例を見ると，視点を逆にした方がよいのではないかと感じる．名詞の rumor を取り巻く環境は，様々な点で慣用的で，rumor says ... や rumor has it ... はその一側面であるといえそうである．名詞 rumor と共起する動詞の種類は限定的で，rumor が主語となる場合に圧倒的な頻度で起こるのは be で，それ以外では，circulate, fly, go around, spread, start, swirl などの頻度が高い．少し頻度が減ったところでは，sweep, come, die, happen, persist, ripple, surface (resurface) などがある．be 動詞を除くと，物理的な運動を表す動詞が多く，ほとんどが自動詞である．[8] 一方，be 動詞はきわめて頻度が高く，その大半は，先に鈴木・三木 (2011: 101) からの引用で挙げた (3a, b) の構文のどちらかである．特に頻度が高いのは，以下のように there に導かれた存在文である．

(14) There are even *rumors* that Aquaman will be in the crowd.
(COCA, Spoken 2002, NPR_ATCW)

(15) There were *rumors* of the Hoxha family having, you know, bank accounts in Switzerland, ...　(COCA, Spoken 2003, NPR_FreshAir)

rumor の内容は，(14) のように that 節で示されることが最も多く，(15) のように動名詞になることもある．また (16) のように，there に導かれた存在文が，上述の運動の動詞とともに起こる例も少なくない．

(16) Well, you know, there have been a lot of rumors *circulating* about that.　(COCA, Spoken 2003, CNN_King)

ここでは，存在文とともに circulate が現在分詞の形で生起している．

　他には，存在文と比べると頻度が落ちるが，be 動詞を使って単純に主語の rumor と rumor の内容を示す部分を連結する構文も多い．

---

[8] ただし，他動詞も皆無ではない．COCA (Spoken 2000-2009) では，「ひと」を目的語として affect, upset などが使用される例が見出された．

(17) *Rumors* were that your mother did it and that you were covering for her in a sense.　　　　　(COCA, Spoken 2001, CNN_King)

(18) At that time the *rumor* was that he had known Paige through the escort service.　　　　　(COCA, Spoken 2008, CBS_48Hours)

この構文でも (19) のように，修飾語なしの rumor が起こることもある．

(19) *Rumor* was there was a shooting ...

(COCA, Spoken 2007, Fox_Susteren)

以上のように，rumor が主語となるときの用法は，構文，共起する動詞ともに，ある程度定式化された型があるようである．

それでは，rumor が目的語の場合は，どうであろうか．今度は，人々の rumor への対応を表すことになるため，rumor が主語の場合に比べると動詞の種類が多様である．そこで，少し丁寧に数値を使って分析を試みることにする．rumor を目的語とする動詞は，(20) のように時制なしのものも含めると，COCA (Spoken 2000-2009) で 300 例ほどある．[9]

(20) Kara also took the opportunity today *to put* a rumor to rest.

(COCA, Spoken 2009, CNN_Showbiz)

一方，動詞の種類は全体で 100 に及ぶので，単純計算では，ほとんどの動詞が 2〜3 回しか使用されていないことになる．すなわち，rumor と連結する動詞が慣用的に決まっているという感覚は，全体としては薄い．一方で，頻度が比較的高いものもある．5 例以上のものは，hear (83 例) が圧倒的に多く，あとは put (14 例，ただし，put down, put to rest などを含む)，deny (13 例)，dispel (10 例)，report (9 例)，start (8 例)，spread (7 例)，have (7 例)，believe (6 例)，confirm (5 例)，make (5 例)，talk (about) (5 例) となる．どうやら rumor には，それを「広める」(spread) など，rumor の形成に加担する人もいれば，それを「打ち消す」(dispel) など，

---

[9] 動詞と前置詞の組み合わせによる deal with などに続く rumor を動詞の目的語と考えるか前置詞句とするかにより，数値に若干の変動が起こる．

rumor に挑む人もいる．どちらにも属さない人は，「聞く」(hear) というような中立的な対応に関与し，これが最も一般的であるらしい．

　上述の動詞以外は，いずれも頻度が低く，定着した表現というよりは一回性が強い．それでも具体的に整理すると，rumor に加担する動詞と rumor に挑む動詞の種類は多く，前者には cause, circulate, corroborate, create, encourage, escalate, feed, fuel, generate, help spread, keep alive, move, pass on, perpetuate, print, promote, publish, raise, rehash, re-ignite, repeat, set off, spark, tell (about), trumpet などがある．feed には生き物のメタファー，fuel には燃料のメタファー，trumpet には音のメタファーが働いていて，表現も豊かである．一方，rumor に挑む動詞には，attack, battle, beat down, chase, clear up, combat, confront, cover, discourage, discount, dismiss, end, escape, fend off, fight, ignore, kill, knock down, mock, overlook, pull out, quash, quell, refuse, run down, squash などがある．「挑む」とまではいかないが，deal with, endure, go through, sort out, sort through, survive なども，rumor への対処を示す．このように rumor を目的語とする動詞は多様で，話し手や書き手が創造力を働かせて表現を自由に操る様子が見える．

4. 名詞 rumor と共起する形容詞

　次に，rumor と共起する修飾語には，慣用的なコロケーションがあるのだろうか．ここでは，以下のような箇所に起こる形容詞の分析を試みる．

(21) Then, Kissinger began investigating *persistent* rumors around town that police got the wrong man.

(COCA, Spoken 2004, CBS_Sixty)

(22) Rumors, ugly rumors, *political*, I had no problem.

(COCA, Spoken 2003, CNN_KingWknd)

(23) The topic of his girlfriend, Beth O., came up and whether rumors were *true* that the two of them got hitched.

(COCA, Spoken 2006, CNN_Showbiz)

(21) は，rumor の前に形容詞が起こる例で，rumor と形容詞の結びつきでは最も頻度が高い型である．(22) では ugly が前から，political が後ろから rumor を修飾している．このように形容詞による修飾は，rumor の前後で起こるが，後位置での修飾は動詞の現在分詞（例えば floating, flying, circulating）を除くと極めて少数であるので，以下の議論では，名詞を前後から修飾する限定用法として，まとめて扱うことにする．一方，(23) では形容詞が be 動詞とともに叙述的に現れる．この構文で生起する形容詞の頻度は，若干低い．以下，さらに詳しく見ていく．

まず，rumor が前または後に付く形容詞に修飾される例は，全体で 100 余りである．[10] 調査の対象となっている名詞 rumor は 1,039 例であるので，該当例の 1 割弱となる．興味深い点は，この際の形容詞の種類がきわめて多様で，特定の形容詞と rumor の組み合わせが慣用的に確立しているようには見えない点である．生起する形容詞はごく日常的なもの，例えば big, crazy, endless, false, familiar, local, favorite, great, nasty, popular, secret, strong などであるが，ほとんどの形容詞は，COCA (Spoken 2000-2009) では 1 ～ 2 例のみである．直観的に rumor と共起しやすいように感じられる false でさえ，以下の 2 例のみである．

(24) ... it has been weighed down by *false rumors* about Buffett's health. (COCA, Spoken 2000, CNN_Movers)

(25) ... that investors are reacting to *false rumors* and missing the company's potential for continued growth.

(COCA, Spoken 2000, CNN_Movers)

---

[10] 動詞の現在分詞や過去分詞が rumor を修飾している事例はできるだけ除外することとするが，damaging, known など，両者の境界線上にあるような形容詞も少なくない．ここでは正確な数値が問題ではないので，概数で議論を進めることにする．

falseの意味はrumorという語の定義の中に含まれている場合も少なくないので，false rumorは表現として意味の重複があるのかもしれない．

一方で，100余りの事例を精査すると，一部には少しばかり頻度が高いものもある．5例以上の形容詞を見ると，persistent（11例），ugly（6例），unfounded（5例），unsubstantiated（5例），wild（5例）となる．いずれもrumorの「困った性質」を表す形容詞で，unfoundedとunsubstantiatedは先ほどのfalseと同様で，rumorの意味との重複が気になるが，頻度はやや高い．以下に，若干の例を挙げる．

(26) Then, Kissinger began investigating *persistent rumors* around town that police got the wrong man.

(COCA, Spoken 2004, CBS_Sixty)

(27) So this is not just some *wild rumor*. These are authorities.

(COCA, Spoken 2003, CNN_Intl)

また，本節ではもっぱら形容詞を議論の対象としているが，rumorの前位置には，名詞も起こる点にも触れておきたい．該当例は45例なので，決して少なくない．ただしそのほとんどは1～2例のみで，慣用的なコロケーションは感じられない．一方で，何度も繰り返し起こる名詞にはinternetとtabloidがある．45例のうちの8例がinternet rumor，6例がtabloid rumorである．rumorがどのようなメディアを通じて拡散するかが象徴されていると感じる．この他，rumorの前に名詞が起こる際に，rumorの性質ではなく，(28)のように，rumorの内容が示されることもある．

(28) … and the *pregnancy rumors* were false.

(COCA, Spoken 2007, NBC_Dateline)

再び形容詞に戻って，今度は形容詞がbe動詞とともに叙述的に使用される場合（e.g. Her friend Heidi Smith says the rumors were *rampant*, COCA, Spoken 2007, NBC_Dateline）を見る．この位置の形容詞は26例と若干少なく，やはりそのほとんどが1例のみであることが特徴的である．複数回起

こるのは，true (not true) (11 例),[11] rampant (3 例), strong (2 例) のみである．また，叙述用法だけでなく，すでに議論した限定用法にも共通して起こる形容詞は，false, persistent, rampant, ridiculous, strong, true (not true) である．このように絞り込むと，rumor と共起しがちな形容詞が浮かび上がってくるといえる．[12]

5. 名詞の rumor と並置される名詞

名詞の rumor の最後に，rumor と等位構造 (coordination) で共起する名詞を観察する．具体的には，以下のような構文を扱う．

(29) But putting out *rumors, lies, innuendos and gossip*, that is not responsible journalism.　　　　　　　　(COCA, Spoken 2003, CNN_Intl)

(29) では，rumors と lies, innuendos, gossip が等位構造で生起している．ここでは単純に接続詞の and または or によって名詞が並列につながれているものを該当例と考えて分析するので，生起する名詞は，rumor とほぼ同意義のものもあれば，そうでないものもある．例えば，(30) では，photographer が rumor と等位構造で起こる．

(30) Photographers and rumors of marriage will follow Kate as long as she's on the arm of the future king.

(COCA, Spoken 2006, ABC_GMA)

等位構造によって photographer と rumor が 1 つの動詞でまとめられているが，両者は同義ではない．全く異質な名詞の組み合わせになっているが，photographer も rumor もそれぞれ follow の主語になることができるので，

---

[11] ただし，他に untrue が 1 例ある．
[12] なお，以下の例では述部に名詞を使用し，rumor の性質をメタファーで表現したものである．この用法の該当例は COCA (Spoken 2000-2009) では 1 例のみであった．
　However, as you well know and as Jim knows, rumors are the *lifeblood* of Wall Street.　　　　　　　　(COCA, Spoken 2000, CNN_Reliable)

この性質を上手に利用した zeugma の興味深い例であるといえる.[13]

　このような等位構造で rumor と並置される名詞は 145 例あり, 種類は, speculation stuff, tabloid stuff などを別項目として数えると 69 種類となる. すなわち, ほとんどの名詞が 1 例のみ生起することになり, word pair あるいはコロケーションの慣用性はあまり期待できない. しかしさらに詳しく見ると, 実際にはいくつかの名詞が繰り返し rumor と並置され, それ以外がすべて散発的に起こる構成になっていることがわかる. 表 2 では, rumor と等位構造をなしている名詞で 3 例以上のものを示す.

表 2. Rumor と等位構造をなす名詞 (COCA, Spoken 2000-2009)[14]

allegation	4	speculation	15
gossip	8	story	4
hearsay	4	stuff*	6
innuendo	15	suspicion	4
lie	8	talk	6
misinformation	3	whisper	6

* speculation stuff, tabloid stuff を含む

rumor と等位構造で起こる名詞のほとんどが全体で 1 〜 2 例のみであることを考えると, 表 2 の名詞は, 慣用的にある程度コロケーションを形成していると考えることができる. 特に 15 例を数える innuendo と speculation, 8 例の gossip では, 明らかにその性質が強そうである. また, 表 2 の名詞の多くが, rumor を別の言葉で言い換えた同義語に近い点も興味深い.

　一方, 若干性質が異なるものは stuff であろう. 表 2 の 6 例には, rumor と同義に近い speculation stuff, tabloid stuff も含まれているが, その他に stuff が単独で使用される以下のような例がある. ここでは, and all that stuff が discourse strategy として hedge の役割を果たしている.[15]

---

　[13] この例文の議論に際して, 編者に貴重なご助言をいただいた. ここに謝意を表したい.
　[14] 該当例が単数の場合と複数の場合があるが, 表では, 両者を統合した.
　[15] ここでは, Aijmer (1986) に従って hedge という用語を使用した. この種の「ぼかし表現」については, 他の用語を使用する研究者もあり, 例えば Murphy (2010: 83-109) は,

(31) I did write it after all the hectic mess and all the rumors *and all that stuff*.　　　　　　　　　(COCA, Spoken 2003, Ind_Oprah)

同様の例としては，表2にはないが他にも以下のようなものがある．

(32) I don't know, I don't want to start any rumors or suspicions *or anything* …　　　　(COCA, Spoken 2002, CNN_LiveToday)

また，表2に含まれない低頻度の名詞には，慣用性とは逆に表現方法が独創的なものも含まれている．例えば，(33) では，winter winds との組み合わせにより，動詞の swirl が効果的に rumor と結びついている．

(33) *Winter winds and rampant rumors* swirled through this small town.　　　　　　　　　(COCA, Spoken 2008, CBS_48Hours)

6. 動詞の rumor

最後に，動詞の rumor に触れる．上に述べたように，名詞の rumor に比べて動詞の rumor の頻度は低い．COCA (Spoken 2000-2009) の該当例は64例で，このうちの20例は，(34) のように過去分詞として名詞を修飾する形容詞的な用法のものである．

(34) Keith Saul, high school dropout and *rumored* drug dealer.
　　　　　　　　　　　　　(COCA, Spoken 2009, NBC_Dateline)

ここでは，rumor の動詞性を議論したいので，これらの例を外し，残りの44例を分析する．

　動詞の rumor の興味深いところは，一般に受動態のみで可能とされている点である．先行研究はすでに紹介したが，中でも Levin (1993: 107) は，"obligatorily found in the passive" として，この制約が強いことを示唆す

---

or something like that や *and stuff* などについては，特に vague category marker という用語を使用している．

る．しかし，今回の調査では，(35) のように能動態の例（ただし不定詞）も 1 例だけ見られたので，能動態も完全に不可ではないようである．実際 OED では，「受動態のみ」ではなく，若干緩められた "frequently in passive" という記述になっている．

(35) And some of us were starting *to rumor*, Hey, maybe David's using steroids. (COCA, Spoken 2008, CBS_48Hours)

とはいえ，受動態での使用傾向が強いのは確かで，残りの 43 例はすべて受動態である．例を挙げると，

(36) Naomi Watts *is rumored* to wed this summer before she pops.
(COCA, Spoken 2009, CBS_Early)

rumor の具体的な内容は，この例のように to 不定詞で示される場合と that 節で示される場合がある．今回の調査では，to 不定詞が 29 例と圧倒的で，他は that 節が 4 例，that の省略が 2 例であった．

このような to 不定詞の使用は，受動態への偏りを考える上でも重要である．Dixon (2005: 368) は，この種の不定詞を「judgement を表す to」とし，judgement を行う人が特定されないように受動態が好まれるとしている．rumor に限っていえば，「特定できない」というのが本質に近いかもしれない．[16] rumor は一人で形成するものではなく，様々な人々が関与しながら共同作業で作り上げる．この点は，名詞の rumor が多様な動詞の目的語となることからも明らかである．start, spread などは rumor の拡散が始まる段階，confirm, corroborate, fuel, rehash などはある程度拡散した段階に関与する．つまり，rumor はプロセスである．主体は次々と入れ替わるので，特定できにくい．しかし，最初期の rumor を広め始めるところでは，特定が可能な場合もある．このため，(35) のような start to rumor は，表現として可能なのであろう．しかし，本来ならば rumor はある程度広まったも

---

[16] Toyota (2009) は，*OED* の定義に基づいて，動詞の rumor の意味は歴史的に変化していないとするが，小論で見たように rumor には名詞用法もあり，こちらの *OED* における定義は歴史的に変化しているので，この点を考慮する必要があろう．

ののことをいう．したがって，例外はあるにしても，rumor はやはり受動態で使用するのが一般的であるといえる．

この主張は，必ずしも先行研究の議論を否定するものではない．広くは，Dixon のいう「特定されないように」という見方に収まるだろう．また Toyota (2009) は歴史的な impersonalization であると主張するが，これも結果的には動詞の rumor の行為者が特定できないことと関係するので，意図するところは同様である．Toyota (2009) は英語の構文の史的発達との関連で受動態での使用の確立を議論するが，同時代的に見ても，rumor の受動態での使用傾向は説明可能である．

なお，rumor は「事故」のような形で拡散することが多いので，rumor が存在している状況が常態ではない．このためか，COCA (Spoken 2000-2009) を見る限り，動詞 rumor が否定文で起こる事例はなかった．ただし，文脈が整えば否定文中での使用も可能ではあろう．

7. おわりに

以上，COCA (Spoken 2000-2009) から取得することのできた rumor を名詞と動詞に分類し，分析を試みた．全体として，ある特定の表現や構文などの際立ちが特徴的である．例えば連語では，rumor mill の慣用性が高い．一方，rumor monger の頻度は高くなかった．名詞の rumor については，rumor has it … が際立っている．一方で，rumor says … は今回の調査では例が得られなかった．rumor のコロケーションについても同様で，rumor と共起することのできる動詞や形容詞の種類は多いが，そのうちのいくつかの頻度が突出して高く，その他は散発的となる傾向が見られる．この点は，rumor と等位構造で起こる名詞についても同様である．一方，動詞の rumor では，受動態が普通だが，能動態も皆無ではない．

このように rumor の使い方は，慣用的によく定着した用法と，その周辺に広がる創造的で幅広い表現の組み合わせから成る．後者はいずれの側面においても頻度がきわめて低いという特徴がある．最後に，分析を始める段階では rumor を擬人化した表現の存在を予測したが，分析結果を見ると，

rumorを「扱いにくい」物理現象と捉えるメタファーのほうが一般的であったことを付け加えておきたい．

参考文献

Aijmer, Karin (1986) "Discourse Variation and Hedging," *Corpus Linguistics II: New Studies in the Analysis and Exploitation of Computer Corpora*, ed. by Jan Aarts and Willem Meijs, 1-18, Rodopi, Amsterdam.
The American Heritage College Dictionary (2007), 4th ed., Houghton Mifflin, Boston.
Cambridge Advanced Learner's Dictionary (2008), 3rd ed., Cambridge University Press, Cambridge.
Corpus of Contemporary American English, <https://corpus.byu.edu/coca/> (2018年7月25日).
Dixon, Robert M. W. (2005) *A Semantic Approach to English Grammar*, 2nd ed., Oxford University Press, Oxford.
Huddleston, Rodney and Geoffrey K. Pullum (2002) *The Cambridge Grammar of the English Language*, Cambridge University Press, Cambridge.
Levin, Beth (1993) *English Verb Classes and Alternations: A Preliminary Investigation*, University of Chicago Press, Chicago.
Murphy, Bróna (2010) *Corpus and Sociolinguistics: Investigating Age and Gender in Female Talk*, John Benjamins, Amsterdam.
Oxford Advanced Learner's Dictionary of Current English (2015), 9th ed., Oxford University Press, Oxford.
Oxford English Dictionary, <http://www.oed.com/> (2018年10月1日).
Quirk, Randolph, Sidney Greenbaum, Geoffrey Leech and Jan Svartvik (1985) *A Comprehensive Grammar of the English Language*, Longman, London.
Stein, Gabriele (1979) *Studies in the Function of the Passive*, Narr, Tübingen.
Toyota, Junichi (2009) "Fossilization of Passive in English: Analysis of Passive Verbs," *English Studies* 90, 476-497.
鈴木寛次・三木千絵 (2011)『英語は将来こう変わる』大修館書店, 東京.

第 3 章

「懸念」を表す fear について*

五十嵐海理

龍谷大学

1. はじめに

(1) の下線部のような例は報道機関の発表する記事などに見られる表現である．

(1) Ninety migrants <u>are feared drowned</u> after a boat capsized off the Libyan coast, says the UN's migration agency.
("Migrant crisis: Scores feared drowned off Libyan coast." 2 February 2018)[1]

国連筋の話として，リビア沖で転覆した船舶で 90 人の移民が溺れたことを伝えるものだが，fear という語が受け身で使われ，また，drowned という

---

* 本稿の前段階のものは 2018 年 8 月 31 日に関西大学で行われた研究会で発表の機会を得た．コメントを下さった岩田彩志先生，松本曜先生，鍋島弘治郎先生，今野弘章先生，臼杵岳先生，中嶌浩貴氏に感謝申し上げる．また，2019 年 3 月 17 日に神戸市勤労会館（三宮）で行われた六甲英語学研究会でも発表の機会を得た．コメントを下さった柏野健次先生，出水孝典先生，名和俊彦先生に感謝申し上げる．
なお，本稿では，インターネット上の報道からの例のほか，大規模コーパスとして The British National Corpus (BNC)（小学館コーパスネットワークにて提供されているもの：https://scnweb.japanknowledge.com/BNC2/) や, Corpus of Contemporary American English (COCA: https://www.english-corpora.org/coca/) や Corpus of Historical American English (COHA: https://www.english-corpora.org/coha/) を使用している．それぞれのコーパスの特徴については各ウェブサイトを参照のこと．

[1] http://www.bbc.com/news/world-africa-42915867 この例は妻と一緒に見つけたもの．

過去分詞が後続している．

　見慣れた表現であるが，ここで心理動詞というくくりで考えてみると，このようなパタンで使われる心理動詞は fear しかない．本稿では，[i] こうした用法がなぜ fear のみに可能なのか，そして，[ii] このような用法がどのように発展してきたのかについて，考察する．

　結論をあらかじめ述べれば，[i] に対する答えは，fear のみが that 節を目的語に取ることができるからであり，[ii] に対する答えは，一種のモダリティ的表現として発達してきた，ということである．[2]

2. 観察

　(1) のような例は，学校英文法でいう SVOC の文型の受け身に見えるが，それでは SVOC でこれに対応する表現があるのかといえば，例は少ない．

> (2) And though he feared him dead, the old man whistled up to the trees and looked for the bird's crushed bones amongst the ferns and the wood-roses, … (COCA)[3]

(2) で，男性は，自分が可愛がっているカラスが死んでしまったかもしれないと思っているのだが，木の方に向けて口笛を吹いたり，カラスの死骸を探したりする．COCA での簡単な調査では，fear NP dead はこの 1 例だけであり，他方，NP (be) feared dead は 65 例ある．

　また，例えば，報道番組などで (1) の例を少し変えた (3a) がレポーターによって発話された場合，これを (3b) のように書き換えることは文法的に

---

[2] 「モダリティ的」という見方は，松本曜先生と柏野健次先生にご指摘頂いたものである．
[3] この例の詳細情報は次の通りである．William Lychack, "Old Woman and the Thief." Ploughshares Vol. 24, Iss. 1., p. 150, 17 pages, 1998.
　なお，本稿では，COCA や COHA および BNC の例文を引用するときは，読みやすさを考慮して句読法を少し変更している．BNC は小学館コーパスネットワークによる詳細情報を (BNC: ファイル：文番号) として掲載する．COCA と COHA の例についても注で詳細情報を記載する．Google 検索によって得られた例も用い，注で URL などを記載する．なお，本稿では出現可能な表現のトークン自体に関心があるので，統計処理は行わない．

は可能だが，英語母語話者によると，このような書き換えを行うと，レポーターが fear することを行う立場にはないのに fear しているようになってしまうため，すわりが悪いという．[4]

(3) a. Ninety migrants are feared drowned after a boat capsized off the Libyan coast.
   b. We fear ninety migrants drowned after a boat capsized off the Libyan coast.

(3a) の fear は誰かが「恐れている」という意味ではなく，90 人の移民が溺れたと「思われる」「案じられる」ということである．(3b) も同様の意味であろう．[5] この意味での fear は，受け身が圧倒的に多く，能動態のものは限定的だとわかる．そこで，前者の (4) を 1 つのパタンとして考えて，Pred の位置に生じる形容詞・過去分詞・現在分詞を BNC で検索すると (5) のようなものがあることがわかる．

(4) [be feared Pred]
  where Pred is either an adjective or a past or present participle
(5) … feared {trapped / missing / lost / buried / killed / drowned / dead}[6]

---

[4] この例を含め，本稿のほとんどの作例について，敬和学園大学の元教授で英語母語話者として信頼しているジェームス・ブラウン先生 (Mr. James B. Brown) に判断を仰いでいる．記して感謝する．なお，多くの母語話者にも判断を求めるべきだとの意見は当然であるが，本稿では 1 年の多くの時間をアメリカで過ごされているブラウン先生の判断の一貫性を重視している．

[5] ただし，ここでは目的語に that 節を配置していると分析することもできるため，(2) の場合と同じ構造だとは限らない．

[6] この意味での feared missing のパタンは COCA では生じないが，BNC では 2 例確認している．また，査読者から，もともと be feared Pred と missing との相性が何らかの理由で良くないのではないかとご指摘いただいた．考えてみると，たしかに，失踪しているだけではその人に何か悪いことが起こったかどうか推測のしようもないので，より直接的な被害が表される表現 (dead など) のほうが好まれるのかもしれない．もっとも，被害があっても各表現で頻度は異なるので，どの程度慣用的に用いられるかによっても変わってくるのかもしれない．

Fear の意味から予測されることではあるが，Pred の位置に現れる語は何らかの意味で悪い状況を表すものである．

また，次の例のように，主節動詞は現在形で，to 不定詞が出現する場合もある．

(6) The storm is feared to have killed tens of thousands of people, and the central Philippine islands remain in absolute destruction.
("Reporters Capture Horrifying Footage Of Typhoon Haiyan (VIDEO).")[7]

Haiyan という名前の台風が大きな被害をもたらしたことを報じる記事の中の文であるが，ここでは fear の時点と kill の時点がずれているので，その台風によって「数万人の人が亡くなったと懸念されている」という解釈になる．もちろん，(1) のように to 不定詞が用いられない場合でも，すでに悪いことが起こってしまったものと懸念される例がほとんどである．

つまり，こうした例では，fear は「怖い」とか「恐れている」という意味であるというよりは，「(何か悪いことが起こったと) 思われる」という意味を表すと考えられる．この点は OALD8 の fear の項目からも明らかである．以下に該当する 2 番目の語義を引用する．

---

[7] Catherine Taibi, "Reporters Capture Horrifying Footage Of Typhoon Haiyan (VIDEO)." *Huffington Post*, Nov. 12, 2013. https://www.huffingtonpost.com/2013/11/12/reporters-footage-typhoon-cnn-abc_n_4260036.html

(7) fear　*verb*

　　2 [transitive, intransitive] to feel that sth bad might have happened or might happen in the future

　　　・~ sth　*She has been missing for three days now and police are beginning to fear the worst* (= think that she is dead).

　　　・~ sb/sth + adj.　*Hundreds of people are feared dead.*

　　　・be feared to be/have sth　*Women and children are feared to be among the victims.*

　　　・it is feared (that) …　*It is feared (that) he may have been kidnapped.*

　　　・~ (that) …　*She feared (that) he might be dead.*

　　　・*Never fear/Fear not* (= Don't worry), *I shall return.*

　　　　　　　　　　　　　　　　　　　　　(OALD8, s.v. "fear")

上から2つ目の例文 Hundreds of people are feared dead はまさに本稿で扱っている例である。また、3番目の例は(6)で挙げた例と同類である。したがって、このパタンで使われる fear の語義としては、「なにか悪いことが起こってしまった、あるいは、起こるのではないかと感じ（てい）る」ということになる。

心理動詞としての fear のもともとの意味は、この辞典でも最初に挙げられている frighten と対応したものであると考えられる。

(8) fear　*verb*

　　1 [transitive] to be frightened of sb/sth or frightened of doing sth

　　　・~ sb/sth　*All his employees fear him.*

　　　・*to fear death/persecution/the unknown*

　　　・*Everyone feared the coming war.*

　　　・*Don't worry, you have nothing to fear from us.*

　　　・~ to do sth (formal)　*She feared to tell him the truth.*

　　　・~ doing sth (formal)　*She feared going out at night.*

　　　　　　　　　　　　　　　　　　　　　(OALD8, s.v. "fear")

この意味では，fear は「なにかの人や物，あるいは，なにかをすることを恐れている」という意味であり，先ほどの 2 番目の語義とは異なっている．(8) の語義は be frightened としており，何か明確な恐怖の対象があるということである．先の (7) は，明確な恐怖の対象があるわけではなく，何か悪いことが起こるのではないかと〈感じている〉のであるから，(7) と (8) とは明らかに異なる．(7) の語義は他の辞典でも同様であり，例えば，LDOCE Online でも "to feel afraid or worried that something bad may happen"（「なにか悪いことが起こるかもしれないと恐れて，あるいは，心配に感じている」）と，feel という動詞で定義されている．そして，この語義の最後に本稿で問題にしている例が挙げられている．

(9) Hundreds of people are feared dead in the ferry disaster.

(LDOCE Online)

ここまでの語義や例の観察から，「なにか悪いことが起こるのではないかと感じている」というのが，(1) と同じ (4) のようなパタンで使われる場合の語義であると考えられる．また，(8) の語義には見られないことだが，(7) の語義では，「なにか悪いことが起こる」ということが that 節の形で表されている．これも fear がある対象に対して恐怖を感じるというより，なんらかの望ましくない事態を表す命題的な内容について〈懸念〉を伝えていると思われる根拠である．こうした経験者主語をとる心理動詞で，命題的な内容に対して何らかの態度や認識を伝える機能を持つものは fear だけであることが，(1) や (5), (6), (9) のようなパタンが可能である理由である．

次節では，まず心理動詞について，これまでの研究を概観し，心理動詞とだけ捉えていたのでは，こうしたパタンは説明できないことを示す．

3. 心理動詞としての fear

心理動詞には *Amuse* verbs と *Admire* verbs とがある (Levin (1993))．Fear (10b) にあるように否定的な意味の *Admire* verbs のひとつということになる．

(10) a. *Amuse* verbs: *amaze, amuse, anger, annoy, arouse, astonish, ...*
   b. *Admire* verbs:
   Positive verbs: *admire, adore, appreciate, cherish, enjoy, esteem, exalt ...*
   Negative verbs: *abhor, deplore, despise, detest, disdain, dislike, distrust, dread, envy, execrate, fear, hate, ...*

(Levin (1993: 189-191))

これらの2種類の動詞は,どちらも主題役割は経験者(Experiencer)と主題(Theme)を持っているが,それらの表層での位置は異なる.これらについて,Belletti and Rizzi (1988) では,2つの統語構造を提案し,(10b) の *Admire* verbs については通常の他動詞構文だとし,(10a) の *Amuse* verbs については,深層での直接目的語が主語位置の空所に移動するという分析を行っている.それぞれに対応するイタリア語の例と英訳,樹形図を示す.(11a) では,questo が preoccupa の直接目的語位置から空範疇(EC)の主語位置へと移動する.Temer ('fear') は,(11b) のように,そうした移動は必要ない.英語の場合もこれと並行的に分析できると考えられている.

(11) a. Questo preoccupa Gianni.
   This worries Gianni.
   [[$_{NP}$ *EC*] [$_{VP}$ [$_{V'}$ [[$_V$ preoccupa] [$_{NP}$ questo]]] [$_{NP}$ Gianni]]]
   b. Gianni teme questo.
   Gianni fears this.
   [$_{NP}$ Gianni [$_{VP}$ [[$_V$ teme] [$_{NP}$ questo]]]]

(Belletti and Rizzi (1988: 291-293))[8]

また,Grimshaw (1990: 15) では,目的語と動詞で複合形容詞をつくるとき,編入可能なのは主題であるという観察を示している.(12b) の複合形容詞で man が編入されない理由は,これが主題を表さないからである.逆に,

---

[8] Belletti and Rizzi (1988) の *Amuse* verbs の分析に対する批判については Pesetsky (1995: Chapter 2) を参照のこと.

(12a) で god-fearing が可能なのは,god が主題であるからである.

(12) a. Man fears god. / a god-fearing man
   b. God frightens man. / *a man-frightening god

(Grimshaw (1990: 15))

したがって,これらの2種類の動詞群は,主題役割は共通しているが,どの項がどこで具現化されるかについて異なっている.Grimshaw (1990) によれば,fear については,経験者が主題よりも優位であるので,これが主語位置に現れることになり,frighten については,下位である主題が原因でもあるので,これが優先され,経験者は目的語位置に留まり,主題が主語位置に生じることになる.

Croft (1993) では,心理動詞をより広く捉え,それぞれのアスペクト特性に基づき,表1のような分類を提案している.表1の (a) はプロセス動詞(到達動詞)であり,(b) は状態動詞,(c) は活動動詞,(d) は起動相の動詞である.本稿の関心である fear は (b) の状態的心理動詞である.

表1: Croft (1993) の心理動詞の分類[9]

	カテゴリ	例	経験者
a.	CAUSATIVE MENTAL VERBS	*please, scare, frighten, amuse, bore, astonish, surprise, terrify, thrill*	目的語
b.	STATIVE MENTAL VERBS	*like, admire, detest, fear, despise, enjoy, hate, honor, love, esteem*	主語/目的語 (*known to*)
c.	MENTAL ACTIVITY VERBS	*think (about), wonder (about), consider, ...*	主語
d.	INCHOATIVE MENTAL VERBS	*get mad at, get bored with, ...*	主語

---

[9] (12b) では経験者が目的語位置にも現れるとされているが,これは,英語の場合,(i) のような例で to の目的語として経験者が生じることを考慮したものである.
   (i) Tom's teaching ability is known {?*by/to} all his colleagues. (Croft (1993: 62))

状態的心理動詞は，使役構造（causal structure）による分析では（13）のようになる．ここでは主題にあたるものが刺激（Stimulus）とされているが，経験者と主題との関係が状態として分析されている．

(13)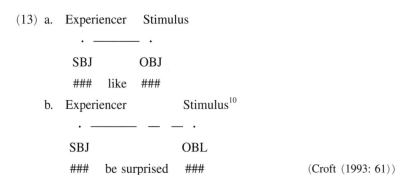

　　　　　　　　　　　　　　　　　　　　　　　　(Croft (1993: 61))

井桁で挟まれた部分が具現化されている部分であり，(13a) は経験者と刺激との関係を like という状態で表している．この構造が fear に対応する．例えば All his employees fear him. (OALD8, s.v. "fear") のような例では，「すべての従業員」（経験者）が「彼」（刺激）を恐れるという状態が存在している．

ここまでをまとめると，fear は，frighten などの使役的心理動詞と比べ，経験者に対応するものが主題に対応するものを恐れるという意味は同じであるが，経験者が（目的語位置ではなく）主語位置に現れるのが基本であり，また，（到達事象ではなく）状態事象を表すとされる．これは前節の（8）で示した fear の語義の1つである "to be frightened of somebody / something or frightened of doing something" に対応したものであると考えられる．

しかし，逆に言えば，こうした分析では，本稿で問題としている（1）のような例を説明することは難しいということになる．なぜなら，(7) で示した語義 ("to feel that something bad might have happened or might happen in the future") に対応する分析ではないからである．前節で述べたように，(7) の語義は命題内容に対する態度や認識を示す．そうすると，この語義の

---

[10] OBL(ique) の部分は破線で表されているが，これは at NP に対応する部分で，関係が (13a) の場合ほど密接ではないからである．

中の that 節は，恐怖の対象（＝刺激）というより，むしろ生じる可能性のある事柄を表すものである．したがって，本稿では，(1) の fear の用法は，心理動詞としての分析では捉えきれないと考える．次節では，(7) の語義による (1) のような例を，繰り上げ操作によって生成できるかを考えてみたい．

4. 繰り上げ (Raising) ?

繰り上げには，周知のように，A タイプ (appear, happen, seem, turn out など) と B タイプ (believe, expect など) がある．それぞれの例を Postal (1974) から引用する．

(14) a. It appears that you have an embarrassing disease.
　　 b. You appear to have an embarrassing disease.

(Postal (1974: 7))

(15) a. It was believed that Melvin was an addict.
　　 b. Melvin was believed to be an addict.

(Postal (1974: 55-56))

それぞれ，(b) の文が (a) の文から繰り上げを通じて生成されるとされる．ここで，fear が (7) のような語義で用いられるとき，B タイプの繰り上げ動詞となり，(1) のような例が生成されると考えることができる．具体的には，(16) の it was feared that ... という形式から (17a) のような形式が，(17a) のような形式から (17b) のような形式が，派生されたと考えるわけである．

(16) It was feared that once Japan was restored to independence, right-wing conservative nationalism would assert itself with at least some of the characteristics of prewar Japan emerging again.

(BNC: EC3: 238)

(17) a. ?Many were still feared to be trapped in the rubble.
　　 b. Many were still feared trapped in the rubble.[11]

(BNC: K5M: 3580)

(17b) は BNC からの実例である．(17a) は，(17b) を基にして作った作例であり，意味は同じであるが，やや不自然であるとの評価を得ている．実際，形容詞 dead が生じる例で比較すると，"feared to be dead" の例は COCA で 16 例，"feared dead" の例は 63 例である．[12] このように，より自然なのは後者であるという主張は頻度の面からも支持される．

しかし，BNC と COCA の検索では，B タイプの believe や expect などでは there 構文が (to be が挿入された形で) 生起する例が比較的簡単に見つかるが，fear では発見できなかった．

(18) a. There was believed to have been an incestuous relationship between Alfonso and Urraca and they were probably responsible for Sancho's death. (BNC: ASW: 23)
　　 b. An appointment has been made for this morning, but there is expected to be a delay before results are known.

(BNC: K4T: 9547)

もっとも，Google 検索ではいくつか検出される．(19) の例はその中でも信頼できるウェブサイトのものである．

(19) National Action members are continuing to operate under the cover of new names that allow them to evade authorities, and there are feared to be many more extremists in the armed forces. ("British Army faces questions after recruiting soldier who 'liked' Na-

---

[11] (17a) (17b) の例についてはジェームズ・ブラウン先生に確認済みであり，(17a) の to be が挿入されている例については，なぜあえて挿入するのかと思うほどには不自然であるという評価であった．(17b) はスコットランドの新聞 *The Scotsman* の Foreign news pages からの例である．

[12] 例にはすべて目を通し，重複例や非該当例は除いてある．

zism on Facebook.")[13]

ところが，(17a) に対応する (20a) のように，missing が述語として後続すると，非文法的になるという．

> (20) a. *There {are/were} feared to be five people missing in the explosion.[14]

そうすると，(17a) の to be が挿入された例の容認度がやや落ち，また，(20a) では there 構文が容認されないとなると，繰り上げで (17a) から (17b) が導かれたという分析自体が正当であるのか，疑問になってくる．ところが，(20b) のように，末尾の副詞的要素を変更すると，不自然ではあるが文法的には不可能ではないようである．

> (20) b. ?There {are/were} feared to be five people missing in the Indian Ocean after the crash.[15]

なお，繰り上げ以外の分析として Hoeksema (1994) がある．例えば，consider のような ECM 構文を構成する動詞について，動詞と形容詞をひとつの複雑述語として分析しており，want や fear についても同様に考えることができるとする．(21a) のような [fear NP ADJ] というパタンについて，(21b) のように fear と expect との間に一種の含意関係を措定すると，(21c) のような結論が得られる（場合がある）としている．つまり，「ノリエガが死んでいるのではと懸念する」から「ノリエガが死んでいると予期す

---

[13] "British Army faces questions after recruiting soldier who 'liked' Nazism on Facebook," by Lizzie Dearden. In: *The Independent*, Tuesday 12 September 2017. URL は次の通りである．https://www.independent.co.uk/news/uk/home-news/british-army-nazi-soldier-scottish-facebook-like-questions-vetting-national-action-arrests-case-a7943566.html

[14] ジェームズ・ブラウン先生の判断（2019 年 1 月 16 日）．

[15] この作例は名和俊彦先生のご教示によるものである．判断は再びジェームズ・ブラウン先生にお願いした（2019 年 4 月 15 日）．また，(21) の文の瑕疵は文体的なものであり，以下のような言い方のほうが好ましいということであった．

  (i) a. Five people are feared to be missing in the Indian Ocean after the crash.
     b. Authorities fear that five people are missing in the Indian Ocean after the crash.

る」へと推論が可能であるという.

(21) a. Eddy feared Noriega dead.
　　 b. fear ≤ expect
　　 c. Eddy expected Noriega dead. 　　(Hoeksema (1994: 152))

そして，fear-dead を複雑述語として考えると，例えば，(22) のような受け身が可能なことも容易に説明がつくという.

(22) a. Noriega was feared captured.
　　 b. Most passengers are feared dead. 　　(Hoeksema (1994: 152))

しかし，複合述語だとすると，(17a) のような to 不定詞の例が完全に不可能ではない理由が説明できない．また，(2) や (21a) のような [fear NP ADJ] のパタンの出現数が [be feared ADJ] のパタンの出現数と比較するとずっと少ないということとどう整合するのかも分からない.

そこで，本稿では，(17a) のような to 不定詞が出現するものと，(17b) のように形容詞・分詞が直接生ずるものとを分けて考え，(17a) は繰り上げによって説明できる可能性があると考えるが，(17b) のようなものは別に扱うものとする.[16]

5. 考察

3節と4節の議論を整理すると，[be feared Pred] を分析するにあたって，心理動詞として考えても，何かに対する恐怖というよりある命題内容に対する懸念を伝えるという意味である以上，十分な説明は難しい．そこで，繰り上げ動詞として分析することも試みてみたが，there 構文での生起が難しかったり to 不定詞による叙述では容認性が不十分であったりするため，これとは異なるものとして考察するのが適切であろうと考えた.

本稿では，このパタンに現れる懸念を伝える fear は，繰り上げ動詞との

---

[16] (17a) (17b) の区別については岩田彩志先生のご指摘による.

類推で，心理状態を表す動詞であったものが，話し手の認識や態度を伝える表現になっていると考え，断定を避けるために挿入されるモダリティ的表現になっていると考える．[17] この分析には直接的な証拠が得にくいので，傍証と考えられるものを提示していく．

1つ目の傍証として，Quirk et al. (1985) のいうコメント節 (comment clauses) を見てみたい．(23) の下線部にあるように，コメント節は，I believe のような挿入節で，話し手の態度を表すものである．定型化したコメント節には，(24) のように主節の内容に対する感情的な態度を表すものがあり，(25) が BNC で検索した I fear の実例である．

(23) There were no other applicants, I believe, for that job.

(Quirk et al. (1985: 1112))

(24) I'm {glad/happy/pleased/delighted} to say, I'm happy to tell you; I hope, I wish, I fear, I regret, I'm afraid; I regret to say, I'm sorry to say; it pains me to tell you, it grieves me to say

(Quirk et al. (1985: 1114))

(25) Friendship, I fear, counts for very little when the fur really begins to fly. (BNC: ABU: 1429)

この用法の fear が (7) で挙げた懸念を表すものであることは自明であろう．つまり，懸念を表す fear による，話し手の態度を表明する用法の1つである．

2つ目の傍証として，柏野健次先生から提供を受けたデータを挙げる．冒頭の (1) の例文をオーストラリア在住の英語母語話者に尋ねてみたところ，次のような反応であったという．

(26) ((1) の例 "Ninety migrants are feared drowned after a boat capsized off the Libyan coast, says the UN's migration agency." に対して)

"XX are feared drowned" is newspaper language.

---

[17] 「類推」と言った時点で分析を放棄していると思われる向きもあるだろうが，筆者としては，現時点ではこれ以上の解決が見当たらない．

It means "It is feared that 90 migrants have drowned."

(柏野先生の個人談話（18.03.2019））

つまり，It is feared that ... という形で言い換えが可能であるということである．この言い換えによって，報道された命題内容に対して一定の態度を示しているため，これを認識的モダリティの表現と考えることができる．

3つ目の傍証として，[(be) feared Pred] のパタンが20世紀の前半から，懸念を表す表現として使われるようになってきたと推定されるデータがある．COHA の Collocates の機能を用いて，feared のあとに1つ目の要素として形容詞が後続するもの (feared_j*) や feared のあとに1つ目の要素として過去分詞が後続するもの (feared_v?n*) を検索し，この中から，「懸念」の意味で使われているのが確実である feared のあとに dead（10例），lost（4例），killed（1例）が後続するものを調査すると，初出は前者2つについては1930年代，後者については1960年代であり，いずれもジャーナリズムの英語であるか，短縮表現として現れている．トークンが少ないので明確には分からないが，こうした媒体では1930年代から使われだしたと考えても全くの的外れとは言えないだろう．これら15例の最初の例は次のようなものである．SS Viking という船が1931年にハリウッドの撮影スタッフを乗せたまま爆発し沈没，2人が助かったが，数十人の命が失われた可能性があることをニューヨーク・タイムズが報じた記事からのものである．

(27) The two are all that have been recovered of a score feared dead.
(COHA 1931 NYT (Features) 19310319 "Balchen to Pilot Plane in a Search for Viking Victims")

また，to 不定詞を従える [(be) feared to] のパタンについて検索し (feared_v?n* COLLOCATES to)，170例すべてについて読んで解釈してみると，be 動詞に後続するものが19例ある中で，(28a) のように，1920年代までは be afraid のように解釈されるか，あるいは，「恐れられる」という受け身の解釈になるのに対して，1930年代からは (28b) のような懸念の解釈になる．1939年のチリ中部の地震において Chillán という都市で多くの人命が

失われたことを報じるニューヨーク・タイムスの記事である．

(28) a. The man who lives here alongside of me is not only afraid to go home in the dark but he's <u>actually feared to stay</u> in the dark after he gets home.

(COHA 1922 "Sandry Accounts" by Cobb, Irving S.)

b. Many tourists who had been staying in hotels in the center of Chillan <u>were feared to have been buried alive.</u>
(COHA 1939 New York Times: (Features): 19390127 "Chile Rushes Quake Relief")

本稿では (27) と (28b) は異なるとの立場であるが，ほぼ同時期に懸念の解釈が生じていることからも，少なくとも COHA から分かる時間の順序でいけば，(28b) のパタン ([(be) feared to (be) Pred]) から (27) のパタン ([(be) feared Pred]) が生じたとは言えないと思われる．

ここまでの観察から，次のような仮説が成り立つと考えられる．つまり，(29a) の形式は，(29b) のように受け身に述語 Pred がついたようであるが，意味論的には話し手の認識や態度を表すために feared が Pred を修飾する形になっていると考えられ，(29c) のように分析できる．[18]

(29) a. NP *be feared* Pred
b. [NP [be feared] Pred]
c. [NP be [feared Pred]]

(29c) のように分析するとすれば，feared Pred は，少なくとも同じ意味を保ったままではひと塊である必要があると言う点で，1 つの構成素を成すことになるが，これを Pred を削除した場合との比較で示しておきたい．(30a) は冒頭の例であるが，Pred を削除した例が (30b) である．[19]

---

[18] これを Taylor (2012: 274) のように混交現象として取り扱うことも可能であると思われるが，今後の課題としたい．

[19] このテストは出水孝典先生の指摘を受けて作ったものである．

(30) a. Ninety migrants are feared drowned after a boat capsized off the Libyan coast. （= (1)）
　　 b. *Ninety migrants are feared _____ after a boat capsized off the Libyan coast.[20]

このように drowned を欠いた例は容認性が著しく低下する．したがって，feared だけが単独で出現することが出来ないとなれば，drowned のような Pred は [be feared Pred] では義務的な要素である．修飾対象の drowned が必要であることを示すといえる．

さらに，(29c) の分析が可能だと思われるのは，例えば次のような例があるからである．少し長いが，引用する．

(31) He read the waiting text message and wasn't sure this qualified. TX GOV FEARED DEAD AFTER CAR CRASH. He walked through his partner's line as he dialed. Mark "Ruffles" Ruflowski, his flabby forty-five-year-old chief of staff and omnipresent adviser since his days as a Massachusetts state senator, was trained to answer on the first ring and always let Leary talk first.
　"Feared dead or actually dead? Because if he's not really dead you just cost me a par."
　　　　　　　　　(COCA: 2012: FIC: *Don't mess with Travis* by Smiley, Bob.)

この例では feared dead が actually dead と対比されているが，feared は死亡したかもしれないという懸念を伝えているというより，確実に死亡したとまで断言できないということを伝えていると思われる．つまり，feared は，ある事柄についての「懸念」を表す表現から，その事柄の確実性に関わる話し手の態度を表す表現に変化している．こうした話し手の態度を伝えているという点で，モダリティ的な表現に転化しているといっていいだろう．そう

---

[20] ジェームズ・ブラウン先生の判断．(b) の文は (a) と同じ脈絡で解釈された場合の判断である．また，同先生は (b) の判断が consider の目的語に後続する補部を削除した場合と同じようなものであると述べている．

だとすると，もともと [NP be feared Pred] であったものであるから，[fear NP Pred] と比べて圧倒的に出現数が多いのも，想定の範囲内と言うことになるだろう．そして，[NP be feared to (be) Pred] とは別のパタンであることも，説明できることになる．

6. まとめ

本稿では，(1) のような例に対して，feared は，もともとは「懸念」を表す動詞の過去分詞であるが，話し手の態度を表すモダリティ的機能を持つ副詞的表現になったと分析した．

(1) Ninety migrants <u>are feared drowned</u> after a boat capsized off the Libyan coast, says the UN's migration agency.

叙述される形容詞は，fear が「懸念」を表すので，死亡や受傷など主語位置にあるものが身体的に大きな影響を受けた場合が多く，感染する可能性があるといった場合も (32) のように存在する．

(32) … because one of the things that's been terrifying so many people is not the fact that people are dying of this disease, though that is serious, but that millions of people, many millions of people, <u>are feared vulnerable</u>, …

(COCA: 2006 (20060110); "Avian Flu"; SPOK: CNN_Insight)

このように，ジャーナリズムの英語の中で，完全に断定しないために，モダリティ的に用いられるようになったものであると考えられる．[21]

---

[21] 本稿完成後に拝見した Iyeiri (2010) で指摘されている事実について付言しておきたい．例 (25) で挙げたコメント節の I fear について，Iyeiri (2010: 126-133) は，OED の調査から，肯定文の I fear that … における that が弱化していくにつれて，16世紀以降，コメント節としての I fear の用法が観察されると述べている．これは，冒頭で述べた [i] の内容（fear のみ that 節が取れる心理動詞である）と整合的であり，補文を取る動詞としての役割よりも，モダリティ的に話し手の態度を表明するコメント節の発達を許容したということだと考えると，本稿での be feared Pred への展開もモダリティ的な発達の1つとみ

参考文献

Belletti, Adriana and Luigi Rizzi (1988) "Psych-verbs and θ-theory." *Natural Language and Linguistic Theory* 6, 291-352.
Croft, William (1993) "Case Marking and the Semantics of Mental Verbs," *Semantics and the Lexicon,* ed. by James Pustejovsky, 55-72, Kluwer Academic Publishers, Amsterdam.
Grimshaw, Jane (1990) *Argument Structure*, MIT Press, Cambridge, MA.
Hoeksema, Jack (1994) "A Semantic Argument for Complex Predicates," *SALT IV*, ed. by Mandy Harvey and Lynn Santelmann, 145-160, Cornell University Press, Ithaca, NY.
Iyeiri, Yoko (2010) *Verbs of Implicit Negation and their Complements in the History of English*, John Benjamins, Amsterdam.
Levin, Beth (1993) *English Verb Classes and Alternations*, University of Chicago Press, Chicago.
Pesetsky, David (1995) *Zero Syntax: Experiencers and Cascades*, MIT Press, Cambridge, MA.
Postal, Paul (1974) *On Raising*, MIT Press, Cambridge, MA.
Quirk, Randolph, Sidney Greenbaum, Geoffrey Leech and Jan Svartvik. (1985) *A Comprehensive Grammar of the English Language*, Longman, London.
Taylor, John R. (2012) *The Mental Corpus*, Oxford University Press, Oxford.

なすことができるかもしれない．したがって，本稿の結論が歴史的にみても一定の支持が可能であると思われる．

第 4 章

句読法から語用論標識へ
— Period の談話機能の発達と今後のアメリカ英語について —*

柴崎礼士郎

明治大学

1. はじめに

　語学学習の好きな理科系の学生から，(1) の例文中に現れる period（ピリオド，句点）の機能について質問を受けたことがある．この例は文章中の直接引用文で使用されているが，話しことばでも散見する．そこで，会話データから (2) を引いて次のように説明したことを覚えている．なお，(2) の「..」と「...」はポーズの相対的な長さを，[ ] は同時発話を表しており，本稿では不要と思われるその他の記号は省略してある．本論文の英文試訳はすべて筆者による．

　(1)　"Human beings like puzzles. I want to know. Period."

(*Reading Explorer 2*: 24)

　　　（人間は謎が好きだ．私は知りたいんだ．以上..）

---

* 本稿は日本学術振興会科学研究費補助金による基盤研究（C）「投射構文の歴史的発達と構文化について」（研究代表：柴崎礼士郎，課題番号：16K02781）および基盤研究（C）「英語破格構文の歴史的発達と談話基盤性について」（研究代表：柴崎礼士郎，課題番号：19K00693）の研究成果の一部である．なお，本稿は Shibasaki (2019) の一部を発展させたものであるが，厳しい紙幅制限のため，内容および参考文献は極力最小限に止めてある点を明記しておく．

(2) FRED: Boil it hard for,
            ... Six or seven minutes.
            Period.
            ... [That is it].
    WESS: [W- what do you] mix in it.
    FRED: ... I have the recipe at home.   (SBCSAE059)
    (FRED: グツグツと6～7分煮えたぎるようにゆでます．以上です．それだけです．WESS: な-何を混ぜますかそこに？ FRED: レシピは家なんです．)

話者の見解に一区切りをつけるために period が使用されている（あるいは敢えて読み上げられている）ことが分かる．FRED が period を発した直後に WESS は自らの発話を開始していることから，period には話者の発話の一区切りという機能だけではなく，対話者の発話を誘発する（turn-yielding）機能も確認することができる．このように，命題内容の必要要件以外の要素で，テキスト的かつ対人関係的に機能するものを語用論標識（pragmatic marker）という（柴﨑（2015: 151））．

こうした語用論標識機能と「終止符」の意味での period はアメリカ英語の特徴とされ，イギリス英語では full stop（フルストップ）あるいは full point（フルポイント）が対応すると言われている（e.g. 稲盛・畑中（2003: 27）; Truss（2003）; Crystal（2015: 134）; 八木（2018: 180））．[1] 以下に LDOCE（2012）からの例を挙げる．

(3) アメリカ英語
     I'm not going, period!   (LDOCE (2012: s.v. *period*))
     （私は行かない，以上．）
(4) イギリス英語
     I don't have a reason. I just don't want to go, full stop.
                                               (LDOCE (2012: s.v. *full stop*))
     （理由はありません．ただ行きたくないだけ，おわり．）

---

[1] イギリス英語における full stop の語用論標識化については，柴﨑（近刊）を参照されたい．

会話などの話しことばの場合，記号としての period は（仮に脳裏を過る場合でも）言う必要は必ずしもない．敢えて言う場合には，「そこでおしまい」という終止符の意味が明示的になる（第 2 節を参照）．

日本語でも「それでおしまい」や「以上！」などを耳にすることもある．例えば，(5) では文末の句点「．」に加えて，「まる」と敢えて記されている．「以上」との共起から，「まる」が終止符機能を担っていることを読者に気付かせる工夫も読み取れる（芝原 (2013) も参考になる）．

(5) どれだけ今を生きてこなかったんだ，私
    ただただ，そういうこと．以上．まる．　　　（パンダうさぎ (2018)）

書きことばとしての歴史の長い英語と日本語に，こうした類似の言語変化が確認できる点は興味深い．Olson (1996: 100) の指摘するように，固有の書きことば（書記体系）の知識を基にして話しことばを意識していることの表れであろう．昨今，書きことば偏重の言語研究が問題視される場合もある（Linell (2005)）．しかし，言語の使用実態を観察することにより，書きことばから話しことばへの影響が起因となる言語変化が確認できる場合も少なくない（柴﨑 (2017)）．

こうした観察報告や説明は語法文法書や辞書に記載されている場合も多い．ところが，以下に示す period の反復使用や full stop との連続使用は管見の限り報告がないと思われる．さらに (7) では，period と full stop に加えて that's it (おしまい) までもが連続使用されている．直前の話題に終止符を打ちたい，あるいは，それ以上の内容は対話者自身に察してほしいという話者のスタンスが，より色濃く示されていると推測できる．

(6) Let me tell you something. The United States of America is the most powerful nation on Earth, period. Period.　　　(APPLAUSE)
    (2016 *PBS News Hour for January 12, 2016*: SOPK, COCA)
    (ひとつ言っておこう．アメリカ合衆国は地球上で最も強大な国だ．以上．それだけだ．(喝采))

(7) LORD# Anderson, it's exactly where we get off track all the time. I mean, she is a reporter, she is a journalist. Period, full stop. That's it.　　　　　(2017 *Trump asks reporter*: SPOK, COCA)
(Lord# アンダーソン，その話になると，いつも我々は脱線してしまうんだ．つまり，彼女はレポーターで，ジャーナリストでもある．以上，それだけ．おしまい．)

　以上に示した period の語用論標識機能について，本稿では以下の２点に注目しつつ考察を進める．１つは，コーパスを用いて，アメリカ英語史における語用論標識としての period の文末用法を概観することである．[2] もう１つは，(6) と (7) で取り上げた反復使用が，話しことばに観察されるほどに浸透しつつある統語形態であり（鈴木 (2016)），対話者に向けて話者のスタンスを即時的に表すほどに，語用論標識としての機能が発達している点を提示することである．最後に，period（あるいは句読法というシステムそのものが）近未来に歩むであろう変化の方向性も予測してみる．

2.　辞書・語法文法書での扱い

　学習用辞書として定評のある瀬戸・投野 (2012) と南出 (2014) から該当箇所を (8) と (9) に提示する．第１節で言及した語法文法書と同じように，最新版の英語辞書には語用論標識としての period が無駄なく解説されていることがわかる．間は「間投詞」を示す．

(8)　period 間 ［文末で］《米略式》終わり，以上 (《英》full stop)：
　　 No comment, *period*!「ノーコメント，以上」

　　　　　　　　　　　　　　　　　　　　　　（瀬戸・投野 (2012: 1470)）

---

[2] 語用論標識の period には文末用法以外に文中用法も確認できるが，紙幅の都合で本稿では扱えない（詳しくは Shibasaki (2019) を参照）．南出 (2014) では (9) の文末用法しか取り上げていないが，小西・南出 (2006) では，文末用法に加えて文中用法も指摘している．版を改めた際に文中用法は削除されているが理由は定かではない．

(9) period 間 [P~!]《主に米略式》(この話は)これでおしまい，以上(《主に英略式》full stop) ≪◆話はここで打ち切り，これ以上は話したくないことを示す≫
"Mom, um …"「ママ，あのう …」
"Ah, a new PC? We're not buying it. Period."
「ああ，新しいパソコンのこと？買わないわよ．以上」

(南出 (2014: 1568))

それでは歴史的発達経緯はどうであろうか．*The Oxford English Dictionary online* (*OED online*，以下 *OED*) には以下の記述がある．

(10) period III. C. *adv.* orig. and chiefly *N. Amer.* Indicating that the preceding statement is final, absolute, or without qualification: and that is all there is to say about it, that is the sum of it, there is no more to be said. Cf. FULL STOP *adv.* Based on the use, in speech, of 'period' (see sense A. 17a) as a verbless sentence to indicate a place where there is or should be a full stop.

(*OED online*; s.v. *period* III. C. *adv.*)

起源も主な使用もアメリカ英語である点が明記されており，先行する発言や陳述がそこで終わることを示唆すると続いている．

興味深いのは，「文の終わりを記す単独の点」を意味する用法 (A. 17a, 1582 年以降) が無動詞文 (verbless sentence) として発達し，この意味での使用は主にアメリカ英語に確認できるという記述である (おそらく (1) に相当する用法)．換言すると，文の終点を意味する語義が，コンテクストに依存しながら徐々にその意味を拡張させ，現代英語では (1)-(3) に見られる発話行為機能を果たすところまで発達していることになる．具体的には，「発話者の感情や考えを表明する感情表現型 (expressive)」機能を担っており (斎藤・田口・西村 (2015: 181))，発話を見聞きする読み手や聞き手は何らかの対応をとると考えられるため「発話媒介行為 (perlocutionary act)」に相当すると解釈できる．この点は，(2) の例で，FRED が period を用いて

自身の発話を終える合図を出した直後に，WESS が自らの発話を開始していることからも分かる．さらに言えば，近年注目されている「用法基盤理論 (usage-based theory)」の通時的妥当性を検証することのできる好例とも判断できる (e.g. Bybee (2015))．[3]

では，語用論標識としての period はいつ頃から確認できるのだろうか．*OED* の該当箇所には以下の初出例がある．

(11) Have you finished what you were saying, Hamilton? Your heart has found its mate, period. That's all you wanted us to know, isn't it?　　　(1914 W. M. Blatt *Husbands on Approval* ii. 108; *OED*)
（話していたことはどうなったの，ハミルトン？ あなたって人は最愛の人を見つけたってこと，それに限るでしょう．そのことを私たちに知ってほしいのではないの？）

作品の筆者である William Mosher Blatt を人名データベース Marquis Who's Who で調べてみると，1876 年ニュージャージー州生まれのアメリカ人で，作家兼弁護士であることが分かる．よって，主に 20 世紀以降のアメリカ英語を調査することで，period の語用論的発達が調査可能であることが確認できる．

3. 句読点の相対頻度

調査結果を提示する前に，もう 1 つ確認しておきたいことがある．本稿で取り上げる period は句読点の 1 つであるため，その使用頻度が句読点全体の中でどれほどの位置を占めるのかについてである．表 1 に Meyer (1987) の調査結果を示す．数値は素頻度を表し，丸括弧内の数値は，各スタイルの総数に対する相対頻度である．

---

[3] なお，句読法から発達した語用論標識の考察は，文末・発話末に限定した場合でも本格的な研究課題として把握されていないと思われる (e.g. Hancil et al. (2015))．言語変化の速さを考えると，通言語的な考察も喫緊の課題であると（個人的には）判断している（第 4.2 節を参照）．

表1：句読点の使用頻度 (Meyer (1987: 7, 107) に基づく)[4]

	Journalistic Style	Learned Style	Fictional Style	Total
Commas	1646 (50.4%)	990 (41.4%)	1261 (42.0%)	4054 (47%)
Periods (Full stops)	1457 (44.6%)	1103 (46.1%)	1494 (49.8%)	3897 (45%)
Dashes	50 (1.5%)	76 (3.2%)	63 (2.1%)	189 (2%)
Pairs of parentheses	52 (1.6%)	96 (4.0%)	17 (0.6%)	165 (2%)
Semicolons	28 (0.8%)	89 (3.7%)	50 (1.7%)	167 (2%)
Question marks	17 (0.5%)	1 (0.04%)	66 (2.2%)	84 (1%)
Colons	18 (0.6%)	33 (1.4%)	27 (0.9%)	78 (1%)
Exclamation marks	1 (0.03%)	2 (0.08%)	22 (0.7%)	25 (1%)
Total	3269 (≒99.6%)	2390 (≒99.92)	3000 (100%)	8659 (≒100%)

　Meyer (1987) の提示した3つのジャンルで，87.5%〜95%という高い割合で句読点の使用頻度が確認できる．ただし，学術分野 (Learned Style) での句読点の使用が他の2分野に比べるとやや低い点が目立つ．その理由として Meyer (1987: 106-107) は，学術分野では他の分野よりも文の構造が複雑で，長くなる傾向を指摘している．とは言え，平均を取ると，句読点だけで90%以上の使用頻度が確認できる点は留意しておいて良いであろう．

---

[4] Quirk et al. (1985: 1613) も Brown Corpus を用いて，かつ，Meyer (1987) と同じ分類基準に基づく調査結果を提示している．ただし，以下の3項目は数値が異なるため，参考までに提示しておく（丸括弧内の数値は，全項目に対する相対頻度%である）．Semicolons: 163 (1.9%); Question marks: 89 (1.0%); Exclamation marks: 26 (0.3%).

使用頻度の高さは様々な機能拡張や変化を誘発する可能性もあり (Bybee (2015)),上掲例文に示した period の語用論標識化の実態を探る後ろ盾になると思われる.

4. 調査結果と考察

4.1. 過去から現在へ

　本稿で提示する調査結果は GloWbE, COHA および COCA に基づくものである.その他のコーパスも幅広く利用したが,紙幅の都合で報告は割愛する.先行研究で指摘されているように,period の語用論標識機能はアメリカ英語発であることを確かめるため,まず GloWbE を用いてその地域毎の使用頻度を見る.なお,表2以降に現れる数値は「素頻度(100万語当りの標準化頻度)」という意味である.

　例文 (1) にある独立型の「. Period.」と,例文 (3) にある文末詞型の「..., period.」の2つのパターンを俯瞰すると,前者の方が使用頻度の高いことが分かる.しかし,いずれのパターンの場合も,アメリカ英語での使用頻度が群を抜いて高い点は共通している.GloWbE には表2の地域以外も多数含まれているが,アメリカ英語での使用頻度に比肩する地域はなかった.語用論標識の period はアメリカ英語から (OED によれば1914年に) 創発し,その後もアメリカ英語の特徴であり続けていることの証左になる.

表2:語用論標識 period の地域別分布 (GloWbE; Dec 6, 2018)

	US	Canada	Great Britain	Ireland	Australia	New Zealand
. Period. (per mil.)	1852 (4.79)	306 (2.27)	332 (0.86)	47 (0.47)	123 (0.83)	62 (0.76)
, period. (per mil.)	1249 (3.23)	189 (1.40)	271 (0.70)	41 (0.41)	78 (0.53)	61 (0.75)

　語用論標識の period が20世紀前半から使用されはじめたことが確認され,その後,時空間的に各地の英語変種へと波及していったことが分かっ

た.そこで,今度はアメリカ英語史における同用法の発達経緯を見てゆく.表3はCOHAに基づく調査結果である.

表3:語用論標識 period の歴史的発達 (COHA; Dec 6, 2018)

	1920s	1930s	1940s	1950s	1960s	1970s	1980s	1990s	2000s
. Period. (per mil.)			5 (0.21)	6 (0.24)	13 (0.54)	11 (0.46)	13 (0.51)	26 (0.93)	32 (1.08)
, period. (per mil.)			3 (0.12)	8 (0.33)	13 (0.54)	19 (0.80)	20 (0.79)	37 (1.32)	40 (1.35)

今回の調査では *OED* の事例に匹敵するほどの古い事例を見出せなかったが,20世紀前半に創発し,徐々に使用頻度を上げていることが概観できる(1930年代にタイポミスと思われる事例が1つあったが,表1からは除外した).句読法から話者スタンスを明示する語用論標識へ空間的に発達した過程と(表2),時間とともに言語コミュニティに浸透していることが使用頻度から窺える(表3).

それでは,直近の過去数十年の使用分布はどうであろうか.表4は語用論標識 period の使用分布をジャンル毎にまとめたものである.単年度毎の変異 (1990-2017) は割愛するが,全般的に増加傾向にある点を付記しておく(詳しくは Shibasaki (2019) を参照).

表4:語用論標識 period の共時的分布 (COCA: Dec 6, 2018)

	Spoken	Fiction	Magazine	Newspaper	Academic
. Period. (per mil.)	79 (0.68)	113 (1.01)	113 (0.96)	134 (1.19)	13 (0.12)
, period. (per mil.)	517 (4.43)	119 (1.06)	223 (1.90)	171 (1.51)	32 (0.29)

文末詞用法(「…, period」)が話しことば (spoken) に特化していることは,話者スタンスを担いやすい語用論標識 period からも予想できる.しか

し，独立型の「. Period.」は小説 (fiction)，雑誌 (magazine)，新聞 (newspaper) に相対的に多く分布しており，一概に「話しことば＝刷新表現」とは言えない点は興味深い．

　一方で，話題に対する話者自身の見解を強調したい場合には，(6) と (7) で見たように反復用法が確認できる．以下の (12) にもう一例加えるが，ここでは，マーチン・ルーサー・キング牧師の命を奪ったのは一体誰なのかという激論が交わされている．自らの見解に曖昧さを持たせないために，話者は period と full sop を反復使用して強調したのではないかと推察できる．

(12)　FORREST SAWYER: Steve Tompkins today says he does not believe that the military was involved in any murder plot of Dr. King. Period. Full stop.　　(1998 ABC *SatTonight*: SPOK, COCA)
(FORREST SAWYER: 現在スティーヴ・トンプキンが真相と考えているのは，キング牧師の暗殺計画に軍の介入はなかったというものだ．以上，それだけです．)

一方で，こうした反復使用は決して多くはない．全体で僅か 5 例に留まり，3 回連続使用は確認できなかった．アメリカ英語での調査が理由かも知れないが，full stop の反復使用も検出できなかった (詳しくは柴﨑 (近刊) を参照)．

　確認できた事例からだけの推測になるが，語用論標識 period は日常生活に浸透し，現在では複数のジャンルで使用が確認できるほどである．一方で，取り立てて強調すべき内容でもない限り，反復使用は控えられている印象を受ける．こうした現状は今後どのように変化するのであろうか．

4.2.　現在から近未来へ

　Biber and Finegan (1989) は，過去 400 年の間に書きことばの中で口語体が増加傾向にあることを示した草分け的研究である．20 世紀になると，口語体という文体だけではなく，道徳的・社会的慣習の在り方にも変化の起因が見出せるかもしれない．寺澤 (2016: 146) は，COHA を用いてアメリカ英語史における義務表現 (must, have to, need to, should) を主語 you との組み合わせで調査している．ひとつの結果として，20 世紀初頭以

降，話者からの命令的意味の強い must が衰退傾向にあり，代わりに you have to ～ が使用頻度を伸ばしている点を挙げている．その理由としては，「have to は何か外的要因のためにそうする必要がある」ことを表せる点を指摘しつつ，表現の選択に対人関係上の配慮を読み取っている．[5] Culpeper and Nevala (2012) と Farrelly and Seoane (2012) が，社会階層や権力の非対称性を示す表現を回避する傾向を，同じく 20 世紀の特徴として指摘する点とも重なる．

　こうした社会語用論的側面を意識しつつ，Bilefsky (2016) の報告を考えてみたい．ニューヨークのビンガムトン大学 (Binghamton) とニュージャージーのラトガーズ大学 (Rutgers) の研究者が，126 名の学部生に行った調査である．[6] テキストメッセージに書かれたやりとりと，手書きノートに書かれたやりとりが計 16 例あり，それぞれ一語の肯定的な返答 (okay, sure, yeah, yup) が含まれているようだ．そして大切な考察点は，肯定的な返答の直後に period (「.」) が有るか無いかである．

　分析結果は以下の通りである．テキストメッセージの中で「.」を用いると，同じ単語との共起であるにもかかわらず，ピリオド無しの場合に比べて「誠実さが低い (less sincere)」と見なされていることが分かったのである (Bilefsky (2016))．さらに，この傾向はテキストメッセージを含む書きことばだけではないようである．話しことばの世界でも，「行かない，以上 (I'm not going―period)」という発話の場合，発話末の period は「もうこれ以上は話したくない」((9) の解説を参照) という含みを持つことから，対話者への攻撃的姿勢の表れともとられかねないことも分かった (Bilefsky (2016))．

　ここで一度，語用論標識 period の機能拡張をまとめてみたい．歴史的には中英語期まで遡り，初期近代英語期には「文の終わりを記す単独の点」(1582 年) として句読法の地位を確立した period は，20 世紀初頭に至り

---

[5] 同じく寺澤 (2016: 143) は，排尿に関する婉曲表現が 20 世紀以降に多く見られることから，「19 世紀のヴィクトリア朝の道徳的風潮（中略）から解放されて，俗語的な表現が社会の表舞台に出てきた」可能性を指摘している．

[6] Bilefsky (2016) には原典が明示されていないが，研究内容から判断して Gunraj et al. (2016) を指していると思われる．

(1914年),話者スタンスを表す語用論標識機能を担い始めた.句読法から語用論標識という稀有な機能拡張に伴う主観化を背景に見ることができる.そして,その後の社会語用論的分岐を含めたものが図1である.用語は滝浦(2008)を参考にした.PM = pragmatic marker(語用論標識).

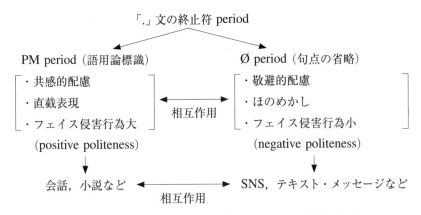

図1:語用論標識 period の発達と予想される今後の変化

　句読法から語用論標識への変化は,話者の見解を対話者へ効率良く伝達する手法であり,相手から理解されたい行為であるため positive politeness と解釈できる.一方で,上掲の Bilefsky (2016) によると,若年層は文末・発話末の period の有無に使用者の真意を読み取る繊細さが確認されている.反復使用は勿論,語用論標識としての単独使用も控えられる傾向も強い.その傾向が negative politeness としての特徴と重なっている.標準的な句読法と非標準的な句読法の棲み分けを,「二重書記描写 (digraphia)」と呼ぶ Crystal (2015: 329) の指摘とも関係するが,詳細は別項に譲りたい.

　図1について以下の説明を加えておく.1つは,語用論標識化した period が生起するジャンル(会話や小説)と句点が省略されるジャンル(SNS やテキスト・メッセージ)とは連続的であり,明確な線引きは非現実的な点である.例えば,Houghton et al. (2018: 116) は "written speech" という用語を提案し,文化審議会国語分科会 (2018) は「打ち言葉」という用語で文体の連続性を捉えている(詳しくは柴﨑(近刊)を参照).もう1つは,ジャンル

間の文体の連続性を反映するように，period の語用論標識用法と period の省略用法も，対人関係（e.g. 話し手と聞き手，書き手と読み手）に応じて相互に影響し合っている可能性である（鈴木亨氏との個人談話）．書きことばから話しことばへと機能拡張を遂げた period は，用法そのものを威圧的と感じる社会的機運の影響を受け，省略の方向へと向かっている．ただし，Ted Talks での語用論標識 period も耳にすることが少なくないため，ジャンルの幅を拡げて再調査することで，更なる変化の方向性と，文体の相互作用も垣間見ることが可能かもしれない．

空間上の微細な一点である period は，時空間的に機能拡張を果たし，書きことばと話しことばの境界を股に掛けて人間社会に関わりを持っている．看過されやすい一面にこそ，人間と言語の深い関わりが刻印されているのかもしれない．

5. まとめと今後の課題

20 世紀後半には，平等主義的，民主主義的，反権威主義的社会の流れが強まり，表現もよりフェイス侵害性の低いもの（less face-threatening）が選ばれる傾向を指摘する研究もある（Leech et al. (2009: 88-89)）．同じことが period にも当てはまり，社会的にポライトネスを欠く表現（あるいは文体）と判断される可能性も高い．わずか「.」1 つの存在が，「敵意（hostility）」や「不機嫌（snark）」を示す表示と見なされる傾向が強くなっており（Kleinedler (2018: 124))，その変化に時代に即した適切な使用が求められるという点では，昨今注目されている historical (im)politeness 研究（e.g. Bax and Kádár (2012)）とも重なる．

表 1 で，period が非常に高い使用率であることを確認した．句読法までも変化にさらされる時代にあり，他の句読法も近い変化を被るのであろうか．Truss (2003: 83-87) には，表 2 で最も使用頻度の高い comma についてのエピソードが紹介されている．いわゆるオックスフォード式コンマ（別名連続コンマ（serial comma））の必要性がどれほどあるかという興味深い見解が展開している（Truss の書名の解釈も試みてほしい）．

こうした句読法あるいは書記体系は，書きことばを持つ言語の特徴でもあり，書きことばの古い歴史を有する言語だからこその変化である．その意味で，言語相対性を書きことばから捉え直すことのできる現象として，個人的には最重要課題の1つに位置づけている．稿を改めて論じたい．

参考文献

Bax, Marcel and Dániel Z. Kádár, eds. (2012) *Understanding Historical (Im)politeness*, John Benjamins, Amsterdam.

Biber, Douglas and Edward Finegan (1989) "Drift and Evolution of English Style: A History of Three Genres," *Language* 65, 487-517.

Bilefsky, Dan (2016) "Period. Full Stop. Point. Whatever It's Called, It's Going Out of Style," *New York Times*, June 9, 2016. <https://www.nytimes.com/2016/06/10/world/europe/period-full-stop-point-whatever-its-called-millennials-arent-using-it.html>

文化審議会国語分科会 (2018)「分かり合うための言語コミュニケーション（報告）」文化庁．平成30年3月2日．<http://www.bunka.go.jp/koho_hodo_oshirase/hodohappyo/__icsFiles/afieldfile/2018/04/09/a1401904_03.pdf>

Bybee, Joan (2015) *Language Change*, Cambridge University Press, Cambridge.［小川芳樹・柴﨑礼士郎（監訳）(2019)『言語はどのように変化するのか』開拓社，東京．］

Crystal, David (2015) *Making a Point: The Pernickety Story of English Punctuation*, Profile Books, London.

Culpeper, Jonathan and Minna Nevala (2012) "Sociocultural Processes and the History of English," *The Oxford Handbook of the History of English*, ed. by Terttu Nevalainen and Elizabeth C. Traugott, 365-391, Oxford University Press, Oxford.

Farrelly, Michael and Elena Seoane (2012) "Democratization," *The Oxford Handbook of the History of English*, ed. by Terttu Nevalainen and Elizabeth C. Traugott, 392-401, Oxford University Press, Oxford.

Gunraj, Danielle N., April M. Drumm-Hewitt, Erica M. Dashow, Sri Siddhi N. Upadhyay and Celia M. Klin (2016) "Texting Insincerely: The Role of the Period in Text Messaging." *Computers in Human Behavior* 55, 1067-1075.

Hancil, Sylvie, Alexander Haselow and Margjie Post, eds. (2015) *Final Particles*, De Gruyter Mouton, Berlin.

Houghton, Kenneth J., Sri Siddhi N. Upadhyay and Celia M. Klin (2018) "Punctuation in Text Messages May Convey Abruptness. Period." *Computers in Human Behavior* 80, 112-121.

稲盛洋輔・畑中孝實 (2003)『英語の句読法辞典』インターワーク出版, 東京.

Kleinedler, Steve (2018) *Is English Changing?*, Routledge, Oxford.

Leech, Geoffrey, Marianne Hundt, Christian Mair and Nicholas Smith (2009) *Change in Contemporary English: A Grammatical Study*, Cambridge University Press, Cambridge.

Linell, Per (2005) *The Written Language Bias in Linguistics*, Routledge, London.

Meyer, Charles F. (1987) *A Linguistic Study of American Punctuation*, Peter Lang, New York.

Olson, David R. (1996) "Toward a Psychology of Literacy: On the Relations between Speech and Writing," *Cognition* 60, 83-104.

パンダうさぎ (2018)「以上, まる. そういうことか...」『panda うさぎのブログ』2018 年 7 月 12 日. <https://ameblo.jp/pandapunk/entry-12390182175.html>

Quirk, Randolph, Sidney Greenbaum, Geoffrey Leech and Jan Svartvik (1985) *A Comprehensive Grammar of the English Language*, Longman, London.

斎藤純男・田口善久・西村義樹 (編) (2015)『明解言語学辞典』三省堂, 東京.

芝原宏治 (2013)『テンとマルの話──句読点の落とし物／日本語の落とし物』松柏社, 東京.

柴﨑礼士郎 (2015)「現代アメリカ英語の二重コピュラ構文──談話構造, 再分析, 構文拡張──」『日英語の文法化と構文化』, 秋元実治・青木博史・前田満 (編), 147-180, ひつじ書房, 東京.

柴﨑礼士郎 (2017)「アメリカ英語における破格構文──節の周辺部に注目して──」『構文の意味と拡がり』, 天野みどり・早瀬尚子 (編), 201-221, くろしお出版, 東京.

Shibasaki, Reijirou (2019) "From Punctuation to Pragmatic Marker, *Period*: Written Language as a Source of Language Change," Paper given at the *SHEL11 (Studies in the History of the English Language 11)*, Indiana University, Bloomington, May 8-11, 2019.

柴﨑礼士郎 (近刊)「句読法の歴史的変化に見る動的語用論の可能性──イギリス英語の full stop を中心に──」『動的語用論の構築へ向けて』, 田中廣明・秦かおり・吉田悦子・山口征孝 (編), 開拓社, 東京.

鈴木亮子 (2016)「会話における動詞由来の反応表現──「ある」と「いる」を中心に──」『コミュニケーションのダイナミズム──自然発話データから──』, 藤井洋子・髙梨博子 (編), 63-83, ひつじ書房, 東京.

滝浦真人 (2008)『ポライトネス入門』研究社, 東京.

寺澤盾 (2016)『英単語の世界』中公新書, 東京.

Truss, Lynne (2003) *Eats, Shoots & Leaves: The Zero Tolerance Approach to*

Punctuation, Profile Books, London.［今井邦彦（訳）(2005)『パンクなパンダのパンクチュエーション』大修館書店，東京.］
八木克正 (2018)『英語にまつわるエトセトラ』研究社，東京.

辞書・教科書
小西友七・南出康世（編）(2006)『ジーニアス英和辞典』第 4 版，大修館書店，東京.
LDOCE = *Longman Dictionary of Contemporary English*, fifth ed., Pearson, Essex, 2012.
南出康世（編）(2014)『ジーニアス英和辞典』第 5 版，大修館書店，東京.
Paul, Macintyre and David Bohlke (2015) *Reading Explorer 2*, 2nd ed., Cengage Learning, Tokyo.
瀬戸賢一・投野由紀夫（編）(2012)『プログレッシブ英和中辞典』第 5 版，小学館，東京.
The Oxford English Dictionary Online, Oxford University Press, Oxford. <http://www.oed.com/>

コーパス・データベース
COCA = *The Corpus of Contemporary American English 1990-2017*, Brigham Young University, U.S.A. (Mark Davies).
COHA = *The Corpus of Historical American English 1810-2009*, Brigham Young University, U.S.A. (Mark Davies).
GloWbE = *The Corpus of Global Web-Based English*, Brigham Young University, U.S.A. (Mark Davies).
Marquis Who's Who. <http://search.marquiswhoswho.com/search>
SBCSAE = *The Santa Barbara Corpus of Spoken American English*, Department of Linguistics, University of California, Santa Barbara (UCSB).

第 5 章

動詞のパタンに見られる変則性[*]

住吉　誠

関西学院大学

1. はじめに

　本論では，従来の規範から見ると変則的と考えられる以下のような例について実証的な立場から考察を行う．(1) は try の後に，(2) は assist の後に，原形不定詞が生じている．

(1) Now Piaggio Fast Forward — a division of the Piaggio Group, which developed the Vespa — is **trying change** the way they walk.　　　　　　　　　　　　　　　　　(*TIME*, Feb. 20, 2017)

(2) … a further eight men and women, whom they had ordered to **assist them load** the bombs onto a transport shuttle.

(Stephen Sweeney, *The Third Side*)

筆者の知る限り，ここで挙げた形は一部の文献を除きこれまであまり考察の対象になっていない．本稿では，try と assist のパタンの変則性を考察し，このような英語が示す柔軟性からどのようなことが言えるか考えてみよう．

---

[*] 本稿は，2017 年 11 月 19 日（日）に東北大学（川内キャンパス）で開催された日本英語学会第 35 回大会シンポジウム「慣用表現・変則的表現から見える英語の姿」において口頭発表した内容に基づいている．当該発表と本稿の内容は科研費基盤 (C)（課題番号：17K02833）「統語的融合とフレーズ化にもとづく英語の柔軟性・変則性を示す表現・構文の実証的研究」の助成を受けたものである．

2. try＋V への実証的アプローチ

2.1. 二重動詞構文

　助動詞ではない一般動詞の後に原形不定詞が生じる形は Double-Verb Construction（二重動詞構文）と呼ばれ，これまで come / go / run＋V といったものが指摘されてきた (Carden and Pesetsky (1977))．この構文の大きな特徴は，1つ目に生じる動詞（例えば go）が屈折形であってはならないということにある．(3) に挙げる例は go が屈折しておらず問題はないが，(4) の各例では go の屈折形が生じており，容認されないとされる（(3) (4) の例は断りのない限り Carden and Pesetsky (1977: 83) より引用）．

(3) a. Infinitive: John managed **to go visit** Harry last week.
　　b. Imperative: **Go visit** Harry tomorrow.
　　c. Modals: John **will go visit** Harry tomorrow.

(4) a. *John **went visit** Harry tomorrow.
　　b. *He **goes eat**.　　　　　　　　　　　(Shopen (1971: 254))
　　c. *John **has gone visit** Harry already.
　　d. *John **is going see** Harry tomorrow.

2.2. try＋V の実例の検討

　冒頭 (1) に挙げた try の例は，一般動詞の後に原形不定詞が生じるという点において二重動詞構文と類似しているが，try が屈折しているという点で go＋V とは明らかに一線を画する．ここで，コーパスからの例も含めて筆者の手元にある実例を見てみよう．[1]
　まず (5) の諸例は，try が原形で生じたものである．

---

[1] 本稿で使用したコーパスは，すべてウェブ上で提供されているものである．詳しくは https://corpus.byu.edu/ を参照のこと．

(5) a. They have been calling to each other and literally climbing walls (and trees) **to try get** to one another."

(*The Washington Post*, April 12, 2017)

b. **Try increase** your stamina gradually.　　　(BYU-BNC)

c. …, so we'**ll try bring** you the very latest as soon as we can.

(COCA, Spoken, 1998, CNN_Talkback)

ところが，(6) の例では，try がすべて屈折変化を起こしている．(6a) の例では1つ目に原形不定詞が生じ，2つ目は規範通りに try to V が使用され，そして3つ目に再度原形不定詞が生じるという興味深い形になっている．

(6) a. He **tried help** this person. He *tried to talk* to this person. He **tried give** this person a job, …

(COCA, Spoken, 2005, MSNBC_Cosby)

b. Today's "CNN hero" **tries make** that split a little less painful.

(*CNN Transcripts*, Aired June 14, 2008)

c. … because he had **tried find** his "birth family" …

(*The Telegraph*, 2004, June 20)

d. the Vespa scooter … **is trying change** the way they walk.

(= (1))

これらの実例は try + V が go + V とは違う特徴を有していることを物語っている．Shopen (1971) は try + V についても go + V と同じように非屈折形でのみ生じると述べているが，それが正しくないことは上の実例が示す通りである（下線は筆者）．

(7) [M]any speakers accept not only *go* and *come* as quasi-modals, but *hurry*, *run*, *stay*, *sit* and *try* as well. Whatever verbs one allows to function as quasi-modals, the resulting expressions always have incomplete conjugations limited to uninflected base forms in the *V1 V2* sequence.　　　(Shopen (1971: 255))

2.3. try+V の実態

ここで、ウェブ上で利用できるコーパスを使用して、定量的な考察を行ってみよう。使用したのは COCA, SOAP, BYU-BNC の3つのコーパスである（検索は2017年5月から8月にかけて行った）。それぞれのコーパスで、[try] [VV0],[2] [try] be, [try] do と [try] not [VV0], [try] not be, [try] not do という検索コードを使用し検索を行った。not が生じる場合を検索の対象に入れたのは、少数ながら次のような例が見られるためである。

(8) Jimmy <u>tried not think</u> of them—Kaye and Muriel, the loves of his life.　　　　　　　　(COCA, Fiction, 2013, New England Review)

(9) ... and I <u>try not touch</u> my face with my right hand.
(COCA, Spoken, 2013, NPR: Science Friday)

[try] [VV0] の場合、[VV0] の部分に多様な動詞が生じるため、出現数の多い上位30位までの例を1つ1つ手作業で確認した。例えば COCA の [try] [VV0] での検索結果では、第1位は try get が18例、第2位は本論の議論と関係のない try Olay[3] が11例、第3位は trying get が11例などとなる。これを上位30位まで検討した。検索結果を手作業で確認後、計261例の try＋（not＋）V の例を集めることができた。

try＋V の V に現れる動詞の上位5つには do, get, make, find, keep といった使用頻度の高い動詞が生じており、これらの動詞に何か共通する意味的特徴があるということでもなさそうである。例を挙げておこう。

(10) a. What are you **trying do** to me? (SOAP, 2005, Young and Restless)
　　　b. We've worked hard to **try get** votes.
(COCA, Spoken, 2001, CNN_Politics)

---

[2] [try] のカッコつきのタグはすべての屈折形を拾い上げる。また、[VV0] は一般動詞を検索するタグである。検索結果からは、当該例ではない Try try again（try の繰り返し）のようなものや、Try Kiss My Face Freshbreath Mouthwash のような例は省いている。検索ではこの Kiss を動詞として認識するが、Kiss My Face 以下は商品名で動詞ではない。

[3] Olay は商品名の一部であるが、使用したコーパスでは動詞としてのタグが付与されているようである。

c. And she's **trying make** us be friendly with her. (BYU-BNC)
d. Yep. I'm going to **try find** this list of sources, and …

(SOAP, 2007, As the World Turns)

e. We're **trying keep** this chunk of metal off a beach …

(COCA, News, 2015, NYTimes)

次に try の屈折形で分けてみると，グラフ 1 が示すような結果となる．Leech et al. (2001: 113) によれば，動詞 try の BNC での頻度は，原形，過去形，trying 形で多く，その中でも原形での頻度が高いのが目立つという．一方，グラフからわかるように，try + V の場合，trying での使用が多いこと，通常の try とは異なり過去形はほとんど生じないことがわかる．

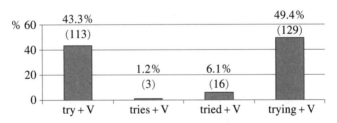

グラフ 1：COCA, SOAP, BYU-BNC における try + V の変異形

2.4. try + V の発生

Callies (2013: 245) は，try の後に原形不定詞がくる場合があることを指摘している．前節までで実例を示したように，英語の実態としてこの形が使用されることは間違いない．では，このような変則的な try + V が生じる理由は何であろうか．

Kjellmer (2000) は try が原形不定詞を従えることを指摘した稀有な文献であるが，try + V の形が生じる要因として次の4つを挙げている．

(11) a. try to V と try V-ing / try and V の混成 (blending).
b. try の取る構文の多様性が不安定さをうむ．
c. to try to V などの to の連続をさける．
d. try の助動詞化．

この4つのうち，(11a) (11b) については本質的には同じことを述べており，try + V は try の取る他の統語パタンの影響を受けて生じる構造であるということになる．しかし，従前から言われてきたように，try to V と try V-ing には明らかな意味的相違があるので，この立場をとるならば，意味の違うこれら2つの形が try + V の発生にどう影響を与えているのか，try + V の意味はどのようなものかについては別に説明しなければならないだろう．また，グラフ1で見たように，原形不定詞を取る場合に trying の形で多く生じることは，パタンの混成や不安定さといったことからは説明できない．(11c) については，try に限らず英語の全体的な傾向として確かにそのようなこともあろうが，コーパスの調査で trying 形が多く生じているという事実から判断すれば，すべての例において to try to V の to の連続を避けようとしたという意識があるのではないと考えられる．[4]

　try は非含意動詞（non-implicative verbs）のひとつとされ（Karttunen (1971)），try した行為が必ずしも実現するという含みを持たない．tried to talk した結果，talk したかどうかは文脈次第である．一方で，try をするということは，その行為を行う意図を持っていたということの表明に他ならない．一般的に「意図性」は助動詞的な「未来」の意味へと語義を展開させていくことが指摘されている（Desagulier (2005: 26))．try でもそのような「意図」から「未来」への意味の変化がうかがえると言える．それは，be trying to V が，be tryna V と縮約し，助動詞的な意識が統語構造に反映している場合があることからも支持される．この点において，try が助動詞化しているという見方は間違いではないだろう．

(12)　don't mean I'm tryna diss you, just tryna tell you the facts!
　　　　　　　　　　　　　　(Google, October 25, 2007) (De Smet (2013: 62))

tryna のように to が try へと吸収されその存在を薄めていくことと，to が落ちて try + V が生じることは根本的に類似の現象である．(11d) で挙げ

---

[4] 中川 (2012) もコーパスの調査にもとづいて try + V の発生要因として，to の連続を避ける意識が強いことを述べているが，本論ではこの考え方はとらない．

た Kjellmer のいう try の助動詞化は try の二重動詞構文の発生に関係があると考えねばならない．

　では上でみた try + V の実態をどのように考えればよいのであろうか．そもそも動詞がふたつ連なるというのは一見すると奇異な感じを与えるが，英語には make believe / let go / hear say などの表現が存在するし，上で触れたように go + V などの二重動詞構文の存在も広く認識されている．help が直接動詞を従えることは今では普通になった．英語において動詞が連なるということ自体はそれほど不思議なことではない．

　ここで，このような動詞の連なる形を，定型化したフレーズであると考えてみよう．フレーズとは複数の語の連鎖が，文法的に非合成的・合成的かかわらず，定型化するものと考える．連鎖の中には，すべての語が固定しているものもあれば，一部が比較的自由に入れ替わるもの，または連鎖の一部が品詞の指定のみされているものなど様々である（住吉 (2016)）．例えば，go + V においては「go と動詞の連鎖」がフレーズ化していると考える．

　助動詞化する try が try + V という二重動詞構文の形でフレーズ化すると考えると，(12) で見た tryna + V と，ここで問題にしている try + V は，単に現れ方の違いであると考えることができる．また，tries / tried という屈折形で極端に頻度が低いのは，try + V が助動詞化する途上にあるためと考えることができる．フレーズとしての二重動詞構文の在り方は，構成要素が固定した make believe のようなものから，try の形も V に生じる動詞も比較的自由な try + V，さらに主要部分が屈折を許さず，より助動詞的になった go + V という段階的なあり方をしていると考えられる．

（語彙的連鎖）make believe / let go ≫ try + V ≫ go + V（助動詞的連鎖）

　ここで問題になるのが，同じように助動詞化するのであれば，なぜ go と異なり，try が屈折形を許す比較的自由な二重動詞構文なのかということである．ここで今問題にしている形を go / try and V との関係で考えてみよう．Ross (2014: 210) は go / try and V を次のようにパラフレーズしている．

　(13)　a.　I try and get good grades. ≈ I try to get good grades.

b. I go and get the book. ≈ I get the book by going.

　ここで注目すべきは try の場合は主動詞としてのステイタスを保持したままパラフレーズされているのに対し，go は手段・様態要素へと意味的な格下げが行われている点である．このような意味解釈は二重動詞構文においても変わらないと考えてよい．

　そもそも動詞の意味の中に含まれる様態・手段要素は時制の変化の影響を受けない．whisper の意味を [say+quietly] と考えるのであれば，過去形 whispered は，[said+quietly] であり，様態要素 (quietly) は意味的には時制変化を受けない部分であることに注目されたい．とするならば，go+V においても意味的に手段要素を担っている go の部分は時制の変化を受けるものではないといえる．すなわち go は屈折するような意味的役割を果たすものではない．一方，try+V においては，表面上の形は助動詞と類似するものであるが，意味的な貢献を考えれば try は主動詞のステイタスを保持しており，時制変化を受けても問題ない部分であるといえる．go+V と try+V の現れ方，フレーズ化の度合いの違いはこのように考えることができる．

3. assist+X+(to) V への実証的アプローチ

3.1. assist の規範と実態

　(14) の引用からもわかるように，学習辞書の規範では assist が to 不定詞を取る用法は避けるべきであるとされていた．assist と to 不定詞の親和性の低さはその他の理論的な文献でも指摘されているし ((15))，通時的記述研究でも触れられるところである ((16)) (引用文中の下線は筆者)．

(14) Do not say 'assist someone to do something'. Say *assist* someone *with* something or *assist* someone *in* doing something.
(LDOCE5 (2009), s.v. *assist*)

(15) ... *aid* and *assist* ... seem perceptibly less good with the infinitive today, as in *The whole family helped/?aided/?assisted to clear the snow from the driveway.* (Rudanko (1996: 23))

(16) In Modern English. Rare. + *to*. (Construction not in OED) 1602 George Chapman, The Widow's Tears (ed. Smeak) V, i, p. 97, *Assisted* me *to behold* this act of lust ... (Visser (1973: 2319))

確かに assist の例を見てみると in+V-ing の形をとった例がよく観察される ((17))．しかし一方で，to 不定詞を使用した例が見られないわけではない ((18))．このようなこともあってか，(14) で引用した LDOCE はその最新版でこの形を認めるまでになった ((19))．

(17) a. We often use a jury psychologist to **assist us in selecting** the jury. (John Grisham, *A Time to Kill*)
 b. ... dispatch the U.S. Coast Guard to this landlocked, coast-free state to **assist in patrolling** the border.
 (*Washington Post*, May 3, 2006)
(18) ... female and male 'experts' **assisting a female TV host to interview** well-known public figures. (Janet Holmes. "Women Talk Too Much," in L. Bauer and P. Trudgill (eds.) *Language Myths*)
(19) **assist sb to do** | We want to assist people to stay in their own homes. (LDOCE6 (2014), s.v. *assist*)

従来の規範とは異なっているという意味においては (18) のような形は変則的である．また (2) で引用した原形不定詞を従える形は，to 不定詞のパタンよりもさらに変則性を高めているといえる．この節では，このような変則形と assist の補文の在り方をどのように考えるべきか議論していく．

3.2. assist の補文の全体像[5]

従来の規範では認められていなかった assist の to 不定詞の補文について

---

[5] to 不定詞，原形不定詞以外でも assist の補文の実態が解明されているとは言えない状況がある．例えば，以下の例では assist が直接話法を取っている．

 "Um, well," (中略) He hesitated. "And their partnership is of a somewhat unusual nature?" **assisted** Becky after a prolonged silence.
 (Jeffrey Archer, *As the Crow Flies*)

言及しているのが，Evans and Evans (1957: 44)，*Merriam Webster's Dictionary of English Usage* (1994: 135)，Burchfield (ed.) (1996: 73f.) などの文献である．Butterfield (2015: 72) では，assist + to 不定詞の形を普通に使用されるものとして認めている．

一方で原形不定詞が assist とともに使われる実例を示したのが Callies (2013: 247f.) である．その実例のひとつを筆者の手元の例と共に挙げる．

(20) a. the formidable challenge of **assisting large numbers of underprepared students succeed** in postsecondary education.

(COCA) (Callies (2013: 247f.))

b. … but he said the Eels' success had **assisted him make** it a reality.　　　　　(*The Daily Telegraph*, February 6, 2016)

また，Rohdenburg (2018: 136ff.) もアメリカ英語における assist のあとの to 不定詞／原形不定詞の使用について議論している．

このように，辞書の記述や実態調査から判断すると，assist の補文に V-ing 形と不定詞形が生じるパタンは以下の7つということになる．

(14) ① assist + to V
　　　② assist + X + to V
　　　③ assist + in V-ing
　　　④ assist + X + in V-ing
　　　⑤ assist + V-ing
　　　⑥ assist + X + V-ing
　　　⑦ assist + X + V

ここでは，「助け船を出して「…と」言う，「…」と言って助けた」の意味で使われているが，このように assist が直接話法と使用されるという情報は辞書などではほとんど指摘がない．直接話法は，that 節に比べると多種多様な動詞と使用される．assist はおそらく類語の help 以上に補文のバラエティを増やしていると思われる．

3.3. COHA 調査

ここで COHA を使用してそれぞれの 7 つの形について定量的な考察を行い，そこからどのようなことが導き出せるかを見てみよう．

グラフ 2 は，2016 年 5 月 6 日に行った検索結果をもとにしたものである．検索でヒットした動詞 assist の 7147 例（変化形を含む）をひとつひとつ確認した結果，上の 7 つのパタンの例が 3208 例収集できた．これを 50 年ごとに 4 期に分けてそれぞれの時代に生じたパタンの割合を示した．⑦の原形不定詞の形は，5 例しか確認されなかったのでグラフに記載していない．[6] ここからわかるように，傾向だけに着目すれば，古い時代のほうが，to 不定詞と V-ing の割合の差は小さく，時代を下るにつれて規範的とされる V-ing の形の割合が半数を占めるようになったことがわかる．規範意識が根強かった 19 世紀前半に to 不定詞の形が V-ing とほぼ拮抗するような状況であったことは興味深い．

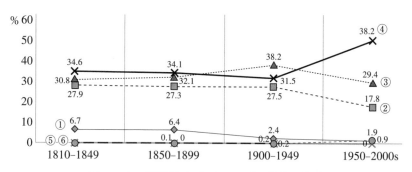

グラフ 2：COHA における assist 補文の推移

第 1 期の 1810 年から 1849 年に生じた①②③④の例は全部で 613 例ある．それぞれのパタンの V に生じた動詞をひとつひとつエクセルに入力しソートすると，②のパタンでのみ同じ動詞が集中して使用されていることが確認される．図 1 を参照されたい．assist + X + to V のパタンにおいて alight や descend が集中して生じることがわかる．エクセル上でこのような同じ動詞

---

[6] Rohdenburg (2018) の使用したコーパスでは 52 例の原形不定詞の例が確認されている．ただし，Rohdenburg は 1 つ 1 つの例を子細に検討しているわけではない．

の固まりが確認されるのは (22) に示すような動詞である.

<assist + to V>	<assist + X + to V>	<assist + in V-ing>	<assist + X + in V-ing>
beat her off	adjust his stirrups	administer the government	adjust his dress
bind the immoral wreath of fame	alight	alleaviate the misfortunes	adjust his papers
build up X's party	alight	answer the very important question	adopt the appearance
carry	alight	arrange our accommodations for the night	alight
carry the hampers and basket	alight	arrange the disposal of the property	alight
celebrate	alight	arrange the lines	answer this question
chain him to the spot	alight	arrest him	apply such remedies
discharge its contents	alight	assemble the fragments	arrange his pillows
disfigure the scene	alight from her horse	attack the enemy	arrange their thoughts
draw the furrow	alight upon the steps	attack the well	arrest him
(中略)			
expel the enemy from her neighbor	arrive	attempt to reform this custom	arrest his desperate villan
render objects at the same time m	deceive old Squaretoes	carry into practical operation	compute the height of these mountains
restore my self-controul and...	~~degrade~~	carry off the Lady Kathleen	conduct her to a light wagon
ruin	descend	carry the poor lady to her bed	convey the fish into the hut
run away	descend	carry wood to supply the steam engine	cross
support her	descend	chafe the old man's hand	cross the deserts
support him	descend	clear her out	cross the Wisconsn to an island
sustain its character	descend from the ground	colonize our central States	cultivate ground
vanquish the French	descend the height	communicate their thoughts to others	decide these questions
(後略)			

図 1：assist 補文の V に生じる動詞（一部）(COHA, 1850-1899)

(22) a. … and the captain **assisted the passengers to alight**.
    b. Seeing this, the young painter instantly stepped forward, and **assisted him to descend**; …
    c. We clamber down and **assist her to dismount**.
    d. I **assisted them to mount** the trolley, and …
    e. … as her companions **assisted her to rise**.

これらの動詞は「のぼる，おりる，立ちあがる」といった意味範疇に属するものである．この期間の assist + X + to V は 326 例確認されるが，「のぼる，おりる，はいる，でる，立つ」系の動詞の割合は 31.3%（102 例）である．これは，同じ系列の動詞が 1950-2000s の第 4 期に 7.8%（102 例中 8 例）しか生じていないことと比べて特徴的に大きな割合である．一方で，この 2 つの期間において②のパタンに占めるその他の行為系の動詞の割合が増大している（55.8% → 83.33%）．

3.4. assist の意味の拡大と補文の多様性

そもそも assist の語源はラテン語 *assistere* に由来し，「そばに立つ」を意

味した.[7] このことからもともと assist はそばに立って行う援助と意味的親和性が高いと考えられる. また, よく言われているように, to 不定詞が述べられている行為の初めから終わりまでを援助することを意味するのであれば, そばに立って行う援助は, 瞬間的に動作が終わる意味内容を持つ動詞, すなわち,「立ち上がる, のぼる」といった動作と意味的になじみやすいのであろう. その親和性のため, 図1でみたようなVに生じる動詞が偏った出方をすると考えられる. I saw her crossing the road は彼女が道を渡っている途中を見たということを意味するのと同じように, assist においてV-ing を使用すると行為の途中で助けたということを含意する. 瞬間的に終わる「立つ」といった行為の途中を援助するというのは, 現実的に考えにくい状況である. 立ち上がる前から立ち上がる行為の完了までを助けるというのが, 一番自然なのである. ゆえに, 意味的な親和性から to 不定詞が選択されやすい. 伝統的な規範に従わない to 不定詞の使用は, このような V に現れる動詞と to 不定詞の意味的親和性が大きな影響を与えていたと言えよう.

さらに, to 不定詞のパタンで使用される一連の援助系の動詞は, Poutsma (1929: 902f.) が述べるように, 援助の意味から加担や貢献の意味へ接近するようになる.

(23) In the infinitive-construction after the verbs *to help*, *to aid*, and *to assist* the idea of assisting is sometimes more or less obscured, approaching to that of joining or contributing.

(Poutsma (1929: 902f.))

このように意味が展開すれば, より広範な行為を表す動詞とともに使われることも納得のいくところである. その結果が, 現代英語で見られるような assist と to 不定詞の多様な動詞の組み合わせを生むことにつながっていく.

援助か貢献かという意味的な曖昧性は, assist の後に続く要素の統語的な

---

[7] assistere が原義的には as + sister (to cause to stand)(『英語語源辞典』)であることを考えると,「のぼる, 立つ」といった動詞との親和性の高さはうなずける. assist は「立たせる」→「そばに立つ」→「助ける」と意味変化した.

第5章　動詞のパタンに見られる変則性

ステイタスも曖昧にする．動詞の後に in V-ing が続く形では in V-ing が補文の場合と付加詞の場合がある ((24))．補文の場合は in V-ing の中から抜き出しが可能であるが，付加詞の場合はそれができない ((25))．一方，付加詞の場合は in を when に置き換えることが可能になる ((26))．

(24) a. John delighted in frustrating his opponents.　(in + X は補文)
　　 b. John stumbled in climbing the stairs.　(in + X は付加詞)
(25) a. Who did John delight in frustrating?　　(Rudanko (1996: 10f.))
　　 b. *What did John stumble in climbing?　　(Rudanko (1996: 10f.))
(26) a. *John delighted when frustrating his opponents.
　　　　　　　　　　　　　　　　　　　　　(Rudanko (1996: 10f.))
　　 b. John stumbled when climbing the stairs.　(Rudanko (1996: 10f.))

assist は (27) に見られるように in V-ing からの抜き出しが可能ということを見れば補文であるが，一方で when への置き換えが可能であることを考慮すれば付加詞としての性質を持っていることがわかる．

(27)　What did he assist in doing?　(E. Harwell, *The Babe Signed My Shoe*)
(28) a. ... that none of the three students used this feature to assist them when solving for perimeter ...
　　　　　　　　(COCA, Academic, 2015, *Learning Disability Quarterly*)
　　 b. Plus, the EU is betting that it can assist the East in solving its labor and immigration issues ...
　　　　　　　　(COHA, 2002, *Defining the Borders of the New Europe*)

次例は COHA に見られた assist + 原形不定詞の5例である．

(29) a. ... and I call on you to **assist me raise** the flag and ...
　　　　　　　　(Fiction, 1921, *Wild Justice: Stories of the South Seas*)
　　 b. You're trying to **assist people make** an honest living and to help them get some aim ...　(Fiction, 1952, *Yet Other Waters*)
　　 c. ... can **assist the new Communist state in partitioned Viet-**

nam in Indochina, **penetrate** into Siam, Laos …

(Nonfiction, 1955, *The Net that Covers the World*)

 d. Then he bent to the task of **assisting the other doctors connect** the artery and vein. (Magazine, 1980, *Good Housekeeping*)

 e. …, a group dedicated to **assisting parents develop** appropriate responses when angered.

(Fiction, 1994, *The Warden On Silver Street*)

原形不定詞が使われる原因を分析するには例が少なすぎるが，Callies (2013) は，COCA から 35 例，BNC から 12 例の assist＋原形不定詞の例を収集し，このような構造が生まれる理由として次の 4 つを挙げている．

(30) a. 複雑性原理（complexity principle）（目的語が複雑な（長い）名詞句）

 b. 同種構造回避効果（horror aequi）(to assist X to … の to の連続を避ける)

 c. 意味的類推（semantic analogy）(help からの類推)

 d. 慣性（persistence）(直前に使用した統語パタンが慣性として次の構造に影響を与える)

確かに (29a) (29b) は to 不定詞の連続を避けるという説明が可能であるし，(29c) は目的語が比較的長く複雑である．このような同種構造回避効果や複雑性原理といった統語的要因が assist の補文として変則的な原形不定詞を従えるきっかけになると言えるかもしれない．Rohdenburg (2018: 137) も to assist のあとの原形不定詞が多くみられることを指摘し，これは同種構造回避効果のためであろうと考えている．

　(30c) は help からの影響を受けるということであり，特に (31) のように help＋原形不定詞が先行すると assist の補文に影響を与えるとされる (Callies (2013: 249))．また，Callies は，類似の意味を持たなくとも，その前に使用した統語パタンに後続のパタンが影響を受けることを「慣性」と呼んでいる．(32) ではこの慣性にひかれて enable も原形不定詞を取っている．

(31) He <u>helped end</u> the Cold War and <u>assist long-captive nations of the Soviet empire recover</u> their freedom …

(COCA) (Callies (2013: 249))

(32) Another strategy that can also be effective in <u>assisting students manage</u> their time, is to <u>have students study</u> at their best time, whether that is in the morning, afternoon or early evening. This will <u>enable them complete</u> their assignments

(COCA) (Callies (2013: 250))

現段階では assist が原形不定詞を従える理由は唯一的には決定できないと思われるが，to のない不定詞の構造をとるようになるのは，やはり assist の意味が展開していく中で help の構文の類推作用が大きいと考えるべきであろう．

4. おわりに

本稿では，try と assist の補文の多様性を中心に見て，記述的な説明を試みた．動詞の補文は英語の変化がよく見える部分であり，従来考えられている以上に可塑性を示すことがある．以下の例にも，それがうかがえる．

(33) On St Valentine's Day, she **asked me marry** her.

(1993 Feb. 12 *Sun* 22/1) (Algeo (2006: 227))

(34) a. Under this canopy of green two men were already squatted, who **waved their hands to Alleyne that he should join them**.　　(Sir Arthur Conan Doyle, *The White Company*)

　b. The Indian **shook his head that** he didn't know.

(COCA) (住吉 (2016: 190))

ask の原形不定詞については，本稿で扱った assist などと通ずるところがあろう．(34) では，動詞 wave や shake の目的語のスロットがすでに名詞句 (their hands/his head) で埋まっているが，さらに that 節を追加して伝達

内容を示しており,極めて興味深い形をしている.[8]

　tryがto Vを取る,assistが典型的にin V-ingを取るといったことは,もちろん英語の慣用である.一方で,英語はそのような慣用とは異なる姿を示すことも多い.そして,そのような変則性にも何らかの理由が存在している.変則性を考察する楽しみというのは,この「不規則の中に規則を見る」ということにある.

参考文献

Algeo, John (2006) *British or American English?*, Cambridge University Press, Cambridge.

Biber, Douglas, Stig Johansson, Geoffrey Leech, Susan Conrad and Edward Finegan (1999) *The Longman Grammar of Spoken and Written English*, Longman, London.

Burchfield, Robert W. (1996) *The New Fowler's Modern English Usage*, Oxford University Press, Oxford.

Butterfield, Jeremy, ed. (2015) *Fowler's Dictionary of Modern English Usage*, 4th ed., Oxford University Press, Oxford.

Callies, Maecus (2013) "Bare Infinitival Complements in Present-day English," *The Verb Phrase in English*, ed. by Bas Aarts, Joanne Close, Geoffrey Leech and Sean Wallis, 239–255, Cambridge University Press, Cambridge.

Carden, Guy and David Pesetsky (1977) "Double-Verb Constructions, Markedness and a Fake Co-ordination," *CLS* 13, 82–92.

Desagulier, Guillaume (2005) "Grammatical Blending and the Conceptualization of Interpretational Overlap," *Annual Review of Cognitive Linguistics* 3, 22–40.

De Smet, Hendrik (2013) *Spreading Patterns: Diffusional Change in the English System of Complementation*, Oxford University Press, Oxford.

Evans, Bergen and Cornelia Evans (1957) *A Dictionary of Contemporary American Usage*, Random House, New York.

Karttunen, Lauri (1971) "Implicative Verbs," *Language* 47(2), 340–358.

Kjellmer, Göran (2000) "Auxiliary Marginalities: The Case of *Try*," *Corpora Galore*, ed. by John M. Kirk, 115–124, Rodopi, Amsterdam.

---

[8] このような形もある種のフレーズと考えられる.詳細は住吉 (2016: 179ff.) 参照.

Leech, Geoffrey, Paul Rayson and Andrew Wilson (2001) *Word Frequencies in Written and Spoken English*, Longman, London.

Merriam-Webster's Dictionary of English Usage (1989) Springfield, Massachusetts, Merriam-Webster.

中川聡 (2012)「動詞 try の補部選択特性の変化 (2) ―変化の要因に注目して―」『豊田工業高等専門学校研究紀要』第 45 号, 151-158.

Poutsma, Hendrik (1929) *A Grammar of Late Modern English, Part I, The Sentence*, 2nd ed., Noordhoff, Groningen.

Rohdenburg, Günter (2018) "The Use of Optional Complement Markers in Present-day English: The Role of Passivization and Other Complexity Factors," *Changing Structures in Constructions and Complementation*, ed. by Mark Kaunisto, Mikko Höglund and Paul Rickman, 129-149, John Benjamins, Amsterdam/Philadelphia.

Ross, Daniel (2014) "The Importance of Exhaustive Description in Meaning Linguistic Complexity: The Case of English *try and* pseudocoordination," *Measuring Grammatical Complexity*, ed. by Frederick J. Newmeyer and Laurel B. Preston, 202-216, Oxford University Press, Oxford.

Rudanko, Juhani (1996) *Prepositions and Complement Clauses*, Suny, New York.

Shopen, Tim (1971) "Caught in the Act," *CLS* 7, 254-263.

住吉誠 (2016)『談話のことば 2 規範からの解放』研究社, 東京.

Visser, Fredericus Th. (1973) *An Historical Syntax of the English Language III, Second Half*, E. J. Brill, Leiden.

辞書

『英語語源辞典』(1999) 寺澤芳雄 (編), 研究社, 東京.

LDOCE5, 6: *Longman Dictionary of Contemporary English*, 5th edition (2009); 6th edition (2014); Longman, London.

第Ⅲ部

慣用表現の成立と文法

第 6 章

慣用表現 "if X is any indication [guide]" について

平沢慎也
慶應義塾大学・東京大学・東京外国語大学（非常勤）

1. はじめに

　現代英語の慣用表現（丸ごと記憶されアクセスされる複合的な言語単位）に if X is any indication [guide] というものがある．例を見よう．[1]

(1) Priya: 　Can't you get rid of him?
　　Leonard: 　**If** the past **is any indication**, no.
　　(*The Big Bang Theory*, Season 4, Episode 6, The Irish Pub Formulation)
　　（プリヤ：シェルドンを追い出すことはできない？
　　レナード：これまでの経験から言うと，無理．）

(2) **If** comics' spectacularly varied past **is any indication**, comics' future will be virtually impossible to predict using the standards of the present.　　(Scott McCloud, *Understanding Comics*)
　　（コミックが目を見張るほど多様な歴史をもつことから考えるに，コミックが将来どうなるかを現在を基準にして予測することなど，ほぼ不可能だと言っていい．）

---

[1] 例文の強調は特に断りのない限り引用者によるものである．

(3) **If** past experience **is any guide**, we're in for a long and difficult project.
<http://learnersdictionary.com/definition/guide>[2]
(過去の経験から言うならば，この仕事は長丁場になりそうだ．)

　本稿ではこの表現の性質を記述し，ほかのどのような表現と関連していると考えられるかを論じる．

　しかし本論に入る前に，そもそも if X is any indication [guide] は本当に慣用表現なのかということについて，筆者の立場を明らかにしておきたい．もしこの表現が，発話のたびに if や indication などの語を文法規則に従って並べることにより一から作られているのなら，Susan talked to X という表現を記述することにあまり価値がないのと同様に，if X is any indication [guide] を記述することにもあまり価値がないことになる．

　読者のなかには，if X is any indication [guide] の意味が indication という語彙項目や any を含む if 節という文法項目の意味からある程度予測可能であることから，if X is any indication [guide] は慣用表現ではないと考える向きもあろう．実際，各社の英英辞典と英和辞典がこの表現を熟語として扱ったり例文のなかで太字強調を施したりしていないことは，このような考え方が正しいことを裏付けているように思われるかもしれない．[3]

　しかし，ある程度の予測可能性があるからといって丸ごと記憶されアクセスされていないということにはならない．高頻度表現は意味の予測可能性にかかわらず話者の頭のなかで慣用表現としてのステータスを得やすい．例え

---

[2] 本稿のウェブ検索は全て 2018 年 7 月に行ったものである．
[3] *Merriam-Webster's Advanced Learner's English Dictionary* (*MWALED*)，*Macmillan Dictionary*，*Oxford Advanced Learner's Dictionary*，*Collins English Dictionary*，*Longman Dictionary of Contemporary English* (*LDOCE*)，*Cambridge Advanced Learner's Dictionary*，『ロングマン英和辞典』のウェブ版と，『ジーニアス英和辞典』(第 5 版)，『オーレックス英和辞典』(第 2 版)，『ウィズダム英和辞典』(第 3 版) の indication, guide, history, past, experience の項目を (例文含め) 全て調べた (history, past, experience を含めたのは，2.3 節で見るように if X is any indication [guide] の X スロットを埋める名詞として高頻度だからである)．このうち *MWALED* (s.v. *guide*) には例文 (3) が見つかったが，強調が施されているのは guide の 1 語だけだった．

ば I love you は各単語と NP＋V＋NP 構文（単純な他動詞構文）からほとんど完全に予測可能な意味しかもたないが，明らかに丸ごと記憶されアクセスされている単位である (Taylor (2012: 100-114), 平沢 (2019: 40-47))．

もちろん，一口に「高頻度」と言っても何をもって高頻度とするかは難しい問題であるが，2.1 節で示す方法で Davies (2008-) *The Corpus of Contemporary American English*（以下，COCA）を検索すると，if X is any indication [guide] はそれぞれ少なくとも 463 回，179 回生起していることがわかる．[4] 決して少なくない数字である．さらに，名詞＋be 動詞＋any＋名詞という連鎖を検索して得られる 1127 例のうち，2 つめの名詞の頻度順位を表にすると，以下のようになる．indication と guide で半分以上がカバーされていること，上位にランクインしているほかの語に example や teacher, gauge といった if X is any indication [guide] の類例（4.1 節参照）を示唆する語が含まれていることに注目されたい．

表 1：{[n*] [vb*] any [n*]} の 2 つめの名詞の頻度上位 10 位（レマ表示）

名詞	件数	割合
indication	531	47.1%
guide	192	17.0%
indicator	23	2.0%
kind	21	1.9%
example	19	1.7%
mention	16	1.4%
measure	15	1.3%
judge	11	1.0%
gauge	9	0.8%
way	9	0.8%

---

[4] COCA は 5 つのジャンル（話し言葉，フィクション，大衆雑誌，新聞，学術誌）からなる 5 億 6 千万語規模のアメリカ英語均衡コーパスである．本稿のコーパス検索は全て 2018 年 7 月に行ったものである．

第6章 慣用表現 "if X is any indication [guide]" について　　　93

検索式に利用した名詞＋be 動詞＋any＋名詞という連鎖は非常に抽象的な連鎖であり，if すら含んでいないにもかかわらず，検索結果の中身を見てみると検出される事例の大半が if X is any indication [guide] の（類）例である．この頻度の偏りは，英語話者は if X is any indication [guide] を丸ごと記憶しアクセスしているのだと考えてはじめて自然に説明される．発話のたびに「if 節の文法構造のなかに X is Y の文法構造を埋め込み，次に Y に any＋N を埋め込み，N に indication [guide] を入れて…」という計算がなされるならば，なぜ下線部のような操作がこの構文に偏って利用されているのか——例えばどうして if … is any merit「…が多少の長所と言えるなら」が同等程度の頻度で用いられないのか——説明がつかない．

　以上のことから，筆者は if X is any indication [guide] は慣用表現であり，記述対象として取り出すに値する表現であると考える．以下では，まず 2 節で if X is any indication [guide] の意味と用法を記述する．続く 3 節では if X is any indication と if X is any guide の相違点を指摘する．4 節では高頻度の if X is any indication [guide] と低頻度の if X is any example [teacher, judge, gauge] の関係，さらにはこれら全ての表現と if X is anything to go by の関係を考える．5 節はまとめである．

2.　if X is any indication [guide] の意味と用法の記述

2.1.　名詞の飽和性の観点から

　名詞の indication と guide はともに，以下の例にあるように「（何かを）指し示すもの」という意味の非飽和名詞としての用法をもつ．[5] 下線部が「何かを」に相当する情報を提供しており，この下線部があってはじめて当該英文は十分な情報をもった完結した文として成立する．

---

[5] 非飽和名詞とは，「X の」というパラメータの値が定まらないかぎり，それ単独では外延 (extension) を決めることができず，意味的に充足していない名詞のこと（西山 (2003: 33））．例えば，飽和名詞である「犯罪者」や「作家」と違って，非飽和名詞の「犯人」や「作者」を使った「あなたは犯人［作者］ですか？」という質問には，「何の」という情報が与えられない限り，イエスともノーとも答えがたい．

(4) The remains are an **indication** of how the ancient city would have looked.
<https://dictionary.cambridge.org/dictionary/english/indication>
（この遺跡を見れば，この古代都市がかつてどのような姿をしていたかがわかる．）

(5) A plant's leaves are a good **guide** to its health.
<https://www.macmillandictionary.com/dictionary/british/guide_1>
（植物は葉を見れば健康状態がよくわかる．）

(4) の下線部は how ... という間接疑問文を含んでいる．(5) の下線部の場合，to の補部は its health という名詞句だが，「どのような健康状態であるか」というように潜伏疑問文として解釈される．[6] このように indication と guide という非飽和名詞は（潜伏）疑問文を含む of [to] 句を従えることによって意味的に飽和する．

if X is any indication [guide] はこの下線部に相当する部分が表示されず，どのような（潜伏）疑問文が関わっているのかが明示されないことが多い点で特徴的である．例 (1) と (3) の if 節にあえて下線部を補うならば次のようになるが，実際には下線部は表示されないのが普通である．

(1′) If the past is any indication of whether we can get rid of him
(3′) If past experience is any guide to what lies ahead

COCA を利用して，be 動詞 + any + indication の連鎖の indication から数えて左 9 語以内に if が現れる例を検索し，そこからノイズデータを除去すると，if X is any indication の用例が 463 例得られる．このうち，下線部相当の of 句が続くのは 43 例（約 9.3％）だけである．同様の方法で得られる if X is any guide の用例は 179 例であるが，このうち下線部相当の to 句が続くのは 5 例（約 2.8％）だけである．下線部を表示せず非飽和名詞を

---

[6] 疑問詞を含んでいないにもかかわらず間接疑問文のように解釈される名詞句を潜伏疑問文 (concealed question) という．簡潔な説明は Huddleston and Pullum (2002: 976) を，詳しい説明は福地 (1995: 49-61) を，認知言語学的な分析は Langacker (2001: 150) を参照．

非飽和のまま放置することが慣習化されているといえる。[7]

それでは，どうして非飽和のまま放置しても問題ないのか．話し手はその欠落した情報が聞き手の頭のなかでどのように復元されることを期待して if X is any indication [guide] を使っているのか．これについては, if X is any indication [guide] がどのような従節-主節関係を要求するかを考えると分かりやすい．

2.2. 従節と主節の関係

if X is any indication [guide] は，ある特定の従節-主節関係を要求する．if X is any indication [guide] と対応する主節が，2.1 節で問題になった（潜伏）疑問文の答えになっていなければならないのである．例えば (1) では，主節の no（= I can't get rid of him）が indication のあとに隠れた whether we can get rid of him という疑問に対する答えになっている．このような性質をもたない主節を if X is any indication [guide] とともに用いると，以下の例のように不自然な英文になる．

(6) *If the past is any indication, I hate it. [*it* = *the past*]
（意図した解釈：「もし過去を見て（未来が）わかってしまうなら，過去なんて大嫌いだ」）

以上のことからわかるように, if X is any indication [guide] の主節が indication [guide] のあとに隠れた（潜伏）疑問への答えになっているため, if X is any indication [guide] を習得している聞き手であれば，主節から逆算してどのような（潜伏）疑問が隠れているのかを推定するのは容易である（例：「彼を追い出すなんて無理だ」→「彼を追い出せるかどうか」）．これが，非飽和名詞を非飽和のまま放置できる理由である．

---

[7] 日本語の非飽和名詞が本質的に参与する構文には，「カキ料理は，広島が本場だ」などに見られる「カキ料理構文」（西山 (2003: 276)) や，「地図をたよりに親戚の家を訪ねた」などに見られる「『地図をたよりに』構文」（氏家 (2017, 2018)) がある．ただしこれらの構文では非飽和名詞（下線部）の要求する「何の？」にあたる情報が点線下線部で与えられているところが if X is any indication [guide] とは異なる．

if X is any indication [guide] の従節-主節関係に関してもうひとつ重要なのは，この条件文は Sweetser (1990) が言うところの「認識的条件文 (epistemic conditional)」タイプ，つまり If Mary is late, she went to the dentist. のように「P ならば，Q といえる」という意味を表すタイプに属するということである．もしも「内容条件文 (content conditional)」タイプ，つまり If Mary is late, her teacher will get angry. のように「P ならば，それが Q を引き起こす」という意味を表すタイプだとすると，(1) は「過去が彼を追い出せるかどうかを示しているなら，そのことが彼を追い出すことを不可能にする」というわけのわからない意味を表すことになってしまう．本当の文意は「過去が彼を追い出せるかどうかを示しているなら，彼を追い出すことは不可能だといえる」ということだから，この文は認識的条件文に分類されるべきである．[8]

2.3. X スロットに現れやすい名詞（句）の観点から

本節では，if X is any indication [guide] の X スロットを埋める名詞（句）——以下これを「X 名詞」と呼ぶ——の分布について見てみよう．2.1 節で述べた通り，COCA に if X is any indication と if X is any guide はそれぞれ 463 回と 179 回生起しているが，X 名詞のトークン頻度を数えるとそれぞれ 477 と 180 であった．[9] 筆者はこのデータに対し以下の要領でラベル付けを行った．まず，this と that を「指示代名詞」，it や you などを「人称代名詞」としたうえで，2006 などは「年号」とし，固有名詞に関しては Mr. Zhang などを「人名」，Cirque du Soleil などを「組織名」，Mexico などを「地名」としてラベル付けした．[10] what other big studios have produced な

---

[8] Sweetser (1990) の「発話行為条件文 (speech act conditional)」でないことの論証は割愛する．

[9] 463 と 179 を上回るのは，X に複数の名詞が並列された if the pain and misery and cold were any indication のような例があるため．

[10] こうしたラベル付けは必然的にある程度恣意的なものとなる．指示代名詞と人称代名詞を分けるかどうか，個人の名前と組織の名前を分けるかどうか，などの問題に誰もが納得の行く答えを出すことはできないだろう．しかし，それでもここではいくつかの分類を設けざるを得ないと思われる．それは，何の分類もせずにカウントすると，構文のもっている重要な特性が見過ごされてしまう可能性があるからである．例えば，構文の生産性を

第6章 慣用表現 "if X is any indication [guide]" について

どは「what 節」，the way she coddled sheep などは「the way 節」のラベルを貼った．そのほかの名詞はレマ表示をラベルとした．これらの名詞（句）の頻度を上位5位まで表示すると以下のようになる．

表2：if X is any indication [guide] の X の頻度順位5位まで（レマ表示）

if X is any indication			if X is any guide		
X	件数	割合	X	件数	割合
history	31	6.5%	history	87	48.3%
experience	17	3.6%	past	27	15.0%
past	12	2.5%	experience	15	8.3%
人称代名詞	12	2.5%	election	3	1.7%
what 節	11	2.3%	year	3	1.7%
year	11	2.3%			
指示代名詞	11	2.3%			
地名	11	2.3%			

この表から，if X is any indication [guide] は history, experience, past という名詞を好んでいることがわかる．

これに対し，「このような頻度分布はそもそも X is an indication [a guide] の X に history や experience, past が来やすいことの反映であって，if X is any indication [guide] という言い回しの特徴とは言えないのではないか」という反論をしたくなるかもしれない．そこで今度はこの反論の妥当性を検証すべく X is an indication [a guide] の X の頻度分布を見てみよう．COCA で名詞＋be 動詞＋an indication と名詞＋be 動詞＋a guide という連鎖を検索すると，それぞれ 248 件と 85 件ヒットする．これらのデータを母集団として，X is an indication [a guide] の X スロットに現れる名詞の頻度を計算し上位5位までを表示すると，以下のようになる．

記述するべくタイプ・トークン比を計算する際に（3.1節），Haiti と Sweden と Buffalo などの地名を1つ1つ別タイプとしてカウントするのは明らかに分析結果を歪めることにつながる．

表3：X is an indication [a guide] の X の頻度順位5位まで（レマ表示）

X is an indication			X is a guide		
X	件数	割合	X	件数	割合
year	6	2.4%	history	29	34.1%
result	4	1.6%	past	6	7.1%
level	4	1.6%	book	5	5.9%
score	3	1.2%	experience	3	3.5%
area	3	1.2%	teacher	2	2.4%

まず，X is an indication の X スロットを埋める名詞の分布は，history, experience, past を含んでおらず，if X is any indication の場合とは大きく異なることがわかる．したがって if X is any indication の性質が X is an indication の性質に由来するものとは考えられない．次に X is a guide のほうに目を転じると，history, past, experience がランクインしているものの，生起回数という意味でも割合という意味でも if X is any guide の場合と比べて低いことがわかる．また，history [past, experience] is a guide の38例のうち，35例は if 節のなかに入っている．したがって，if X is any guide のマイナーな変種として if X is a guide も存在すると考えるのが自然であり，if X is any guide の性質が X is a guide の性質に由来すると考えるのは妥当でないだろう．以上により，段落冒頭で示した「反論」は反論として成り立たないと言える．表2が示す特徴は紛れもなく if X is any indication [guide] という言い回しの特徴である．[11]

特に好まれる3語 history, past, experience のうち experience のみ明確な過去指向性をもっていないように見えるかもしれないが，COCA の用例を見てみると，実際の過去の経験を指して experience と言っているものが多い（e.g. if my experience at Kodak is any indication（コダック社での私の

---

[11] 表2が示す特徴は，動詞としての indicate と guide がもつ傾向とも一致しない．indicate は特に result や study, finding など研究成果を表す名詞を主語にとるのを好み，guide のほうは人間を指す名詞を主語にとるのを好む．また，guide の主語の位置に history が現れている例は COCA に1例もないが，if X is any guide を見てみると表2から一目瞭然であるように history が著しい頻度の偏りを伴って用いられている．

経験から言うなら)).また,この3語に限らず,X 名詞が限定形容詞を伴っている場合,その形容詞は past や recent のように過去指向性をもつ形容詞であることが多い (e.g. if the past three-and-a-half years are any indication (ここ3年半のことから考えれば)).したがって,if X is any indication [guide] の X は過去指向性をもつと言うことができる.

以上,if X is any indication [guide] の意味と用法を記述してきたが,実例を細かく分析すると if X is any indication と if X is any guide の間には無視できない違いがあることがわかる.これについては次節で論じる.

3. if X is any indication と if X is any guide の違い

3.1. X スロットに現れる名詞（句）の分布の違い

本節では,if X is any indication のほうが if X is any guide よりも X 名詞が多様であり,構文としての生産性 (Taylor (2002: 566), Bybee (2010: 94-96)) が高いことを示す.たしかに if X is any indication [guide] の X スロットに history, past, experience が特に現れやすいという傾向は indication の場合と guide の場合に共通して見られる (2.3 節) のだが,それは言語事実の一側面でしかない.

まず,if X is any indication も if X is any guide もともに history, past, experience の3語を好むといっても,その3語が占める割合には大きな違いがある.この3語は,if X is any guide では X 名詞 180 のうち 129 (71.6%) を占めるが,if X is any indication の場合には X 名詞 477 のうち 60 (12.5%) に過ぎない.このことは if X is any indication のほうがより多様性に開かれていることを示唆している.

次に,if X is any indication では X スロットを埋める名詞（句）として上位にランクインするにもかかわらず if X is any guide には一度も生起していない名詞（句）,というものが複数存在する.例えば what 節と指示代名詞,人称代名詞は if X is any indication ではそれぞれ 11 例, 12 例, 11 例観測されるが,if X is any guide では1例も見つからない.

さらに,if X is any indication と if X is any guide の X 名詞のタイプ頻

度, トークン頻度, タイプ・トークン比（トークン頻度をタイプ頻度で割ったもので, この数値が高いほど当該構文が特定の語彙に偏って用いられていることになる）を表にまとめると以下のようになる.

表4: if X is any indication [guide] の生産性

	if X is any indication	if X is any guide
タイプ頻度	276	48
トークン頻度	477	180
タイプ・トークン比	1.73	3.75

if X is any indication の X 名詞のタイプ・トークン比は, if X is any guide のそれの半分にも満たない. このことは, if X is any indication のほうが多様な X 名詞を受け入れる, 生産性の高い構文であることを示している.

3.2. ジャンルの違い

本節では, if X is any guide は if X is any indication と異なり日常会話において用いられにくいという特徴を指摘する.「会話」ではなく「日常会話」としたのは, インタビュー番組で政治に関してなされる会話などで if X is any guide が用いられることが少なくないからである.

まず COCA で得られたデータを分析しよう. 2.1 節で述べた方法により検出された if X is any guide と if X is any indication の用例（それぞれ 463 例と 179 例）をジャンルごとに分類し集計すると, 表5と表6のようになる.

表5: if X is any indication のジャンル

	SPOKEN	FICTION	MAGA-ZINE	NEWS-PAPER	ACA-DEMIC	合計
トークン頻度	70	76	139	145	33	463
割合	15.1%	16.4%	30.0%	31.3%	7.1%	100.0%

第6章 慣用表現 "if X is any indication [guide]" について

表6: if X is any guide のジャンル

	SPOKEN	FICTION	MAGA-ZINE	NEWS-PAPER	ACA-DEMIC	合計
トークン頻度	35	8	58	51	27	179
割合	19.6%	4.5%	32.4%	28.5%	15.1%	100.0%

この2つの構文のジャンル上の特性の違いが明確になるように1つのグラフにまとめたものが以下の図1である．

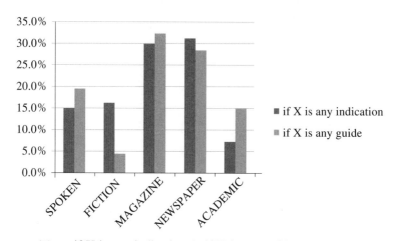

図1: if X is any indication と if X is any guide のジャンル

図1から明らかなように，if X is any indication と if X is any guide の使用頻度の違いが最大化するのは FICTION においてである．FICTION では if X is any guide が if X is any indication に比べて嫌われているようである．筆者はこの事実を if X is any guide が if X is any indication に比べて日常会話で用いられにくいことの反映として解釈する．

しかし筆者のこの解釈に対しては反論もあるだろう．もし本当に if X is any guide が if X is any indication に比べて日常会話で用いられにくいのであれば，その違いは図1の SPOKEN の領域にも現れるはずではないか，という反論である．これに対し筆者は，COCA で SPOKEN に分類されているデータは TV 番組での政治家や専門家へのインタビューを多く含んで

おり，日常会話とは性質が異なるのだ，と答えたい．

ただし，これだけでは筆者の解釈の正しさを示す証拠を十分に提示できていないと思われるので，COCA とは別のコーパスでも検証してみたい．ここで利用するコーパスは Davies (2011-) *Corpus of American Soap Operas*（以下，SOAP）である．SOAP はアメリカの TV ドラマ 10 作品のセリフを集めた 1 億語規模のコーパスで，実際の日常会話の「無計画性」は反映されていないものの，「日常会話の発話としてどのようなものが自然であると感じられるか」は十分に反映されているものと考えられる．

SOAP で be 動詞 + any + indication と be 動詞 + any + guide の連鎖を検索し，ノイズデータを除去すると，if X is any indication は 91 例得られるのに対して if X is any guide は 2 例しか得られない．これは日常会話において if X is any guide が if X is any indication ほど好まれないという筆者の主張を裏付ける結果であると言えるだろう．

図 1 から読み取れる別の事実として，if X is any guide のほうが学術文書で用いられやすいということがあげられるが，これは if X is any indication のほうが日常会話で使われやすいことの裏返しとして捉えることができるだろう．[12]

4. そのほかの表現との関わり

4.1. if X is any Y [Y ≠ indication, guide] との関わり

これまでは if X is any Y の Y は indication [guide] に固定して議論してきたが，以下のように Y スロットにはほかの名詞もあらわれる．

(7) Invasion, opposed or otherwise, will happen in Haiti. Then what? President Clinton promises the restoration of democracy. **If Pan-**

---

[12] SPOKEN と MAGAZINE と NEWSPAPER では if X is any indication と if X is any guide の間に使われやすさの大きな差が見られないのは，COCA の SPOKEN と MAGAZINE と NEWSPAPER にはトピックの学術性や専門性の点でも文体の硬質さの点でも多種多様なものが混ざっているからかもしれない．この点についてはまだ十分に考察できていない．

ama **is any example**, the future for Haiti looks pretty bleak.

(COCA)

(ハイチ侵攻は反対されようがされまいが行われます．その次はどうなるでしょう．クリントン大統領は民主主義の回復に努めると約束しています．しかし，パナマの件が何かを示しているのだとすれば，ハイチの未来はなかなか暗いものと思われます．)

(8) It appears that a lot of things they agreed on are not in writing. So I guess **if** history **is any teacher**, we'll have to wait and see how it works out. (COCA)

((日米自動車協議の) 合意内容のなかには明文化されていないものも多くあるようです．なので，これまでのことを考えると，どういう結果になるかは様子を見てみないと分からないのでは．)

(9) But **if** box office receipts **are any measure**, there are plenty of moviegoers out there who love Tarantino's style. (COCA)

(しかし興行収入から判断するならば，世の中にはタランティーノ監督の作風が好きな映画ファンがたくさんいるということだ．)

(10) His statement was subject to doubt **if** the reaction of his listeners **was any gauge**. (COCA)

(彼の話を聞いていた人たちの反応を見る限り，彼の発言は信じてもらえていないようだった．)

これらが if X is any indication [guide] の類例といえるのは，「X を判断基準として利用すれば主節のようなことがいえる」「X は主節命題が真であることを示している [教えてくれる]」という意味が共通しているからである．この意味を上の各例が表せるのは，example は「より一般的な何かを示す例」であり，teacher は「何かを教えてくれる存在」であり，measure と gauge は「何かを判断するための基準」だからである．(7)-(10) のような例は，表 1 が示唆するように使用頻度が indication [guide] の場合と比べて非常に低いので，if X is any indication [guide] からの類推で産出されていると考えるのが自然だろう．

if X is any indication [guide] の類例として特に興味深いのは，if X is any judge である．名詞の judge は原則として「裁判官」に代表されるように，判断をする側の存在を指す．(11) に示した Let me be the judge of that. という慣用表現においても同様である．この流れで (12) も見られたい．

(11) Wally: Why would you say a thing like that?
　　　Darrin: Because she ... she's just not right for you.
　　　Wally: Well, **let me be the judge of that**. Besides, you hardly know her.
　　　　　　　　　　　　　　　　　(*Bewitched*, Season 1, Episode 21, Ling Ling)
　　　(ウォーリー：どうしてそんなこと言うんだ．
　　　ダーリン：いや，だって…お前にあの女は合わないよ．
　　　ウォーリー：それは俺が決めることだ．それにダーリンはリンリンのことをほとんど知らないじゃないか．)

(12) She is widowed—and very recently, **if I am any judge**.
　　　　　　　　　　　　　　　　　　　　　　　　　　　(COCA)
　　　(あの女性は夫を亡くしたように見える．それも，私の推測によれば，ごく最近．)

実は (12) の judge は，判断の主体を指していながら同時に判断基準としても機能している．具体的には，この judge は She is widowed—and very recently という判断の主体でもあるわけだが，同時に，「もし私の感性や推理能力を判断基準に利用するならば，She is widowed—and very recently といえる」というように，judge を「判断基準」としても捉えることができる．したがって (12) は「判断する人」の意味の judge の用例としてのステータスと，if X is any indication [guide] の類例としてのステータスの両方をもっていると言える．面白いのは，前者のステータスをもたず後者のステータスをもつ例が存在することである．(13) を見てみよう．

(13) The future is often viewed as an endless resource of innovation that will make problems go away—even though, **if** the past **is**

any judge, innovations create their own set of new problems.

(COCA)

（未来とは革新を無限に生み出す資源であり，それにより様々な問題が解決されるという見方がよくなされる．しかし過去を参考に判断するならば，革新が起こるとそれはそれで新しい問題が生まれるものである．）

the past は無生物なので判断の主体ではありえない．この the past は判断の基準となるものとしてのみ提示されているといえる．しかし，名詞の judge は本来であれば「裁判官」のように判断をする側の存在を指すはずであり，「判断基準」の意味はもたないはずである．したがって，このような実例は，judge 単体の意味知識を出発点にして一から作られたものではなく，「if X is Y（Y：主に indication と guide）の Y は判断基準としてのステータスを与えられる」という知識を利用して作られたものであると考えるのが自然だろう．

4.2. if X is anything to go by との関わり

if X is any Y という形式と少しだけ異なる形式をとる類似表現に if X is anything to go by がある．*LDOCE* では（14）の通り太字強調が施され，この表現が慣用表現として提示されている．

(14) **If** his past plays **are anything to go by**, this should be a play worth watching.

<https://www.ldoceonline.com/dictionary/go-by>

（彼のこれまでの劇の面白さから考えて，今回の劇も観る価値のあるものになっているはずだ．）

主節で提示される命題が真であるといえるかどうかを人間が判断するという能動的行為は，if X is any indication [guide] では完全に隠されていた．indication [guide] は人間の判断とかかわる名詞ではない．if X is any measure [gauge, judge] では，measure [gauge, judge] が「判断基準」の意味をもち判断という概念とかかわるものの，ここでもやはり，判断するという行

為を直接的に指す表現が用いられているわけではない．これに対し，if X is anything to go by では，go by の部分でその能動的判断行為が明示されていると言える．go by ... は以下の例のように「...を基準に判断する」という意味を表すからである．

(15)　Melvin:　How old are you? If I was going to guess by your eyes, I'd say you were fifty.
　　　Carol:　If I **went by** your eyes, I'd say you were kind. So, so much for eyes.

(映画 *As Good as It Gets*)

(メルヴィン：君，歳はいくつ？ 目を見て当てろと言われたら，50ってとこかなと．
キャロル：目で言ったら，あなたも優しい人に見えるわ．ま，目なんてその程度のもんよ．)

この go by ... を知っている話者は if X is anything to go by という慣用表現を if X is + ［any で始まる判断基準表現］という枠組みで捉えることができ，この枠組みが if X is any indication [guide, measure, gauge, judge] といった表現を理解し関連付ける助けになっていると考えられる．

5. まとめ

本稿では，まず慣用表現 if X is any indication [guide] の意味と用法を記述した．そのうえで，これらの表現が if X is any [measure, gauge, judge] や if X is anything to go by といった表現と関連しあっていること——慣用表現であり言語的単位をなすとはいっても英語の体系の中でほかと切り離された離れ小島のようなものになっているわけではないこと——を見た．

参考文献

Bybee, Joan (2010) *Language, Usage and Cognition*, Cambridge University Press, Cambridge.

Davies, Mark (2008-) *The Corpus of Contemporary American English (COCA): 560 million words, 1990-present*. Available online at <https://corpus.byu.edu/coca/>.

Davies, Mark (2011-) *Corpus of American Soap Operas: 100 million words*. Available online at <https://corpus.byu.edu/soap/>.

福地肇 (1995)『英語らしい表現と英文法――意味のゆがみをともなう統語構造』研究社出版, 東京.

平沢慎也 (2019)『前置詞 by の意味を知っているとは何を知っていることなのか：多義論から多使用論へ』くろしお出版, 東京.

Huddleston, Rodney and Geoffrey K. Pullum (2002) *The Cambridge Grammar of the English Language*, Cambridge University Press, Cambridge.

Langacker, Ronald W. (2001) "What WH Means," *Conceptual and Discourse Factors in Linguistic Structure*, ed. by Alan Cienki, Barbara J. Luka and Michael B. Smith, 137-152, CSLI Publications, Stanford.

西山佑司 (2003)『日本語名詞句の意味論と語用論：指示的名詞句と非指示的名詞句』ひつじ書房, 東京.

Sweetser, Eve (1990) *From Etymology to Pragmatics*, Cambridge University Press, Cambridge.

Taylor, John R. (2002) *Cognitive Grammar*, Oxford University Press, Oxford.

Taylor, John R. (2012) *The Mental Corpus: How Language is Represented in the Mind*, Oxford University Press, Oxford.

氏家啓吾 (2017)「「地図をたよりに」構文と非飽和名詞」『東京大学言語学論集』38, 287-301.

氏家啓吾 (2018)「ネットワークとしての文法知識：「地図をたよりに」構文の記述を通して」『東京大学言語学論集』40, 251-273.

第 7 章

使用基盤モデルから見た make / let 使役構文

西村義樹
東京大学

1. はじめに

　本稿の目的は，認知文法（cognitive grammar）の特徴の 1 つである使用基盤モデル（usage-based model）の観点から make と let を用いた英語の使役構文を分析することによって，英語の慣用の一面を明らかにすることである．

2. 理論的背景：認知文法の考え方

　認知文法は，母語の使用を可能にする（大部分暗黙の）知識とは何かを解明するという目標を生成文法（generative grammar）と共有しながら，その知識がどのような構造をもち，またどのようにして成立するかをめぐって生成文法と根本的に対立している．
　日常の言語使用においては，語彙項目（lexical items）をいくつか組み合せて適格な（典型的な文などの）複合的表現を新たに産出し，そうした表現を理解することが不可欠である．文法とはそのような複合的表現を組み立てるための規則またはパターンの集合のことである．
　認知文法と生成文法との最大の対立点は，文法が意味とどのように関係していると考えるのが適切であるかをめぐるものである．生成文法の草創期から一貫してこの理論の中核を構成する「統語論自律性テーゼ（autonomy

thesis)」によれば，文法的な知識は，意味との間に規則的な対応関係はあるものの，それ自体としては意味に基づいて特徴づけることの不可能な——純粋に形式的な——要素や原理から成り立っている．それに対して，こちらも最初期から認知文法の根底にあるのは，文法的な知識を構成する単位（複数の語彙項目の結合パターン及びその成分）は，語彙項目と同様，いずれも一定の形式と一定の意味との組み合わせ（一種の記号）であるという文法観 (symbolic view of grammar) である．

　また，語彙的な知識と文法的な知識との関係についても，認知文法は生成文法とは相容れない考え方をしている．語彙項目の集合としての語彙（または辞書）と文法の関係について生成文法が採用しているのは Taylor (2012) が「辞書＋文法書モデル」と呼ぶものである．これは，辞書の単位である語彙項目にはそれぞれ意味があるものの，そうした語彙項目をいくつか用いて複合的表現を組み立てるための規則またはパターン自体は意味をもたないことを前提にしている点で，統語論自律性テーゼと密接に関係している．それに対して，文法的な知識の単位がそれぞれ意味を担うとする認知文法の提示するモデルでは，語彙と文法は（可視スペクトルの中で隣り合った2つの色がグラデーションをなすように）形式と意味の組み合わせを要素とする連続体を構成する．語彙と文法のいずれにも同時に属する知識の単位が多数存在するため，語彙的な知識と文法的な知識の間に明確な境界線を引くことは不可能であると考えるからである．

　さらに，言語知識の成立の仕方についても，認知文法の見方は生成文法とは根本的に異なる．言語知識の獲得に特化した生得的な機構として普遍文法 (universal grammar; UG) を想定し，言語知識とその使用を峻別する生成文法に対して，認知文法が採用するのは，現実の言語使用とそれにかかわる（言語使用という目的に特化されない）一般的な能力によって言語知識が構築されるとする使用基盤モデルである．このモデルによると，言語知識の単位はすべて現実の言語使用に起源をもつ．そうした単位が成立するに際しては，複数の経験から共通項（スキーマと呼ばれる）を抽出する能力，カテゴリー化，複数の構造を統合して複合的な構造を組み立てる能力，連想能力などの一般的な心の働きが作用し，使用頻度が重要な役割を担う．言語知識は

こうして定着した（一般性，複雑度，アクセスされやすさなどにおいて様々な）単位が互いにカテゴリー化の関係を結ぶことによって構成される膨大なネットワークとして表象される．

　使用基盤モデルの際立った特徴の1つは，（生成文法における抽象的な原理や規則に対応する）適用範囲の広い一般的な単位（例えば主語一般のスキーマ）とその具体例（例えば特定構文の主語のスキーマ）がネットワークの節点として共存し，多くの場合，後者のほうが前者より（実際に言語表現を産出または理解する際にアクセスされやすいという意味で）重要とされることである．例えば英語の misgivings のような複数形でよく用いられる名詞は，その複数形名詞自体が知識の単位となって，可算名詞一般の複数形という抽象度の高いスキーマと（前者に後者が内在するという関係を結んで）共存し，現実の言語使用ではその複数形名詞がしばしば直接（可算名詞一般の複数形スキーマを介することなく）アクセスされると考えられる．

3.　事例研究：[主語＋make／let＋目的語＋原形不定詞句]

　使用基盤モデルの有効性を例示するために，make と let を用いた英語の分析的使役構文[1]（以下ではそれぞれ make 使役構文，let 使役構文と呼ぶ）をこのモデルの観点から分析してみよう．[2]

　使用基盤モデルはこれも前節で触れた語彙と文法の連続性という考え方と表裏一体の関係にある．使用基盤モデルの観点から個別言語の知識の単位としてとりわけ重要であると考えられるものの多くが母語話者の語彙的知識と文法的知識のいずれにも同時に属するからである．以下で分析する［主語＋

---

[1] この場合の「分析的」とは，認知文法の意味で分析可能（analyzable）である――日本語のサセを用いる使役構文と同様，使役の意味を表す述語が複数の有意味な要素（語彙項目）に分析できる――ということ．生産的使役構文，文法的使役構文と呼ばれることもある．それに対して，他動詞用法の open や kill などを述語とする文は語彙的使役（lexical causative）構文と呼ばれる．

[2] 以下の考察は，この2つの使役構文を詳細に分析した重要な先行研究，とりわけ大江（1980, 1983）と久野・高見（2014）に負うところが大きい．

make／let＋目的語＋原形不定詞句］というパターン——認知文法の観点からは，形式と意味の両面を持つ構文スキーマ（constructional schema）——はまさにそのような知識の単位の典型例であると言える．すなわち，このスキーマは，分析的使役構文という文法項目についての知識の一環であると同時に，語彙項目 make と let に関する知識にも属していると考えられる．英語の分析的使役構文が適切に使えるためには，その主動詞の位置に make と let が生じうることを知っている必要があり，逆に，make と let についての知識を正しく身につけていると言えるためには，これらの動詞が分析的使役構文の主動詞として機能しうることを知っていなければならないからである．さらに，以下で見るように，［主語＋make／let＋目的語＋原形不定詞句］というスキーマの適用例（下位スキーマ）の中には語彙と文法の領域に同時に属する単位として定着しているものが多数あると考えられる．

3.1. Make 使役構文

3.1.1. 使役構文の主動詞としての make と〈作る〉を意味する make

　Make 使役構文における make と〈作る〉を意味する（語彙的使役構文の主動詞としての）make に意味上の関連がある——関与しているのは同音異義性ではなく多義性である——ことには異論の余地はなさそうであるが，ここでは make のこの2つの用法間の関係が具体的にどのようなものであるかを，両者に共通する意味を抽出する可能性を含めて，考察してみたい．以下の (1) と (2) はそれぞれ make 使役構文と〈作る〉を意味する make を含む他動詞構文の（慣用表現を含む）例である．

(1) a. My parents always make me do my homework before I go out.
　　b. I didn't mean to make you worry.
　　c. John's blowing bubbles made us laugh.
　　d. What on earth made you want to do that?
(2) a. She made her own wedding dress.
　　b. I always make a mess when I try to cook anything.

    c. Her performance made a strong impact on everyone.
    d. That makes all the difference.

　強制使役を表すとされる make の用法の典型例 (1a) と〈作る〉を意味する make の用法の典型例 (2a) は，主語の指示対象（以下では「主語」）が，結果事象（それぞれ，宿題をするという話し手の意図的行為と彼女自身のウェディング・ドレスの出来）の実現を意図し，その意図を達成するために原因事象としての意図的行為（それぞれ，話し手に対する意図的な働きかけ，ウェディング・ドレスの素材に対する意図的な働きかけ）を遂行する，という点が明らかに共通している．(1a) が表す使役が強制的 (coercive) とされるのは，宿題をするという話し手の意図的行為の実現を意図した両親が，その意図を達成するために話し手に働きかけなければ，話し手に宿題をする意図は生じなかった，という捉え方がこの文の意味に含まれているからである．すなわち，make 使役構文の表す使役が（少なくとも日常的な意味で）強制的と言えるためには，原因事象と結果事象がそれぞれ主語の意図的行為と目的語の指示対象（以下では「目的語」）の意図的行為でなければならないだけではなく，前者が（行為の意図の発生を含む）後者の実現のために遂行されていなければならない．例えば，

  (3) You made me do this.

は，聞き手の意図的行為が原因となって話し手が不本意ながら意図的行為を行ったけれども，話し手がそうすることを聞き手は意図していなかったという場合に用いられうるが，この場合の使役を強制的と呼ぶのは「強制」の日常的な語感に反するであろう．
　(1b) と (2b) はいずれも，原因事象が主語の意図的な行為（話し手の言動と話し手が料理をしようと試みること）である点は (1a) と (2a) と共通しているけれども，結果事象（聞き手が心配することとキッチンが散らかること）の実現がその行為の目的ではない点で (1a) と (2a) とは異なる．[3] (1b) は

---

  [3] この点で (2b) と類似する make の用例に make a mistake / make the mistake of … (e.g. I made the mistake of giving him my phone number.) がある．この場合には，厳密

この点が（すぐ上で述べたような解釈における）(3)と共通していることになるが，(1b)の場合は，さらに，補文が表す結果事象がそもそも目的語の意図的行為ではないため，この文の表す使役は強制的ではありえない．

(1c)と(2c)に共通する特徴は，原因事象としての意図的行為そのものが主語として表現されていることである．(1b)の場合と同じく，(1c)の補文が表す（思わず笑うという）結果事象は目的語の意図的な行為ではない．また，これらの文の表す事態は，(1b)と(2b)と同じように，原因事象である意図的行為の主体を主語にして（例えば，"John made us laugh by blowing bubbles", "She made a strong impact on everyone with her performance" のように）表現することも可能である．

(1d)と(2d)から，make 使役構文の主語が補文の表す事態（以下では「補文事態」）の原因となりうるものでありさえすれば（行為者はおろか行為ですらなくても）よいのと同じように，〈作る〉を意味する make の主語は目的語の出現の原因でありさえすればよいことがわかる．(1d)は次節で検討するいわゆる無生物主語の make 使役構文の典型例であるが，〈作る〉を意味する make にも対応する用法があることは注目されてよい．

分析的使役構文の主動詞としての make と〈作る〉を意味する make のここまでに考察したすべての用法に共通する意味のスキーマとして，主語の存在なくしては補文事態または目的語は生じえない——主語の存在が補文事態の生起または目的語の出現の原因である——という捉え方を抽出することができる．[4] さらに，この捉え方がもっとも日常的な形で顕現したのが (2a) に例示されるような make の典型的な用法の持つ意味であると考えることができるとすれば，使役構文の主動詞を含む make の諸用法の表す意味は，〈人が具体的なものの出現を目的として素材に働きかけた結果，実際にその具体的なものが出現する〉というプロトタイプを中心にして，そこからの

に言うと，（例えば他者に自分の電話番号を教えるという）意図的行為が間違いを犯すという非意図的行為として再解釈されている．

　[4] (1a) や (1b) の主語は，その存在なくしては原因事象としての意図的行為は生じえないという意味で，補文事態生起の原因であると言えることに注意．

様々な方向への拡張[5]を節点とするネットワークを構成していると見ることが可能になる．本節で検討した make の諸用法間には多義の関係が成立している——関与しているのは1語の動詞であって複数の同音異義語ではない——という母語話者の直感は，スキーマとプロトタイプを含むこのようなネットワークの存在によって支えられていると考えてよいであろう．

使用基盤モデルとの関連で重要なのは，この節で例示したような make の使用法を可能にしている母語話者の知識には，それらすべての意味に共通するスキーマとしての抽象的な捉え方のみでも，意味拡張の原点としてのプロトタイプのみでもなく，スキーマの具体例であると同時にプロトタイプからの拡張である意味の多くをも接点とするネットワーク全体が含まれていると考えられることである．このことは，英語の make と同じ用法の広がりを持つ動詞が日本語には存在しない，とりわけ，日本語の「作る」は分析的使役構文の主動詞としては機能しない，という事実からだけでも明らかであるように思われる．[6] 以下では，［主語＋make＋目的語＋原形不定詞句］という構文スキーマの慣習化された適用例——下位スキーマ——のうち英語母語話者の知識の単位として特に重要であると思われるものをいくつか取り上げてみたい．

3.1.2. 無生物主語の make 使役構文？

（抽象体を含む）無生物を指示する名詞句を主語とする使役構文は，ある種の条件が満たされれば，日本語の日常的な言葉遣いにも生じないわけではないが，このカテゴリーに属する以下のような英語の自然な日常表現は日本語らしい表現に直訳することがほとんど不可能である．[7]

---

[5] 〈具体的なもの〉が〈意図的行為〉に置き換わる，〈素材〉が〈意図的行為の主体〉に置き換わる，結果事象の実現に対する主語の意図性が消去される，等々．

[6] (2b) の make a mess, (2d) の make all the difference, 注2で触れた make a mistake / make the mistake of ... などが，本文で示した make の意味と mess, difference, mistake が他の表現の中で担う意味によって動機づけられてはいるものの，英語母語話者の知識の単位になっていることも重要である．

[7] 池上（1981: 205-206）で指摘されているように，この事実とその意味合いについては早くも明治時代に Basil Hall Chamberlain が論じている．サピアの genius との関連でこの Chamberlain の議論をさらに詳しく検討した斉木・鷲尾（2014: 第7章）も参照されたい．

(4) That explains it.
(5) Cancer kills thousands of people every year.

よく知られているように，次のような make を主動詞とする分析的使役構文についても同じことが言える．

(6) What makes you think so?
(7) This medicine will make you feel better.

本稿の立場からは，このようないわゆる無生物主語の make 使役構文について指摘すべき点がいくつかある．第 1 に，make を用いた無生物主語の分析的使役構文の（結果事象を表す）補文の主要部には高い頻度で生じる一群の動詞（e.g. feel, look, sound, think, want, wonder）があり，[8] 英語の母語話者はこれらの動詞がこの構文の補文の主要部であるパターン自体を（当然その意味も含めて）アクセスしやすい単位——下位スキーマ——として習得していると考えられる．[9] これらの下位スキーマが語彙と文法の領域に同時に属する知識の単位であることは言うまでもない．第 2 に，「無生物主語の make 使役構文」という表現は不正確あるいは不十分である．以下のような実例を考えてみよう．

(8) You make me want to be a better man.
(9) You make Mother Teresa look like a hooker.

これらは英語としてはごく自然で日常的な表現であるが，(4)-(7) と同じく，直訳的に対応する日本語の使役表現はきわめて不自然である．(8)(9) は，主語が明らかに人間であるから，厳密な意味での「無生物主語の使役構文」のカテゴリーには入らないが，これらと (6)(7) などには主語に結果事象を生じさせる意図がない，使役動詞 make を述語とする，補文の主要部に

---

[8] Gilquin (2010)，とりわけその 7.3.3 節を参照．
[9] 上記の動詞のこれらの下位スキーマに生じる用法には，（この場合には補文の）主語がコントロールできない事態を表すという共通点がある．すなわち，これらの下位スキーマからは〈主文主語（の存在）を原因として，補文主語にはコントロール不能な補文事象が生じる〉という共通の意味を抽出することができる．

feel, look, sound, think, want などが生じやすいといった明らかな共通点がある．英語の make 使役構文に関する知識の単位には (8) (9) が例示するような結果事象に対する意図性のない人間を主語とする下位スキーマも含まれるべきであると考えられる．[10] 第3に，(10) のような英語の無生物主語の使役構文を直訳した日本語表現が日常的な場面で用いられることはまずありえないが，

(10) That movie really made me think.

それに対応する受動文 (11) ははるかに容認度が高い．

(11) あの映画には本当に考えさせられたよ．

英語では，逆に，ごく自然な日常表現である (10) に対応する受動文はきわめて不自然である．これは使役構文（と受動構文）の適切な使用を可能にする日本語と英語の知識の単位を認定する際に考慮されるべき事実であると思われる．[11]

3.1.3. 補文に生じやすい動詞とイディオム

すでに述べたように，make 使役構文についての母語話者の知識には，主語の意味特性（補文事態の実現に対する意図性の欠如）および補文に生じやすい動詞（e.g. feel, look, sound, think, want, wonder）が指定された単位——形式と意味の組み合わせからなる下位スキーマ——が複数含まれている

---

[10] このような限定と修正を加えた意味での（いわば広義の）無生物主語の使役構文に関しては，池上 (1981) が主張するとおり，英語は日本語に比べてスル的な傾向が強いと言ってよいであろう．

[11] これは英語と日本語における共感度階層（empathy hierarchy）の機能の仕方の違いとも関係していると思われる．例えば，

    A stranger spoke to me.

が自然な英語表現であるのに対して，同じ事態を自然な日本語で表現するためには，以下のように

    知らない人に話しかけられた．
    知らない人が話しかけてきた．

受動構文や逆行構文といった有標の構文を用いる必要がある．このような「てくる」を用いた日本語の逆行構文については古賀 (2008) を参照されたい．

と考えられる．そうした下位スキーマに基づく表現の例をさらにいくつか挙げておく．

(12) That doesn't make me feel very happy.
(13) The T-shirt covering made it [= the skull] look like a sleeping cat.[12]
(14) You make it sound like I did something wrong.
(15) What makes you say that?[13]

また，類似の下位スキーマに基づいた以下のような例もある．[14] これらの下位スキーマでは補文に（斜体で示す）イディオムが生じている．

(16) He has long been considered a second-class writer, but his most recent novel has at last made the critics *sit up and take notice*.
(17) His constant lying about me makes *my blood boil*.
(18) Seeing the body on the floor with a knife in its back made *my blood run cold*.
(19) The sudden noise from the upstairs of the supposedly deserted old house made *my hair stand on end*.

平沢（2016）が sit up and take notice について指摘しているように，これらのイディオムは make の補文に生じるのが典型的な用法である．[15] 換言すれば，make 使役構文にこれらのイディオムが埋め込まれたパターンが母語話者の知識の単位としての下位スキーマを構成していると考えられる．

---

[12] 村上春樹『世界の終りとハードボイルド・ワンダーランド』の Alfred Birnbaum による英訳 *Hard-Boiled Wonderland and the End of the World* から．対応する原文は「T シャツをすっぽりとかぶせられた頭骨は，遠くから見るとまるで眠っている猫のように見えた」．

[13] この文全体が話し相手の発言を受けて「どうしてそう思うの？」と尋ねるときによく使われる決まった言い回しで，発言とそれによって表出される思考との関連に基づく慣習化された換喩（metonymy）表現であると言える．

[14] いずれもジャン・マケーレブ／安田一郎 共編（1983）『アメリカ口語辞典』（朝日出版社）より．

[15] マケーレブ／安田（1983）では sit up and take notice 以外の 3 つは (make *someone's blood boil* のように) make 使役構文に埋め込まれた形で項目化されている．

3.2. Let 使役構文
3.2.1. 許容使役とは何か？

　語彙的であれ，分析的であれ，使役構文は，主語 X の行為（より一般的には存在）が原因事象 Y である——X が存在するからこそ結果事象 Z が生じる——という捉え方のみならず，Z の生起（または継続）を十分阻止できる立場にある X がその力を行使しない——X の存在にもかかわらず Z が生起（または継続）する——という捉え方を表すのにも用いられることがある．前者の真正使役（true causative）に対して，後者は許容使役（permissive causative）と呼ばれる．両者の共通点は X が Z の実現をコントロールする力を有することである（cf. Comrie (1989: 171))．許容使役を表す文においては，X が Z の実現を阻止する力を行使できるのにそうしないことが Y を構成する行為として捉えられていると言ってもよい．[16] この意味での許容使役という捉え方こそが let 使役構文の多数の用法に共通する意味のスキーマ[17]であると考えられる．

　Make 使役構文が強制使役を表すのに対して，let 使役構文は許可使役を表すと言われることがよくある．強制使役を表すのが make 使役構文の 1 つの用法にすぎないことは前節で見たとおりであるが，let 使役構文の許可使役を表す用法についても同じことが言える．許可使役は許容使役の一種であるが，次節で見るように，let 使役構文はそれ以外の種類の許容使役を表現するのにもごく普通に用いられるからである．強制使役と許可使役の共通点は，原因事象と結果事象がいずれも（それぞれ主文の主語と補文の主語の）意図的行為であり，前者が後者の実現を目的として遂行されることである．

---

[16] このように，するのが普通または当然であることをしないことが行為と見なされることは珍しくない．例えば cut class, ignore, neglect (one's duty), withhold (action) はそのような行為を表している．

[17] 「すべて」ではなく「多数」としたのは，平沢慎也氏が提供してくださった let の実例の中にこのスキーマが当てはまらないのではないかと思われるものがかなり含まれているからである．例えば，自分の肺を提供することを申し出た人に対して「待っていればほかの人が名乗り出てくれるだろう」という意味で用いられた "Let someone else do it"（平沢氏提供の Star Trek: Voyager, Season 1, Episode 4 からの実例）．『アメリカ口語辞典』が「無責任な態度をとる者や，義務を果たそうとしない者のことを説明するときの言い方」としているイディオム "Let George do it" の用法もこのスキーマの適用範囲外かもしれない．

強制使役では，目的語に対する主語の意図的行為という原因事象がなければ目的語にはそもそも補文事態を遂行する意図が生じないのであった．それに対して許可使役では，補文事態を遂行する意図があらかじめ目的語にあり，その意図の実現を阻止しないという選択をする[18]ことが原因事象としての主語の意図的行為に相当する．

　Let 使役構文に関する母語話者の知識を構成する単位——この構文の下位スキーマ——にどのようなものがあるかを考察する前に，(許可以外の) 許容使役を表す用法の実例をいくつか見ておこう．

(20)　Don't let it happen again.
(21)　Let your imagination run wild.
(22)　My husband sometimes lets his temper get out of hand.

(20) は (it が指示する) 失敗を犯した聞き手に対して「二度とそのようなことのないように」と注意する際などに用いられる表現である．聞き手はうっかりしていると再び生じてしまいかねない失敗が生じることを防ぐことのできる立場にあると見なされている——生じた場合には責任を問われることになる——のである．(21) も，想像力は放っておけば自由に働く (run wild) ものであることを前提にして，それをあえて阻止しないという捉え方を表す許容使役表現であり，「想像力を自由に働かせなさい」と言いたい場合によく用いられる．(22) は，日本語の「夫は時々癇癪を起こす」に相当し，自分の感情が手に負えなくなる (get out of hand) のに任せるというやはり許容使役的な捉え方を表している．この場合にも，(まともな人間であれば) 自分の感情は自分でコントロールできるはずだという前提がある．

　Let と同様，allow にも (許可以外の) 許容使役を表す用法がある．

(23)　She allows value judgments to creep into her ideas.
(24)　People allow themselves to be duped into buying things they don't really need.

---

[18] そのような選択ができるということは補文事態を阻止することができる立場にあることを意味する．実際に (例えば口頭で) 許可を与えるのはその特殊な場合である．

土居健郎著『甘えの構造』の John Bester 氏による英訳 *The Anatomy of Dependence* からの実例（she は Ruth Benedict を指す）(23)[19] は，*The Chrysanthemum and the Sword* に著者の価値判断が入り込んでしまっていることを批判した表現である．この場合にも，学術研究に携わる人は自らの考え方に価値判断が入り込まないようにすべきであり，そうすることができるはずだという前提がある．(24) は「人々は実際に必要でもないものをつかまされて買ってしまう」と言いたい時に使うことができる表現であるが，しっかりしていればだまされないですむはずだという前提があることは言うまでもない．

3.2.2. Let 使役構文の下位スキーマ：『1Q84』の英訳を手がかりにして

　この節では，母語話者の知識の単位となっていると考えられる let 使役構文の下位スキーマ――その意味は前節の冒頭で提案した許容使役の意味のスキーマを具体化したもの――のうち特に注目すべきものをいくつか考察する．手がかりとして，村上春樹著『1Q84』の Jay Rubin と Philip Gabriel による英訳に現れる let 使役構文の用例を利用する．この英訳には，日本語の使役構文に直訳するときわめて不自然な表現になるけれども英語としてはごく自然な let 使役構文の用法が全編にわたって多数見られるからである．
　最初に，冒頭近くに現れる以下の例を取り上げてみよう．

　(25)　Don't let appearances fool you.

対応する原文「見かけにだまされないように」では，使役構文ではなく，受動構文が否定命令文に埋め込まれている．[20] 許容使役構文が否定命令文に生じる[21] のは，（以下でも見るように）よくあることであるが，これは許容使役

---

[19] 原著の以下の文の下線部を英訳したもの．
　　まず第一に，私は<u>彼女がその考え方に価値判断をしのびこませている</u>ことが問題であると思う．
[20] 原文に直訳的に対応する
　　Don't be fooled by appearances.
もごく自然な英語である．
[21] (20) もその例である．

という捉え方の性格を考えると自然であると言える．うっかりしていると生じかねない（または持続しかねない）事態の生起（または持続）を阻止できる立場にある聞き手に実際に阻止するよう助言したり促したりするのは自然な行為だからである．[22] (25) が自然な表現であるのに対して，「だます」を用いた直訳的に対応する日本語の表現がそうでないことは，fool と「だます」では 3.1.2 節で考察した（広義の）無生物主語の使役構文の述語動詞としての用法が慣習化されている程度が異なることと関連していると思われる．例えば以下の実例の ... scams that fooled us とその直訳「われわれをだました ... 詐欺」では自然さが明らかに異なる．[23]

(26) Here's a list of some of the most viral social media scams that fooled us.

『1Q84』の英訳に頻出する以下のような事例[24]はこの点をさらに明確に示す．

(27) But what's done is done. Don't let it bother you.
しかしもうすでに起こってしまったことだ．気にしなくていい．
(28) Tengo never let that bother him.
天吾はそんなことは気にもとめなかった．
(29) Don't let the word *lawyer* scare you.
弁護士といってもそんなにたいそうなものじゃありません．

いずれの場合にも，let 使役構文が否定文に生じることによって，目的語が人（不定詞補文の動詞の目的語）の感情に影響を与えるという事態の生起（または持続）をその人（主語）自身が阻止するという捉え方が表現されている[25]が，対応する日本語の原文にはそうした許容使役的な面はまったくない．

---

[22] これは (20) についても言える．
[23] 「われわれがだまされてしまった ... 詐欺」はごく自然であることも重要である．3.1.2 節の (10) と (11) に関する議論も参照されたい．
[24] それぞれすぐ下に対応する原文を挙げる．以下同様．
[25] (29) は，入院していた父親が亡くなり，今後の手続きについて看護婦から説明を受けていた天吾（主人公の一人）が「... については弁護士さんと話し合って」と言われて「弁護

この違いが，英語の bother や scare は（再び広義の）無生物主語の使役構文の述語動詞として以下のようにごく普通に用いられるのに対して，対応する日本語の動詞表現（「悩ませる」，「怖がらせる」など）はそうではないことと相関しているのは明らかであろう．

(30) Is something bothering you?
(31) You scared me.

(30), (31) は，例えば，聞き手に何か悩んでいることでもあるのかと尋ねる場合，聞き手の（突然姿を現すなどの）行動に驚いた場合にそれぞれ自然に用いられるが，同じ場面で直訳的に対応する日本語の表現を用いるのはきわめて不自然である．[26]

以下は (27)–(29) に類する let の許容使役用法の例である．

(32) Don't let him get to you
(33) I'm afraid she has let her good looks go to her head.
(34) You mustn't let Ann's criticism get under your skin.

(32) では upset や annoy と類義の get to という句動詞，[27] (33) と (34)[28] では go to someone's head と get under someone's skin というイディオムがそれぞれ補文の述語に生じている[29]が，いずれの文も主語には目的語が自らの感情に影響を与えるという事態の生起（または持続）を阻止する力があるという捉え方を意味に含んでいる．これらの句動詞とイディオムは，上記の

士？」と驚いて言ったのに対する看護婦の発言の一部で，「弁護士」と聞くとつい身構えてしまいがちだが，今回はその必要はない，という趣旨．

[26] ただし，(31) が自然に使われる場面で（「びっくりしたじゃないか」などと並んで）「脅かさないでよ」を用いることは可能である．(英語でも "Don't scare me" が使える．)

[27] ただし，get to が Don't let him (　) you の空所に生じる頻度は upset や annoy よりもはるかに高い．これについては，野中大輔氏と共著の別稿で論じる予定である．

[28] (33) と (34) の出典は前出の『アメリカ口語辞典』で，それぞれ「美人だということで，彼女はうぬぼれているようだ」，「アンの批判なんか気にするなよ」という日本語訳が与えられている．

[29] この 2 つのイディオムが let 使役構文の補文に生じる場合には，someone は主語と指示対象が同じになる．

bother や scare と同様，主文と let 使役構文の補文のいずれの述語（の一部）としてもよく用いられる．[30]

以下も『1Q84』の英訳に見られる let 使役構文の例である．

(35) Once you let yourself grow close to someone, cutting the ties could be painful.
一度誰かと親しくなってしまうと，その絆を断ち切るのはつらいものだ．

(36) So why would he let himself get involved in such a risky plan?
じゃあ，なぜこんなあぶなっかしい計画にかかわるんでしょう？

いずれの英文の意味も許容使役の——主語には，それぞれ，自分が他者と親しくなること，自分がある計画に関わることを阻止する力があるという——捉え方を含んでいることはもはや明らかであろう．Let 使役構文に目的語としてこのように再帰代名詞が生じる例は数多く観察される[31]ため，この構文についての知識には［主語 + let + 再帰代名詞 + 原形不定詞句］という下位スキーマが単位として含まれていると考えられる．一方，対応する日本語の原文は明示的に使役の意味を表す要素を含んでいないばかりか，これらの英文に直訳的に対応する日本語の表現（例えば「自分を誰かと親しくならせる」）はきわめて不自然である．この違いと相関すると考えられるのはある種の再帰表現の使用に関する日英語の慣用における差異である．英語では以下のように（語彙的および分析的）使役構文の目的語として再帰代名詞が生じるのはごく普通であるのに対して，

(37) We had to remind ourselves that he was no longer with us.
(38) She forced herself to think of something else.

それらに直訳的に対応する日本語の表現（例えば「私は…ということを自分に思い出させなければならなかった」）を日常生活の中で使うことはまず

---

[30] 『アメリカ口語辞典』の get under *someone's* skin の項には「let ～ get under *one's* skin という形でもよく使われる」（*one* の指示対象は主語と同じ）と記されている．

[31] (24) のような allow を用いた許容使役についても同じことが言える．

ありえない.[32]

最後に,『1Q84』の英訳から let 使役構文の目的語に再帰代名詞が用いられた例をもう1つ取り上げてみたい.

(39)　I should never have let myself get so drunk.
　　　そこまで酔っぱらった私が悪いんだから.

飲酒は意図的な行為であるから,強制的に飲まされたのでないかぎり,その行為の結果生じた自らの泥酔状態に対する責任は飲酒した本人に帰される. (39) の英訳では,主語は飲酒という行為の結果自分が泥酔状態になることを阻止することができたはずなのにしなかったという許容使役的な捉え方が明示的に表現されている.[33]

参考文献

Comrie, Bernard (1989) *Language Universals and Linguistic Typology: Syntax and Morphology*, 2nd ed., University of Chicago Press, Chicago.
Gilquin, Gaëtanelle (2010) *Corpus, Cognition and Causative Constructions*, John Benjamins, Amsterdam.
平沢慎也 (2016)「仕組みを理解することと,丸ごと覚えること――sit up and take notice から学ぶ――」『東京大学言語学論集』第 37 号, 71-89.
池上嘉彦 (1981)『「する」と「なる」の言語学――言語と文化のタイポロジーへの試論――』大修館書店, 東京.
久野暲・高見健 (2014)『謎解きの英文法――使役――』くろしお出版, 東京.
古賀裕章 (2008)「「てくる」のヴォイスに関連する機能」『ことばのダイナミズム』, 森雄一・西村義樹・山田進・米山三明 (編), くろしお出版, 東京.
大江三郎 (1980)「let と make――一つの理論的な語法研究――」『英語青年』第 125 巻第 12 号.

---

[32] (37) と (38) に対応する自然な日本語表現としては「彼はもういないのだということを忘れないようにしなければならなかった」,「彼女は無理をして別のことを考えた」などがある.
[33] 酔いつぶれることを表すイディオム "drink oneself under the table" ("under the table" は「(酒を飲みすぎた結果) テーブルの下に倒れている」というイメージ. cf. Joe drank us all under the table.) との使役表現としての異同にも注目されたい.

大江三郎 (1983)『講座・学校英文法の基礎 第五巻 動詞 (II)』研究社, 東京.
Taylor, John R. (2012) *The Mental Corpus: How Language is Represented in the Mind.* Oxford University Press. ［西村義樹・平沢慎也・長谷川明香・大堀壽夫 (編訳)『メンタル・コーパス――母語話者の頭の中には何があるのか』くろしお出版, 東京.］
斉木美知世・鷲尾龍一 (2014)『国語学史の近代と現代――研究史の空白を埋める試み――』開拓社, 東京.

第 8 章

結果構文の強意読みと慣用表現*

都築雅子

中京大学

1. はじめに

(1) の to death は結果述語と呼ばれ，状態変化を表す動詞（例 (1a)），接触・打撃を表す他動詞（例 (1b)），行為を表す目的語省略動詞／非能格自動詞（例 (1c)）に許され，いわゆる結果構文を形成する（結果構文については Goldberg (1995)，影山 (1996, 2008) などを参照されたい）．

(1) a. John froze to death.
  b. Mary beat John to death.
  c. John drank himself to death.

(1) の結果構文は「動詞の表す行為／過程の結果，（主語／目的語名詞句の）ジョンが死んだ」という意味になる．一方，同じ to death による結果構文であっても，(2) の to death は動詞の表す行為などの程度の甚だしさを強調し，「死ぬほど」という強意副詞的な解釈になる．[1]

---

* 本稿は，都築 (2019) の考察を修正・発展させたものである．論考の一部を東北大学大学院情報科学研究科「言語変化・変異ユニット」主催の第 5 回ワークショップ（2019 年 3 月 22 日／東北大学）で発表した．ワークショップ参加者の方々および査読者の方より有益なコメントをいただいた．感謝の意を表したい．ただし，本稿の不備の一切は筆者によるものである．

[1] 本稿では，(i) のような強意句 to death については取り扱わない．
  (i) I sweated to death at the press conference.

(2) a. John laughed himself to death.
　　b. John was freezing to death at the bus stop.
　　c. John was being beaten to death by his wife last night.
　　d. Mary was worried to death.
　　e. They worked us to death.
　　f. ?I drank myself to death last night.　　　　　　　　(奥野 (2002))

　例えば (2a) は「ジョンは死ぬほど笑った」という意味になる．
　本稿では，(1), (2) に示されるような結果構文が「どのような場合に強意読みが生じるのか」「強意読みと結果読みはどのような関係にあるのか」について考察する．本稿の構成は，以下の通りである．2.1 節で先行研究を概観したあと，2.2 節で結果構文の強意読みが生じるメカニズムを探る．3 節では，to death に関する結果構文に焦点を当てる．以上の考察を通し，強意読み派生のメカニズムを明らかにするとともに，これまで分析不可能な慣用表現とみなされてきたものも，もともとは基本的な構文から，ある種の動機付けにより派生し，固定表現化されたものであることを示していく．

2. 結果構文の強意読み派生のメカニズム

2.1. 先行研究と問題の所在

　結果構文の強意読みに関して，Goldberg (1995)，影山 (1996) などにより，drink, cry など行為を表す目的語省略動詞／非能格自動詞による結果構文（以下，非能格結果構文と呼ぶ）が強意読みとして解釈される場合が多いことが指摘されてきた．

(i) の文は，動詞が (1) に示されるような状態変化動詞でも，接触・打撃の他動詞でも，非能格動詞でもなく，いわゆる結果構文とは考えられないからである．一方，奥野 (2002) が論じているように，強意読みの解釈となる (2f) のような文は，(ii) に示されるように，結果構文の形式をとらなければ非文法的になるため，結果構文の一タイプと考えられる．
　(ii) *I drank (beer) to death last night.
なお，(2f) の例文は，奥野 (2002) で容認度に問題はないとされているが，インフォーマントにより容認度が若干落ちると判断された．この件については注 9 を参照されたい．

Miyata (2000) は，結果構文には，1) 強意読みのみ可能な場合，2) 強意読みと結果読みの両方が可能で曖昧な場合，3) 結果読みのみ可能な場合，の3種類あるとし，強意読みが可能な1) と2) は非能格結果構文であると論じている．具体的には，(3) のように強意読みのみが可能な場合とは，動詞の表す行為により結果述語の表す状態が，文字通りに引き起こされることが現実世界で考えられないときである．[2]

(3) I cried my eyes out for / *in an hour. (Miyata (2000: 93))

泣く行為により「目が飛び出る」ことは現実世界ではあり得ないため，強意読みとして解釈されることになる．

(4) のように両方の読みが可能な場合とは，結果述語の表す状態が引き起こされるのに動詞の表す行為の持続・反復が必要なときである．

(4) a. He cried his eyes red in / for an hour. (Miyata (2004: 47))
    b. She ate herself sick in / for an hour. (Miyata (2004: 47))

例えば，目が赤くなるまでには相当程度，泣く行為の持続が必要である．持続が必要な場合に，行為事象に焦点がおかれることにより，強意読みが可能になる．その結果，結果読みの解釈とで曖昧になるとしている．一方，(5) のような他動詞による結果構文の場合，他動詞の表す行為 ((5a) では「拭く」)と結果述語の表す結果状態 ((5a) では「きれいになる」)の間に緊密な因果関係が成り立つため，結果読みのみになると論じている．

(5) a. Terry wiped the table clean in / *for five minutes.
                                            (Van Valin (1990: 255))

---

[2] (3)–(5) の for 句／in 句との共起（不）可能性については，for 句が非有界事象と共起可能である一方，in 句が有界事象と共起可能であることから，for 句との共起は非有界事象の強意読み，in 句との共起は有界事象の結果読みであることの証拠となる．ただし，(4) に関しては，for 句と共起できないとする異なる容認性判断が Tenny (1994) に示されているが，三上 (2018) の注14で述べられているように，Tenny 自身，話者間で容認性の揺れがみられ，共起可能と判断する話者もいることを認めている．これら共起可能性の容認性判断の議論に関しては，三上 (2018) の注14および15を参照されたい．

b. John broke the door open in/*for five minutes.

(Miyata (1999: 28))

以上のMiyata (2000) の考察は基本的に正しいと思われるが，「動詞の表す行為の持続・反復が結果状態を引き起こすのに必要な場合に，行為に焦点が置かれることが，なぜ強意読みを可能にするのか」「緊密な因果関係が成り立つと，なぜ強意読みが不可能であるのか」について，もう少し説明が必要であろう．さらに記述的にも，(3), (4) と同じような非能格結果構文 (1c) で，なぜ強意読みが許されないのか，また逆に非能格以外の結果構文 (2b), (2c) で，なぜ強意読みが生じるのかについて説明されていない．

一方，奥野 (2002) は to death による結果構文に関して，(6) のような進行形や until 節と共起している強意読みの用例を提示している点で興味深い．

(6) a. For the last five years Volkov has been drinking himself to death. (Boas (2000)／奥野 (2002))

b. As soon as they see their names on the leaderboard they worry themselves to death until their name's gone off the board.

(奥野 (2002))

ただし，「そもそも to death は強意句であり，いわゆる結果読みである「死んだ」という意味が生じるのは推論によるもの」と奥野は主張している．このような考え方では，(1) のような結果構文に関して，なぜ強意読みが許されないかは説明されない．

2.2. 強意読み派生のメカニズム

本節では，結果構文に強意読みの生じるメカニズムについて探っていく．影山 (1996), Miyata (2000), 阿部 (2015) などで，非能格結果構文において強意読みが生じやすいことが指摘されている．さらに Miyata (2000) では，そのような結果構文は，結果状態が引き起こされるのに動詞の表す行為の持続・反復が必要であり，使役行為の行為事象に焦点が置かれやすいことが指摘されている．ここでは，まず，強意読みが生じやすい非能格結果構

文の特徴について，あらためて考えてみる．

　非能格結果構文では，そもそも行為を表す自動詞あるいは目的語省略動詞が用いられるため，目的語位置の名詞句は，動詞本来の目的語ではなく，主語の体の一部（例 (7a)），再帰代名詞（例 (7b)），あるいは前置詞の目的語（例 (7c)）である．[3]

(7) a. He cried his eyes red.
    b. She ate herself sick.
    c. Avid joggers ran the pavement thin.

他動詞結果構文の用法が拡張し，自動詞であっても，行為を表す動詞であれば生起可能になり，本来の目的語でない目的語名詞句の変化を表すことができるようになったと考えられる．[4] そのような結果構文の場合，目的語名詞句は，動詞の表す行為の直接的な働きかけの結果，変化するのではなく，行為の間接的な影響により，副次的に変化を被る．影響が直接的でない分，対象が変化するには行為の十分な持続や反復が必要になるため，これらの結果構文では，通常，行為の過度の持続・反復の意味が読み込まれることになる．

　さらに，そのような結果構文は，(5) のような他動詞による結果構文の場合と異なり，通常，目的語名詞句の変化を意図しているわけではない．[5] (5a)の動詞の表す「拭く」という行為は，通常，テーブルをきれいにするという

---

[3] (7c) の目的語の the pavement は，run の通常の用法例 'Avid joggers ran on the pavement.' からわかるように，本来は，前置詞の目的語である．

[4] 他動詞結果構文から非能格結果構文への拡張に関しては，鈴木 (2007)，都築 (2007) などの考察を参照されたい．都築 (2007) は，拡張には複合述語形成のメカニズムなどが関わっていると論じている．また鈴木 (2007) は，非能格結果構文の複合述語形成には有界性制約が前提条件になっており，有界性制約が，これらの結果構文の慣用化への動機づけとなっていると論じている．

[5] (i) に示されるように，結果述語の表す状態の達成を目的とした非能格結果構文も存在する．
　(i) Mary sang her baby to sleep.
　　　（メアリーは子守唄を歌い，赤ん坊を寝かせた．）
ただし，このような結果構文では，そもそも，程度の甚だしさを強調する強意読み（この例では，「赤ん坊が寝付くほど子守唄を何度も歌うこと」）が意味をなさず，以下で論じるような動機付けもないため，強意読みは派生されないと考えられる．

目的のために意図的に行うものである（影山（2008）の動詞の目的役割と結果述語に関する議論を参照されたい）．そのため，結果状態の達成（例えば，テーブルが実際にきれいになること）は，当然，のぞまれることであり，その意味で，結果の成就の成否は重要な関心事となる．つまり他動詞による結果構文は，結果の成就の成否を述べるためのものと考えることもできよう．一方，非能格結果構文では，変化は目論んだものではなく，動詞の表す活動の間接的な影響によるもので，そのような副次的な変化（例えば，泣いた結果，目が赤くなること）の成就は，通常，特にのぞまれることでもない．

　そのような，行為の成就の成否が問題とならない非能格結果構文は，結果の成就について述べるものとはいえない．しかも，先に論じたように，通常，行為の過度の持続・反復が読み込まれる．これらの要因を素地として，「強い印象を生むために，誇張法を用いよ」というような語用論的な原則が動機付けとなり，行為の程度の甚だしさを強調する誇張表現として非能格結果構文が用いられるようになったと考えられる．[6] 伝えたいことを印象付けるため（時にユーモアを示したり，冷やかしのため），誇張表現が用いられることは，佐々木（2006），瀬戸（2002）などで論じられており，実際，行為の程度の甚だしさを強調するために，誇張表現として結果表現を用いることはよくある．例えば，疲れ切り，げっそりした状態の同僚に対して，「死んでる！」などと，冷やかしで誇張表現を用いることはあるだろう．

　(7a)の例に戻ると，人が大泣きした状況について，実際に目が真っ赤になったかどうかは別として，誇張して「目が真っ赤になるほど，大泣きした」という意味（意図／真意）で「大泣きして，目が真っ赤だった」と述べることはあるであろう．誇張表現として結果構文を用いる場合，結果読みに解釈しても強意読みに解釈しても，語用論的には実質的な意味の違いはない．このように結果読みの結果構文を強意読みの意図で用いることができる場合，すなわち結果読みに解釈しても強意読みに解釈しても実質的な意味の違いがない場合に，まさに結果構文（形式 (8a) と意味 (8b) の組み合わせ）にあ

---

　[6] レトリックの修辞法の1つである誇張法は，伝えたいことを印象づけるため（時にはユーモアを示すため）に，よく用いられる（佐々木（2006））．佐々木（2006）では，誇張法の例として「顔中を口にしてわめいた」が挙げられている．

らたな強意読み ((8c)) が派生したと考えられる (以下の (8), (8′) の形式 (統語構造) および意味 (意味構造) は精緻化する必要があるが，ここでは便宜上，簡略したものを使用).

(8)　形式：　　　　　　　　　意味：
　　(a) He [cried his eyes red].　=　(b) 大泣きして，目が真っ赤になった.
　　　　　　　　　　　　　　　=　(c) 目が真っ赤になるほど大泣きした.

(8) では，1つの形式 (a) に2つの意味 (b) と (c) が対応する「統語と意味の乖離 (syntactico-semantic discrepancy)」の状況になっている. 自然言語は形式と意味のペアからなるが，その対応関係は一対一が原則であるからである (Bolinger (1977), 河野 (2012)). そこで，乖離解消の力，すなわち統語的再解釈規則 (rules of syntactic reinterpreation) が働き，(8′) に示されるように，あらたな統語構造 (a′) が派生される.

(8′)　形式：　　　　　　　　　意味：
　　(a) He [cried his eyes red].　=　(b) 大泣きして，目が真っ赤になった.
　　(a′) He cried [his eyes red].　=　(c) 目が真っ赤になるほど大泣きした.

実際に，結果読みと強意読みの2つの読みを有する結果構文に，動詞補部位置の結果句による統語構造 (結果読みの結果構文) と，動詞句付加位置の強意句による統語構造 (強意読みの結果構文) と2種類存在することが，三上 (2018) により論じられている.[7]

---

[7] 一連の派生/拡張のプロセスは，強意読み結果構文の派生を説明するためだけのアドホックな仮定ではなく，if 節や関係節など，様々な言語現象に広くみられる拡張のプロセスであり，Kajita (1977, 2002) による動的文法理論のもと，可能な文法を狭く絞る一方で，このような拡張現象を含め，多様で複雑な個別の言語現象を説明する企てが進められている. 詳細は，Kajita (1977, 2002), Omuro (1985), 河野 (2012), 大室 (2017), Nakazawa (2018) などを参照されたい.

　例えば，Omuro (1985) は if 節の用法の拡張について論じている. (i) では，if 節が副詞節 (「あなたが来れるなら」) と解釈されても，名詞節 (「あなたが来れるかどうか」) と解釈されても実質的な意味の差のない状況が生じている.

　(i)　I hope you will tell me if you can come.
　　　　　　　　　　　　　　　(Jespersen (1928: 42-43) / Omuro (1985: 129))

次の段階で，副詞用法の if 節が統語的に再解釈され，名詞用法に対応する構造が派生する

第 8 章 結果構文の強意読みと慣用表現　　133

以上のようにして，結果構文の形式と強意読みの意味が結びついた（あらたな）構文がいったん確立すると，こんどは，(9) のような誇張読み専用の結果構文が可能になると考えられる。[8]

(9) I cried my eyes out.

(9) のような強意読みのみの結果構文は，誇張表現として一群を形成している．Jackendoff (1997: 551) は，そのような一群を結果構文と同じ構造の強意句イディオムと呼び，多数の用例を挙げており，(10) はその一部である．

(10) a. Susan worked / swam / danced her head off last night.
　　 b. Sam programmed / yelled / his heart out.

(10a) は「(頭がぶっ飛ぶほど) 過度に働いた／泳いだ／ダンスした」，(10b) は「(心臓が飛び出るくらい) 思う存分プログラミングした／大声で叫んだ」という意味の強意読み専用の結果構文イディオムであると言える．

非能格結果構文に強意読みの派生したプロセスについて考察してきたが，歴史的観点からも，これまでの考察が裏付けられよう．Visser (1963: 582) によると，非能格結果構文が出現したのは，古英語・中英語の時代から存在する他動詞による結果構文から，かなり遅れをとり，近代英語になってからとされる．その初期の頃，すなわちシェイクスピアの著作からの用例の多くも，誇張表現の例（両方の読みのある例と強意読みだけの例）だからである（下記は OED からの引用．下線は筆者）．

と仮定される．そのような仮定により，if 節の名詞用法の様々な特異性（限定的分布など）が説明される．

[8] 理論上は，非能格結果構文のなかで，結果読みか強意読みで曖昧な用例の出現後に，強意読みのみ可能な用例が出現したことが予想されるが，この点については検証できていない．(11) に示されるように，シェイクスピア作品からの用例としては，曖昧な例 ((11a) など) と，強意読みのみ可能な例 ((11b) など) の両方の例が存在している．

また，これら誇張読み専用の結果構文は，レトリックの誇張法の中でも，あり得ないことを引き合いに出す「無理誇張」と呼ばれる手法に当たると考えられる（佐々木 (2006: 293))．誇張読み専用の結果構文に関する強意読みの解釈メカニズムについては，Sawada (2000) を参照されたい．

(11) a. To weep 'twist clock and clock? if sleep charge nature,
 　　　　To break it with a fearful dream of him,
 　　　　And cry my self awake? that't false to's bed is it?

　　　　　　　　　　　(a1616 SHAKES. Cymbeline (1623) III. iv, 44)

 b. Let vs seeke out some desolate shade, & there
 　　Weepe our sad bosomes empty.

　　　　　　　　　　　(a1616 SHAKES. Macbeth (1623) IV. iii, 2)

小田島雄志氏による訳では，(11a) は「ついうとうとして，あの人の身に恐ろしいことが起こった夢を見て，うなされて飛び起きること？ それが不義なの？」，(11b) は「どこか人目につかぬところを捜し，そこで胸のはれるまで泣き暮らそう．」である．(11a) は結果読みに訳されているものの，「うなされて，目が覚めてしまうこと？」という結果読みでも，「目が覚めてしまうほど，うなされること？」という強意読みでも実質的な意味の差はなく，「あの人に起こったことを思い，うなされる」という行為の激しさ・過度の持続を強調する誇張表現の例である．(11b) は現実世界で「泣きすぎで，胸が空っぽになる」ことはないため，「泣く」という行為の過度の持続を強調する強意読みのみが成り立つ誇張表現の例である．

3. to death による結果構文の考察

本節では，to death による結果構文の強意読みに関して考察する．3.1 節で非能格結果構文について，3.2 節で他動詞結果構文について，3.3 節で状態変化動詞結果構文についてみていく．

3.1. 非能格結果構文と強意読み

まず to death による非能格結果構文ついて考察する．(12) は，結果読みのみが可能である．

(12) John drank himself to death. （= (1c)）

(2a) の John laughed himself to death. といった強意読みの解釈のみ可能な場合を除いて，to death による結果構文に強意読みが生じないのはなぜだろうか？ to death の結果構文において強意読みが生じないのは，人が「死んだか，あるいは死んでいないか」では実質的に大きな意味の違いがあるからではないだろうか．つまり「ジョンが飲み過ぎで死んだ」という結果読みと「死ぬほど飲んだ」という強意読みで，実質的に大きな意味の違いがあり，曖昧であると重大な誤解が生じる可能性がある．強意読みも可能である (7) のような「目が赤くなったか，赤くなっていないか」や「気持ち悪くなったか，なっていないか」とは読みの違いがもたらす情報の差の大きさが異なるのである．そのため，もともとの結果読みが優先され，強意読みが抑制されるのであろう．背後には，2つの読みで曖昧であると重大な誤解を生じさせる可能性がある場合，「聞き手に（大きな）誤解を与える危険は回避せよ」といった語用論的原則が働いていると考えられよう．

このことは，to death による結果構文においても，結果読みと強意読みで実質的な意味の差がなくなる場合に強意読みが生じる可能性があることを示唆する．実際，進行形などの文法的な手段により，両者の読みで実質的な差がなくなり，強意読みが可能になる場合がある．(13) の例をみてみよう（複文・重文などの用例では，便宜上，筆者が該当箇所に下線を施した．以下，同様．(13c) の (＝Clinton) は，筆者が加えた）．

(13) a. For the last five years Volkov has been drinking himself to death. (= (6a))
　　 b. Then it was Matthew who was doing all the work: Ted was drinking himself to death quietly in his room. He was no trouble, but he couldn't work.　　(COCA 2000: FIC)
　　 c. Some aides jokingly wondered if he (＝Clinton) was sleeping there. "I think he's working himself to death." Leopoulos says.　　(COCA 1999: NEWS)

(13a) は「ここ5年間，ヴォルコフは酒を飲み続け，死にかけている（死に向かっている）．」あるいは「ここ5年間，ヴォルコフは死ぬほど酒を飲み続

けている」というように,結果読みにも強意読みにも解釈できる.(13b)は「テッドは自分の部屋で静かに死ぬほど酒を飲んでいた」,また(13c)は,モニカ・ルインスキーとの事件の頃の米ニュース記事で,「彼(クリントン大統領)は死ぬほど働いている」という意味で,両方とも,強意読みに解釈できる.

進行形について,Dirven and Verspoor (2004: 94-95) は次のように述べている(太字は筆者).

> The progressive aspect focuses on the ongoing progression of an event, the non-progressive aspect views the event as a whole as illustrated in the examples of (17):
> (17) a. Mum is talking on the phone now.
>   b. Mum answers the phone now.
>
> **In using the progressive aspect** in (17a), **the speaker mentally zooms onto the event as it progresses and, as a result, does not have the beginning and the end of the action in his scope of vision**.

進行形は,進行中の出来事に焦点が当てられ,その結果,出来事の始まりと終わりがスコープの範囲の外に置かれる.進行形は,進行中の出来事,すなわち動詞の表す行為の持続・反復に焦点が当てられるうえに,行為の終結である「死んだ」という結果状態をスコープの範囲外にし,無効化する.そのため,結果読みと強意読みで実質的な意味の差がなくなり,強意読みが可能になるのである.同様に,否定や be going to, nearly, almost などの使用も,変化結果を無効にする文法手段となる.

(14) a. Kevin Lloyd was not a nuisance and didn't cause any trouble. He certainly didn't drink himself to death in my pub. If someone walks in, asks for a drink and is well-behaved there's no reason we should refuse to serve him.　　　(BoE: sunnow)

b. I made the decision early on that I was going to work myself to death now, so that I don't have to wait until 65 to enjoy my life.　　　　　　　　　　　　　　　　　(COCA 2005: NEWS)

c. Just over the river stood the Louvre, where, seven years earlier, Morse the painter had nearly worked himself to death.
(COCA 2011: MAG)

(14) は，それぞれ「彼は確かに私のパブで死ぬほどお酒を飲んでいたわけではなかった」「初めの頃は，私は死ぬほど働こうと決意した」「その場所で7年前に，画家のモールスはあやうく死にかけるほど仕事をしていた（絵を描いていた）」といった強意読みに解釈できる．

さらに (15) をみてみよう．[9]

(15) a. ?I drank myself to death last night.（= (2f)）
　　 b. They worked us to death.（= (2d)）

(15a) は一人称主語，(15b) は一人称目的語の例であり，両例とも話者（一人称）による発話文である．死人が発話することは現実にあり得ないという推論により，結果読みが抑制されるため，一種の強制 (coercion)[10] により，強意読みが可能になるのであろう．

最後に，強意読みのみが可能な誇張表現の例をみてみよう．

---

[9] (15a) が，(15b) より少し容認度が落ちるのは，「drink／酒を飲む」という行為が，「work／働く／仕事する」という行為のように，様々な異なる複数の行為（例えば，大学教員の場合，研究，授業，事務処理などの行為）を前提としていないからであろう．実際，(15a) を I was drinking myself to death last night. のように進行形にすると，行為の反復が読み込まれ，容認度は全く問題なくなる．

[10] 強制 (coercion) は Pustejovsky (1995) による概念であり，(i) の until 句は (ii) の下線部のように，本来，修飾する動詞 have が必要であるが，動詞 want 補部のタイプ強制により，同じ読みが可能になると論じている．
(i) John want a car until next week.
(ii) John want to have a car until next week.

(16) a. John laughed himself to death. (= (2a))
　　 b. Bill took one look at a city slicker from the East and just laughed himself to death.　　　　　(COCA 1995: MAG)

笑うという行為により死ぬことは現実世界では通常，あり得ないので，強意読み「死ぬほど笑う」となる．

3.2. 他動詞結果構文と強意読み

　他動詞結果構文に強意読みが生じる可能性について考察する．そもそも他動詞結果構文は，Miyata (2000) も論じているように，動詞と結果述語が緊密な意味関係にあり，動詞の表す行為（例えば wipe / wash）の目的が結果述語の表す変化結果（例えば clean）の達成である場合も多い（影山 (2008))．[11] そのため，強意読みは生じないと考えられてきた．しかしながら，そのような他動詞結果構文にも，進行形などの文法手段により，強意読みが可能になる場合がある．

(17) a. The snake 'flew' down the branch. The birds were beating him to death!　　　　　(COCA 2017: NEWS)
　　 b. John had been beating his wife to death until we forced him to stop it.
　　 c. ... he chased and caught another youngster who had bullied his brother, and was in the process of strangling to death until a teacher intervened.　　　　　(BoE: usbooks)

(17) はそれぞれ「鳥たちが蛇 (him) を死ぬほどつついていた」「ジョンは，我々が無理やり止めさせるまで，妻を死ぬほど殴り続けていた」「教員が介入するまで，若者は弟を虐めた相手の首を死ぬほど締め続けていた」といった強意読みに解釈できる．動詞は限定され，ほぼ beat に限られるようである．

---

[11] 意図的な行為を表す場合，「きれいにするほど，～を拭く／洗う」といった強意読みは意味をなさないため，そもそも強意読みを生ずる動機付けがない．

ここで，同じように打撃を表す他動詞の strike と比較しながら，beat の語彙特性を探ってみよう．(18) は，辞書 (Oxford Advanced Learner's Dictionary (7th edition)) の定義である（下線は筆者）．

(18) a. beat: to hit somebody / something <u>many times</u>, usually very hard
b. strike: to hit somebody / something <u>hard or with force</u>

第一義的な意味として，beat は「繰り返し，何度も殴る／打つ」であるのに対し，strike は「激しく殴る／打つ」である．打撃動詞の中でも，beat は行為の反復に焦点が当てられていることがわかる．このような違いは，結果読みの結果構文での振舞いにも表れている．

都築 (2004) では，概略「結果述語 dead と to death に関して，状態を表す形容詞 dead は，結果状態が際立ちをもつ状況，すなわち即死のように行為と結果状態の出現が瞬時的な状況を述べる場合に用いられるのに対し，状態変化を表す前置詞句 to death はそれ以外の場合（時間がある程度かかる場合）に用いられる」と論じている．[12] (19) の例文の対比は，そのような主張を裏付けている．

(19) a. According to court documents, <u>he beat her to death</u>, tossed her body in the woods behind the school she loved.

(COCA SPOK: 2013)

b. <u>The drunken poet was struck dead by a jeep</u> on Fire Island at the tender age of 40. (BoE brgags／都築 (2004))

beat には前置詞句 to death が用いられ，「(何度も) 殴って，彼女を殺した」状況が描かれている一方，strike には形容詞 dead が使われ「ジープに轢かれ，即死した」状況が描かれている．コーパスデータ (Bank of English) における動詞 beat / strike と 2 種類の結果述語との共起回数は，「beat ～ to

---

[12] 都築 (2004) では，形容詞結果述語・前置詞結果述語（もう一種類の前置詞結果述語 to one's death も含め）と動詞との共起関係に関して，他に様々な制約（ここで述べている 2 つの条件間の関係や語彙の阻止現象／経済性の原理を含め）があることが論じられている．

death」が89例,「strike ～ dead」が12例であるのに対し,2つの動詞と逆の結果述語との組み合わせはどちらもゼロであり,2種類の結果述語は,動詞により棲み分けられていることが示されている(都築 (2004)).つまり beat と to death および strike と dead の共起関係は固定化され,前者は死に至る時間の経過(行為の反復)が含意される.結果読みの結果構文の振舞いからも,打撃動詞の beat は,strike と異なり,殴る行為の反復に焦点があることが裏付けられる. beat のこのような語彙特性が,(17)で示されているような強意読みの解釈を可能にしていると思われる.[13]

　beat による強意読みの結果構文は,比喩的広がりもみせている.

(20) And those who moan and groan today, who seem like, you know, we're beating them to death and how dare we do this to them, you never know. The world works in mysterious ways. All of a sudden, three or four years from now, they're picking up books and reading for enjoyment. (COCA 1995: SPOK)

(20) は COCA の話し言葉コーパスからの一節であるが,「読書嫌いの生徒(them) に本を読むよう叱咤激励して頑張らせている」ことを beat による結果構文で表しており,「そうすれば,突然,3,4年後に読書を楽しむようになるかもしれない」と述べている.

　beat と同じように,目的語名詞句への働きかけ(ただし,心理的なもの)を表す他動詞として scare, frighten, bore などがある.それらも,強意読み専用の結果構文群を形成している.

(21) a. I need you to keep Curious calm, not scare him to death.
(COCA 1998: FIC)

---

[13] ただし,beat による結果構文は,3.1節で論じた非能格結果構文のように,一人称主語文で強意読みが可能になるということはない.
 (i) ???I was beaten to death by my husband last night.
反復に焦点が当たっているものの,非能格結果構文のような構文としての行為の反復の読み込みがないため,強制(coercion)による強意読みの派生には繋がらないのであろう. (i) の例文は,進行形にすれば,強意読みが可能になる.

b. I can make him squirm or bore him to death.

(COCA 1998: MAG)

(21) は，それぞれ「彼を死ぬほど怖がらせたくはない」「彼を死ぬほど退屈させる」という意味になり，強意読みの結果構文といえる．現実世界では，通常，心理的な働きかけ／圧力が死に直接的に繋がるわけではないため，強意読みのみが可能になる．worry による結果構文も，「死ぬほど心配させる」という強意読みの解釈になり，心理動詞による結果構文の1つであると考えられよう．

(22) a. My dad could never have run a store either—he would have worried himself to death. (COCA 1990: MAG)
b. Mary was worried to death. (= (2d))

最後に，これらの心理動詞は，打撃動詞 beat とともに，(23) のような誇張表現専用の結果構文イディオムを形成していることを指摘しておきたい．

(23) a. Felon might beat the hell out of Spooky, but he would probably let him keep his life. (COCA 2006: FIC)
b. They're trying to scare the hell out of them—their intent is to force employers to police themselves. (COCA 2008: NEWS)
c. And all the Communists voted themselves out of office and admitted they had been incompetent. This frightened the hell out of Congress; they were afraid democracy might spread to the United States. (COCA 1991: MAG)

「beat the hell out of ～」は「～を叩きのめす」いう意味，「scare/frighten the hell of ～」は「～を震えあがらせる」という意味の強意読み結果構文イディオムである．強意読みの他動詞結果構文に用いられる動詞として，beat と心理動詞は1つの類を構成しているといえるかもしれない．[14]

---

[14] 「動詞 + the hell out of ～」のイディオム群は，動詞が心理系 (scare/bore/frighten/bother など) か，打撃系 (beat/batter/kick) で分類でき，その範囲内で，いろいろな動詞

3.3. 状態変化動詞による結果構文の強意読み

ここでは，状態変化を表す動詞による結果構文においても，進行形などの手段により強意読みが生じる場合があることをみていく．

(24) a. "Maybe other people want to be somebody else. I'm cool being me. And that's why I'm not starving myself to death. I'm going to enjoy eating a good meal. (COCA 2005: SPOK)
 b. "I put that fire truck together", Derek said. "Stayed up nights for a week, freezing to death out in the garage."
 (COCA 1996: FIC)
 c. Bill Morris, the T&G's general secretary, was yesterday warned that manufacturing jobs would continue to bleed to death until the strength of sterling against the euro was addressed. (BoE: Times)

(24a) では，インタビューで話者は「ほかの皆さんはたぶんスタイルのよい人になりたいと思っているだろうが，私は今の自分のままでかっこいいと思っている」と答え，「だから，死ぬほどお腹が空いているのを我慢するつもりはなく，食事を楽しみたい」と述べている．(24b) は，デレックがほしかったおもちゃの消防自動車を買ってもらった時のことを「組み立てるのに，ガレージでずっと徹夜して，死ぬほど寒い思いをした」と述べている．(24c) は，「製造業は血を死ぬほど流し，瀕死の状態であり続けるだろう」と比喩的に語っている．進行形や 'continue to' などの手段により，強意読みが生じている．そのような手段がない場合は，(25) の例に示されるように，結果読みになり，それぞれ餓死，凍死，失血死の意味になる．

(25) a. The boy starved to death.
 b. They froze to death in the mountain.
 c. The woman bled to death.

が用いられるものの，（コーパスデータの任意抽出 200 例の割合をみると）数としては scare と beat が群を抜いている．

(24) の結果構文は，動詞自体は状態変化を表すが，強意読みで強調されているのは，餓死・凍死へ向かう状態変化の度合いというより，主語名詞句（私など）の感じる空腹の度合い，寒さの度合い，出血の度合いである（ただし，(24c) は比喩的解釈となる）．特に "I am starving (to death)" と "I am freezing (to death)" は，"I am hungry"，"I am cold" の誇張表現として定着している．主語名詞句の感じる状態の程度の甚だしさを表す誇張表現としては，3.2 節で論じた心理動詞による結果構文がある．

(26) a. Donald Trump is scared to death. He will not get on a debate stage with Ted Cruz. (COCA 2017: NEWS)
b. They've been waiting long enough. They're bored to death. (COCA 2012: SPOK)
c. I was worried about you. I've called you for two days. (COCA 1999: FIC)

心理動詞による結果構文は，受身にすると過程受身と状態受身の 2 種類の読みが出てくるが，通常は状態受身の解釈が優先される．(26) は，主語名詞句の感じている恐ろしさや退屈さ，心配の度合いの甚だしさを表す誇張表現である．主語名詞句の感じる状態の程度の甚だしさを強調している点で，状態変化動詞による強意読みと心理動詞による強意読みの結果構文には共通点がみられる．

4. おわりに

考察を通し，結果構文において強意読みが生じるメカニズムについて明らかにした．to death による結果構文の強意読みについて詳細に考察することにより，結果を無効化する進行形などの文法手段の使用，「聞き手に大きな誤解を与える危険は回避せよ」という語用論原則，動詞（類）の語彙的特性などが絡み合いながら，構文の用法が拡張し，一部のものは慣用表現に至っていることを示した．

参考文献

阿部明子 (2015)「英語の結果構文における「程度」読み解釈に関する一考察」『英語と文学, 教育の視座』, 192-203, 日本英語英文学会 25 周年記念刊行物.
Boas, Hans C. (2000) *Resultative Constructions in English and German*, Doctoral dissertation. University of North Carolina at Chapel Hill.
Bolinger, Dwight L. (1977) *Meaning and Form*, Longman, London.
Dirven, R. and M. Verspoor (2004) *Cognitive Exploration of Language and Linguistics*, John Benjamins, Amsterdam.
Goldberg, A. E. (1995) *A Construction Grammar Approach to Argument Structure*, University of Chicago Press, Chicago and London.
Jackendoff, Ray (1997) "Twistin' the Night Away," *Language* 73(3), 534-559.
影山太郎 (1996)『動詞意味論』くろしお出版, 東京.
影山太郎 (2008)「英語結果述語の意味分類と統語構造」『結果構文研究の新視点』, 小野尚之 (編), 33-66, ひつじ書房, 東京.
Kajita, Masaru (1977) "Toward a Dynamic Model of Syntax," *Studies in English Linguistics* 5, 44-76.
Kajita, Masaru (2002) "A Dynamic Approach to Linguistic Variations," *Proceedings of the Sophia Symposium on Negation*, ed. by Yasuhiko Kato, 161-168, Sophia University.
河野継代 (2012)『英語の関係節』開拓社, 東京.
三上傑 (2018)「英語の結果構文が示す「非能格性」——非能格動詞結果構文が許容する二つの解釈と構造的曖昧性」『英文学研究』第 95 巻, 53-71.
Miyata, Akiko (1999) "Two Types of Resultatives," *Tsukuba English Studies* 18, 23-41.
Miyata, Akiko (2000) "Object- vs. Event-Oriented Resultatives," *Tsukuba English Studies* 19, 81-98.
Miyata, Akiko (2004) *Focalization in Causal Relations: A Study of Reaultative and Related Constructions in English,* Doctoral dissertation, University of Tsukuba.
Nakazawa, Kazuo (2018) *A Dynamic Study of Some Derivative Processes in English Grammar*, Kaitakusha, Tokyo.
奥野浩子 (2002)「*To death* has been annoying me to death」『英語青年』5 月号, 122-123.
Omuro, Takeshi (1985) "'Nominal' if-clauses in English," *English Linguistics* 2, 120-143.
大室剛志 (2017)「コーパスからわかる英語における周辺構文の諸相——動的文法理論の立場から」東北大学情報科学研究科言語変化言語変異研究ユニット主催による

講演ハンドアウト.

Pustejovsky, James (1995) *The Generative Lexicon*, MIT Press, Cambridge, MA.

佐々木健一 (2006)「誇張」『レトリック事典』, 佐々木健一 (監修・執筆 (共)), 286-299, 大修館書店, 東京.

Sawada, Shigeyasu (2000) "The Semantics of the 'Body Part Off' Construction," *English Linguistics* 17, 361-385.

瀬戸賢一 (2002)『日本語のレトリック』岩波書店, 東京.

鈴木亨 (2007)「結果構文における有界性制約を再考する」『結果構文研究の新視点』, 小野尚之 (編), 103-141, ひつじ書房, 東京.

Tenny, Carol (1994) *Aspectual Roles and the Syntax-Semantics Interface*, Kluwer, Dordrecht.

都築雅子 (2004)「第3章 行為連鎖と構文 II：結果構文」『認知文法論 II』, 中村芳久 (編), 89-135, 大修館書店, 東京.

都築雅子 (2007)「ゲルマン諸語に見られる派生的果構文に関する一考察」『結果構文研究の新視点』, 小野尚之 (編), 143-176, ひつじ書房, 東京.

都築雅子 (2019)「to death の強意読みについての一考察」『言語分析のフロンティア』, 赤野一郎先生古希記念論文集編集委員会 (編), 231-244, 金星堂, 東京.

Van Valin, Robert D. (1990) "Semantic Parameters of Split Intransitivity," *Language* 66, 221-260.

Visser, F. Th. (1969) *An Historical Syntax of the English Language*, Part III, E. J. Brill, Leiden.

利用したコーパス

The Bank of English (BoE と略記) (2003 年採取)

The Corpus of Contemporary American English. http://corpus.byu.edu/coca/ (COCA) (2018 年採取)

Oxford English Dictionary Online http://www.oed.com/ (OED)

例文訳の出典

小田島雄志 (訳) (1973)『シェイクスピア全集』白水社, 東京.

第 9 章

断定のモダリティ表現 "it is that" の特性

八木克正

関西学院大学名誉教授

1. はじめに

　本稿は "it is that" の断定の意味を表すモダリティ表現としての用法を論じる．この "it is that" の構文を「断定のモダリティ」と呼ぶのはおそらく本稿が初めてであろう．この構文を論じるためには，同じ形をした似て非なる構造について論じる必要がある．[1]

　連鎖（単語の連なり）は意味を盛り込むための容器のようなものである．意味は無限にあるのに対して，盛り込む容器である連鎖の数には限りがある．そうすると，表面的には同じ形をしていても，盛り込まれた意味は複数ある場合がある．つまり，ひとつの連鎖があいまい性をもつことがある．連鎖のあいまい性は，言語がもっている重要な本質のひとつである．

　本稿で参考にする主たる文献は，大竹（2009）と佐藤（2015）である．海外の文献で "it is that" に言及しているものもあるが，断片的である．これらの日本の文献が論じた "it is that" 構文の研究はそれぞれに優れたものであるが，"it is that" の形をした別の構造と断定のモダリティ構文としての

---

[1] 本稿のこれからの議論で明らかになるが，ここでいう断定のモダリティ "it is that" は固定化した構文であるのに対し，似て非なる it is that は文法的に構築された構造であり，固定化されて特別な意味をもつものではない．このように，本稿では，「構文」は固定化した連鎖を，「構造」は文法的に構築された連鎖を指す．両方を指す場合には連鎖と呼ぶことにする．

"it is that" を明確に区別していない．その不足を補うのが本稿の目的である．

そこで，本稿はまず第2節で，本来論じたい断定のモダリティ構文 "it is that" とはどのようなものであるかを論じ，第3節でそれと比較して，同じ "it is that" の形をした別の連鎖をどのように区別するかを論じる．さらに，第4節で改めて断定のモダリティ構文という考え方の正当性を論じる．第5節で it seems that や it must be that などの類似構文を論じる．

断定のモダリティ構文 "it is that" を論じるために使う用例は，前後関係が分かるように比較的長い引用になる．また，本稿筆者の解釈を明らかにするために用例に日本語訳をつけた．

2. 断定のモダリティ表現としての "it is that"

2.1. ひとつの例から

(1) のイタリックの部分はどういう意味だろうか．

(1) High token repetition is said to entrench constructions (Langacker, 1987), protecting them from change. Thus it is that it is the high frequency past tenses in English that are irregular (*went, was, kept*), their ready accessibility holding off the forces of regularization from the default paradigm (**goed, *beed, *keeped*), whereas neighbors of lower frequency eventually succumb (with *leaped* starting to rival *leapt* in usage).
(N. C. Ellis, "Optimizing the Input: Frequency and Sampling in Usage-Based and Form-Focused Learning," M. H. Long and C. J. Doughty (eds.) (2009) *The Handbook of Language Teaching*. Wiley-Blackwell. p. 141)
(高頻度で使われる項目は構文を根付かせると言われている．従って，went, was, kept のような不規則な変化をするのは，英語の高頻度の過去時制形ということになる．それらの使用頻度の高さが，*goed, *beed, *keeped のような規則変化の動詞と同化させようとする一律化の圧力から守っている．

一方，同じような動詞でも leap のような頻度の低い動詞は，不規則変化形の leapt からやがて規則変化形の leaped に移行させる圧力に屈することになる）

特に下線部を見れば，thus は「だから」の意味で，it is that は「…である」の断定の意味になっており，it には特に指示対象はない．大竹（2009）の書名が『「の（だ）」に対応する英語の構文』とあることでもわかるが，"it is that" を日本語の「だ」「のだ」に対応させている．まさに "it is that" が断定の意味を表すという主張であり，it seems that や it may be that のような断定を避ける表現と対立をなす構文として捉えている．その意味で，大竹（2009）は，本稿で言う断定のモダリティ構文を論じていることになる．だが，先にも述べた通り，同じ形をした別の連鎖との区別が十分でないために一部に混乱があり，それが佐藤（2015）にも影響している．

2.2. 辞書や文献の扱い方

このモダリティ表現は英語の辞書や文献でどのように扱われているかをみてみよう．*COBUILD*[6] と *MED*[2] は it is that が it is not that と相関になるとしている．それぞれがあげる例を見てみよう．イタリックは本稿筆者による（以下同じ）．

(2) *It's not that* I didn't want to be with my family; *it's just that* I missed my friends.　　　　　　　　　　　(*COBUILD*[6] s.v. *it*)

(3) *It's not that* I don't love you, *it's just that* I want to be free to live my own life.　　　　　　　　　　　　(*MED*[2] s.v. *just*)

COBUILD[6] は，この it is not that … ; it is just that … の意味を「理由の説明」としている．(2) の例は，家族のもとから離れて住んでいる発話者の私を家族が呼び戻そうとしたが，私はそれを承諾しなかった．その理由を説明している場面を想定できる．

(3) は，発話者の私が聞き手に別れ話を持ち出した後で，その理由を説明しているところである．(2) (3) はそれぞれに先に発話した内容に対する理

由の説明であるが，代名詞の it が特定の名詞句受けているのではなく，it is (just) that が全体として前言の説明になっている．これらの例では理由の説明という前後関係を想定できるが，it is that は必ずしも理由の説明をしているだけではないことは以下の議論で明らかになる．

$COBUILD^6$, MED^2, Poutsma (1929: 618) の記述をもとに，"it is not that P; it is that Q" (P, Q は節で表される命題) を典型的な形と想定し，議論の便宜のために，「… ではない」の意味を表す "it is not that P" を A，「… である」の意味を表す "it is that Q" を B と呼ぶことにしよう．"it is not that" は否定のモダリティと言うことができる．

(4) は B と相関になった典型的な例である．

(4) Every time I got in my car I would go to the drive-through. I ate because I was bored, or tired, or sad hardly ever because I was physically hungry. I didn't even realize I was making myself fat. It wasn't until I was living in Chile in 2011 and had the chance to climb Mount Villarrica and I couldn't make it to the top that I realized *it's not just that* I look different, *it's that* I can't do things other people my age can.　　　　　　　　　　(COCA)

(車に乗る度にドラブスルーに行った．食べるのは腹ペコだったからということはほとんどなく，退屈しているか，疲れているか，悲しかったからだ．自分自身を太らせているということさえ分かっていなかった．2011年にチリにいてヴィラリカ山に登る機会を得て始めて，単に自分の外見が変わったのではなく，同年齢の人ができることを自分ができないことが分かった)

だが，いつも A と B が言語化されるわけではない．

2.3. 相関にならず B だけが表現されている場合

英語辞典にあげられた (5) を見てみよう．

(5) No, I do like Chinese food. *It's just that* I'm not hungry.
　　　　　　　　　　　　　　　　　　　　　　($LDOCE^6$ s.v. *just*)

この例では A が表れておらず，B だけが表れている．中華料理を出されたが手をつけない．中華料理は嫌いなんだね，と言われた時の反応という状況が想像できる．相関の前半が定式を使わず，No, I do like Chinese food. (いいえとんでもない，中華料理は大好きですよ) と表現されている．これは，*It's not that* I don't like Chinese food. と言ってもよい．

さらには，(6) (7) は A がなく B だけが表現され，しかも B の中の just も表現されていない例である．

(6) When she moves, blithely, there's a touch of threat there. It's not something explicit. She doesn't snap or attack or throw flowerpots or pillows; *it's that* she's quiet. Too quiet. Quiet as a hurricane's eye. (COCA)
(彼女が何気なく動くとそこには脅迫感が生じる．目に見える形ではなく．きつい言葉を吐いたり，攻撃をしかけたり，鉢や枕を投げつけたりするわけではない．静かなのだ．あまりにも．ハリケーンの目のように)

(7) でもやはり (6) と同じく，A にあたる部分が she doesn't snap or ... によって表現されている．

(7) You have to be supportive of the other. If you're happy in your own life, you're a better partner to your husband. For us, *it is that* our relationship — our love — is based on a really strong foundation of friendship. (COCA)
(夫婦はお互いに助け合わねばなりません．自分が幸せであればそれだけで夫にとってよりよいパートナーになっているのです．私たちにとって，私たちの関係，つまり私たちの愛は，友情という真に強い基盤の上に立っているのです)

(7) では，A にあたる部分は言語化されていないし，また何が A に当たるかを特定することは難しい．

このような例を見てくると，A にあたる部分は必ずしも明確でなくとも B だけを言語化すること，つまり相関的である必要はなく，B だけで表現

することができると考えねばならない.

2.4. 相関にならず A だけが表現されている場合
A だけが表現された例を見てみよう.

(8) *It was not that* he sympathized with Russia. On the contrary, he wrote a letter to Baron Brunnow, ... in which he bluntly told him that he regarded the Polish insurrection as the just punishment by Heaven on Russia.　　　　　　　　　　　　　　(COCA)
（彼がロシアに同調していたのではなかった．それどころか，バロン・ブランノウに手紙を書いていた．その手紙の中でポーランドの反乱を天がロシアに与えた正当な罰と考えていると率直に彼に伝えていた）

he wrote a letter to Baron Brunnow の前に It is that が省かれていると考えてもよい．一方で，直説法の表現には it is that という断定のモダリティが潜在していると考えることもできる．後で論じるが，そのモダリティが語用論的な必要性があって言語化されると考えてよいであろう．

2.5. 接続副詞が先行する場合
断定のモダリティ it is that は，前言を受けて主張の断言をする機能から，「従って」の意味の接続副詞 thus（文語），so（日常語），hence（古語）が先行する場合がある．冒頭の (1) の例もそうであった．これらの接続副詞は it is that 以下が主張を断言する合図になっている．具体例をみてみよう．thus の例はすでに (1) で見たので，省略する．

(9) Physical signs by themselves, as a general rule, determine nothing more than physical conditions ... ; **hence** *it is, that* we require the use of other rules, as well as a knowledge of the patient's history and general symptoms.　　　　(OED, s.v. *sing* n. (1851))
（体の兆候そのものは，一般的ルールとしては，体の状態を決める以上のものではない．したがって，患者の病歴や全体的症状を知ると同時に，別の

ルールが必要になる）

(10) In this way, individuals can develop their full potential and contribute to their own well-being and that of others. What the state can never offer, however, are befriending, time to talk and share, personal kindness and a spontaneous response to need. **So** *it is that* we must also support voluntary action and volunteering as essential in a healthy democracy in a civilised society. (BNC)
（このように，人はすべての潜在能力を開花させ自分自身と他人の幸せのために貢献することができる．しかし，人と仲良くすること，語りあったり経験を共有する時間，人への思いやり，人が求めるものに自発的に応えることは，国家には決してできないことである．だからこそ，文明化された社会にける健全な民主主義においては，自由意志による活動やボランティア活動を，必用欠くべからざるものとしてサポートしなければならないのである）

佐藤（2015）は，that の有無と文頭の接続詞が thus であるか so であるかによって以下の4つを別構文としている．

(11) a. It's just that I had to tell somebody.
　　 b. It could be he didn't have the money.
　　 c. Thus it is that ...
　　 d. So it is that ...

本稿筆者は，(11a) は断定のモダリティ，(11b) は可能性のモダリティ，(11c)(11d) はここで見た，断定のモダリティが接続副詞をとった例と考える．接続副詞は it is that という構造の一部ではないが，断定のモダリティのいわば先導役をしているのであり，thus/so it is that を it is that と別構文とするのは適切ではない．

2.6. it の指示性に関する問題

以上の議論では，モダリティ構文 "it is that" の it には指示性がないと考

えてきた.しかし,文献の中には,it は特定の指示対象はもたないが,状況の it (situational 'it') と解釈している場合がある.

(12) He used to grumble at his ill-luck and his small bag. *It* (=the cause of his ill-luck) was not *that he lacked skill with his gun*（原文イタ）. He was a good shot, but he absolutely disregarded caution in stalking. (Curme (1931: 187))
（彼は自分の不運と獲物が少ないことをいつも嘆いていた.彼の鉄砲が下手だったわけではなかった.鉄砲は上手だったが,こっそり近づくことをまったく無視していた）

(13) The queer part of it is Miss Waters didn't seem to be really mean. *It* (=the cause of her trouble-making) *was just that she couldn't mind her own business.*（原文イタ） (Curme (1931: 187))
（奇妙なことにウオーターズ嬢はまったく意地悪なようには見えなかった.ただ自分の領分をわきまえなかっただけだった）

(12)(13) では,典型的な断定のモダリティ "it is that" が使われている.だが,Curme は,it が状況を受けているという解釈である.しかし,Curme が it の指示対象を明示しているからといって,その解釈を分析の前提にする必要はない.この断定のモダリティは,前言を受けて理由を断言的に述べるという形になっているので,it に前言の内容を読み取ることができる場合もあるであろう.例えば (14) がそうである.しかし,(12)(13) を考えると,特に状況の it の解釈をする必要はない.it には指示対象がなく,ただ it is that が that 節の内容を断定すると解釈をしても不都合はない.

(14) Hope makes our definition of who is included in "Boston" broader and more inclusive. *It is not that* some lives can be returned to what they were before; *it is that* the life of the whole community can be transformed in hope. (COCA)
（希望が「ボストン事件」に誰が含まれるかの定義をさらに拡大し包括的にしている.生活が元に戻せる人がいるというのではなく,地域全体の生活

を希望へと転換できるということである）

(14) は典型的な相関の形をとった例である．ボストンの爆破事件のトラウマに悩むボストン市民が，誰が犠牲者かなどという議論に関わりなく，希望をもつことで市民の生活を取り戻したいということを述べている．it は「誰が犠牲者かという輪を広げること」という解釈もできる．語り手はその意図をもっているかもしれないが，構文としては断定のモダリティ "it is that" とその異形であることに変わりはない．

2.7. it is that 構文に疑問文の形 is it that があるか

大竹 (2009: 84ff.) は，it is that を分裂文とみる文献を多数引用している．大竹 (2009) が特に取り上げている Bolinger (1972) と Declerck (1992) があげている用例を見てみよう．

(15) Why didn't he take the plunge? *Was it that* (because) he didn't have the money (that he didn't take the plunge)?

(Bolinger (1972))

(16) How is it possible that she has such a grip on the boy? *Is it that* he is infatuated with her? (Declerck (1992))

訳は省略するが，(15) (16) の it が指示性をもたない分裂文と解釈することに何の不都合もない．[2] また，it に指示性を認め，(15) では「彼が清水の舞台から飛び降りなかったこと」，(16) では「彼女がその男の子の首根っこを押さえていること」という内容を読み取ることも可能である．いずれにしろ，(15) (16) の was it that / is it that は本稿で問題にしている断定のモダリティとは別の連鎖である．前言の理由を説明する断定のモダリティは問に答える時に使うものではないし，疑問化することと断定することとはなじまない．

---

[2] 断定のモダリティと分裂文との混同については後に論じる．

3. 似て非なる構造

3.1. it が明確な指示対象をもつ場合

研究者が it に前方指示的な意味を読み取るのは，(17) のような構造があるのがひとつの原因であろう．

(17) If there is a theme here, *it is that* these presidents, far from riding on the back of history, are instead driven by forces beyond their control.　　　　　　　　　　　　　　　　　　　　　(COCA)

（［歴史を振り返ると，映画やフィクションで登場した様々な合衆国大統領がいる］もしここにテーマがあるとするならば，そのテーマは歴史の背に乗った大統領像とは程遠く，これらの大統領は制御の効かない勢力に動かされているということだ）

訳で明らかにしたが，it は a theme を受けている．(18) も同様で，it は the main message を受けている．

(18) What is *the main message* that can be taken from Pope Francis' strong defense of persons on the move—immigrants, refugees and victims of trafficking? *It is that* these persons are our brothers and sisters and should be afforded the same rights as all of God's children—to live their lives in safety and with the opportunity to reach their God-given potential.　　(COCA)

（フランシス法王が移動中の人々―移民，難民そして人身売買の被害者―を強く擁護した言葉から汲み取れるメッセージの中核は何だろうか．そのメッセージは，これらの人々は私たちの兄弟姉妹であり，すべての神の子と同じ権利―安全な生活と，神に与えられた潜在能力に手を届かせる機会を与えられて生活すること―を与えられるべきであるということである）

この it is that の it は the main message を受けている．

3.2. that 節が焦点になった分裂文の場合

that 節が分裂文の焦点になった例を見てみよう．

(19) See, it wasn't being alone or disliked that I minded. *It's that* I couldn't understand where the hell the other people like me were. (COCA)

(いいですか，私が気になっていたのは一人でいるとか嫌われているとかということではなかったのです．私が気になっていたのは私のような人々が一体どこにいるのか分からなかったことなんです)

後に that I minded が省略されていることは文脈上明らかである．佐藤 (2015: 57) があげている次の例も that 節が分裂文の焦点になっている．

(20) I wonder if *it is that* they hadn't room enough for them up in the house that they put them out here in the woods? (E. Somerville and M. Ross, *The Real Sharlotte*) (Delahunty (1981: 182))

(森の中に彼らを追い出したのは，家の中に十分な余裕がなかったからなのだろうか)

4. 「断定のモダリティ」の正当性

it is that をモダリティ表現とする見解は寡聞にして知らない．そもそも「断定のモダリティ」という考え方に妥当性があるのかという点を考えてみよう．

事実をありのまま表現する場合には，話し手の認識を言語化する表現としてのモダリティは必要ない．聞き手を前に "You are right." と言えば話し手の断定を述べているのであり，それ以上に断定しているという合図は不要である．"You may be right." "You must be right." "It seems that you are right." などとは違った断定の意味は十分に伝わる．

だが，会話の流れの中で，相手の誤解を解く必要が生じた場合，「P ではなくて，Q なんだ」という必要が起こり得る．それに対応する表現が "it is not P; it is (just) Q" である．上に見たように実際は it is not p の部分は言語化されないことが少なくない．また発話の流れの中で，発話者の見解を，先に理由を述べた後で「（だから）... なのです」と述べたい場合にも "it is that" が使われる．

モダリティを包括的に論じた澤田（2006: 194）は，must に「断定」の意味を認める．そこでいう「断定」とは，「意思主体が，ある証拠に基づいて P であるという結論を下す行為である」．「推論に基づく断定のモダリティ」と位置付けられた「きっと ... に違いない」の意味の must は，ここで言う断定のモダリティ "it is that" とは同じものではない．それは it is that と it must be that を比較すれば明らかである．

(21) a. It is that he is tired.
　　　b. It must be that he is tired.

(21) の2例を，彼があくびをした後の発話と考えてみよう．(21a) は彼のことを熟知しているか擁護する立場から「（退屈したわけではない）疲れているのだ」というのに対して，(21b) は「きっと疲れているのだ」という推論を述べる．この違いから考えれば，it is that と it must be that の違いは明白であろう．そして，本稿で言う「断定のモダリティ」の性格も明らかになる．

5. モダリティ表現としての it is that ... の類似構文

5.1. 動詞を使った構文

本稿で論じてきた "it is that" に類似した構文で動詞を使った構文には，it seems that / it appears that / it looks that ... がある．これらは "it is that" が断定のモダリティであるのに対して，断定を避けて，「... らしい」という意味を表す推測のモダリティ表現である．

(22) At the same time, the schools are undergoing cultural change where they are facing demographic changes of their student population. *It seems that* school reforms are not in alignment with a culturally responsive curriculum and instructional strategies needed for students of color. (COCA)

(同時に学校には文化的変化が進行しており，生徒の人口統計的な変化が起きている．学校の改革は文化に感応したカリキュラムにも，有色人生徒のニーズに合った教育戦略にも照準を合わせていないように思われる)

(23) SCHACHER: They were charged with robbery. That is right.
PINSKY: So, *it appears that* part of the story was substantiated, right? (COCA)

(S: 彼らには窃盗の容疑がかかっています．その通りです．S: だから，容疑の一部は証拠があがっているようですね？)

(24) DR-HELENE-GAYLE: The rate of growth in India is still very high. Umm, *it looks that* HIV began probably later. The epidemic probably began later in India than in other countries.
(COCA)

(D: インドでも成長率は今でもとても高いです．えー，HIV はおそらく後から始まったと思われます．その疫病はおそらくインドでは他の国より後から始ったはずです)

(22)-(24) のモダリティを必ずしも "it is that" に置き換えることができるわけではない．それは，前言を受けてその理由を説明するという文脈ではないからである．推測のモダリティーと断定のモダリティが使われる文脈は同じではない．

5.2. 法助動詞を使った構文

法助動詞を使った，it can be that/it may be that/it should be that/it must be that は，それぞれの法助動詞の意味をもったモダリティ構文である．it は指示対象をもたない．

(25) The Starving Girl looks at him and again she smiles. *It may be that* she is too weak to speak; *it may be that* she has nothing to say. Or maybe she finds him funny. I wouldn't like to say.

(COCA)

(飢えた少女は彼を見てまた微笑む. 恐らく弱っていて話すこともできないのだろう. 何も言うことがないのかも知れない. あるいは彼が可笑しいと思っているのかも知れない. 断言などとてもできない)

(26) GIBSON: Why do you think that's true?
Mr-SHERMAN: Because some of the interviews that I've seen where jurors indicated that they felt that—they looked for reasons to acquit. Well, *it should be that* they should be looking for reasons to convict. (COCA)

(G: どうしてそれが本当だと思うのですか. M: なぜならば, 私が見たインタビューの中には無罪にする理由を探していると思っていることを示唆する陪審員がいることが分かったからです. そう, 有罪にする理由を探すべきなのですが)

(27) It is also true that not everyone can be a disciple, since discipleship also presupposes a special call from Jesus. It does not depend on the will of the individual. *It can be that* someone wants to follow Jesus but is not made his disciple. (COCA)

(皆が皆弟子になれないことも事実です. 弟子であることもまたイエスからの特別の呼びかけが前提だからです. それは人の意思に拠るのではありません. イエスに従いたいと思う人がいても弟子にはなれないということがありえるのです)

(28) And why, we wondered, were so many good stories being written in Michigan prisons? *It must be that* prison writing programs are particularly strong in that state, … . (COCA)

(ではどうしてこんなにたくさんの面白い話がミシガンの監獄で書かれているのでしょうか. きっと監獄の作文教室がミシガン州で特に強いからでしょう)

5.3. it will/ought to be that の場合は前方照応

上に見た例とは違って，it will be that, it ought to be that の場合は，収集した資料には it が指示対象をもつ例しか見あたらない．

(29) Tavis: If you don't make but **one resolution** this year, *it ought to be that* you are not going to be a constant, perennial, that is, underearner. (COCA)

(T: 今年はひとつしか目標を掲げないならば，その目標は，いつも変わらぬ，永遠の，低所得者にはならないということであるべきだ)

(30) If there's **any good** to come of this, *it will be that* the current system will be overhauled and new procedures will be put in place to protect the public as the system was intended to do in the first place. (COCA)

(ここから何か良いことが生まれるならば，その良い事は今のシステムが総点検され，新しい手順が，最初意図された市民を守るための制度として敷かれることになるだろう)

it will be that/it ought to be that がモダリティ表現にはならない理由は，この連鎖においては will は根源的意味の未来の意味にしかならず，ought も根源的意味の「すべきである」の意味にしかならないことにあると思われる．法助動詞の意味は，根源的な意味と認識的な意味に分けることが一般的だが，will と ought to はこの連鎖ではなぜ根源的意味でしか使えないのかの議論は稿を改めねばならない．

6. まとめ

本稿では，断定のモダリティ構文 "it is that" について論述した．同じ it is that の形の別の構造と区別し，法助動詞を使ったモダリティ表現 it can be that/it may be that/it should be that/it can be that/it must be that, あるいは動詞を使った it seems that, it appears that, it looks that と対比すれば，"it is that" の性質が明らかになることを論じた．

参考文献

Bolinger, Dwight (1972) *That's that*, Mouton and Co., The Hague.
Curme, George Oliver (1931) *Syntax*, Heath and Co., Boston.
大竹芳夫 (2009)『「の (だ)」に対応する英語の構文』くろしお出版, 東京.
Poutsma, Hendrik (1928) *A Grammar of Late Modern English*, Part I, First Half, Noordhoff.
佐藤翔馬 (2015)「理由を提示する it is that 節構文」『英語語法文法研究』第 22 号, 53-68.
澤田治美 (2006)『モダリティ』開拓社, 東京.

引用コーパス
BNC: British National Corpus.
COCA: Corpus of Contemporary American English.

第 IV 部

構文の意味と慣用の拡がり

第 10 章

three brothers and sisters の不思議*

小早川　暁

獨協大学

1. はじめに

　本稿では「形容詞＋名詞」や「数詞＋名詞」という表現と「名詞＋and＋名詞」という表現が組み合わされた表現——「形容詞＋名詞＋and＋名詞」や「数詞＋名詞＋and＋名詞」など——を取り上げ，その性質について論じる (cf. Taylor (2012: 124-125, 127-128))．議論の構成は次の通りである．第 1 節では形容詞を含む表現と数詞を含む表現の比較を通して明らかになる「数詞＋名詞＋and＋名詞」に関する疑問点を述べる．第 2 節では当該表現の実例を観察し，複数形の名詞が単数を表しうることを確認する．第 3 節では複数形の名詞が数に関して中立的であることを論じる．最後に第 4 節では複数形の名詞を and で結んだ「複数形の名詞＋and＋複数形の名詞」も数に関して中立的であることを論じる．

　手始めに，「形容詞＋名詞」と「名詞＋and＋名詞」が組み合わされた表現——「形容詞＋名詞＋and＋形容詞＋名詞」——を検討しよう．以下，(1), (2) についての観察は Okuno (1986) に基づくものである．

---

* 本稿は小早川 (2016) の一部に加筆したものである．西村義樹先生と中右実先生には原稿にお目通しいただき，有益なご意見と温かい励ましをいただいた．また，第 1 節で触れる Okuno (1986) は筆者が大学院生の頃に廣瀬幸生先生にご紹介いただいたものである．Okuno (1986) や小早川 (2016) は 2018 年度の獨協大学大学院の授業（「文献研究 II」）で取り上げたが，ハーウッド美樹氏との議論が大変有意義であった．ここに記して感謝の意を表したい．

(1) a.　black cats and white cats
　　b.　black and white cats

（1a）は and の前後で形容詞は異なるが名詞は同じである．そして，（1a）と（1b）は対応関係にある．（1a）は 2 匹以上の黒い猫と 2 匹以上の白い猫 (more than one black cat and more than one white cat)，合わせて 4 匹以上の猫を指す．（1b）も同様だが，それに加えて，1 匹の黒い猫と 1 匹の白い猫 (a black cat and a white cat)，合わせて 2 匹の猫の読みを認める母語話者もいる．[1]（1a, b）は黒い猫と白い猫を合わせて 3 匹という読みはもたない．すなわち，黒い猫 1 匹に白い猫 2 匹，あるいは，黒い猫 2 匹に白い猫 1 匹は指せない．そうしたければ，それぞれの内訳を述べ，one black (cat) and two white cats あるいは two black cats and one white cat などとするほかない (cf. Okuno (1986: 227, n. 3))．[2]

（2a）のように and の前後で形容詞が同じ場合には，形容詞をまとめて（2b）のようにできる (cf. Givón (1993: 283-284))．

(2) a.　black cats and black dogs
　　b.　black cats and dogs

（2a）は 2 匹以上の黒い猫と 2 匹以上の黒い犬 (more than one black cat and more than one black dog)，合わせて 4 匹以上を指す．（2b）は潜在的に曖昧で，（2a）と同じ読みもあれば，black cats and dogs of all sorts of colours という読み（2 匹以上の黒い猫と 2 匹以上の犬，合わせて 4 匹以上

---

　[1] (1b) にはさらに black-and-white cats（2 匹以上の黒と白の猫（2 匹以上の白黒猫））の読みもある．

　[2] Okuno (1986: 227, n. 3) によれば，(1) とは違って the black and white cats には 3 匹の猫を指す解釈が可能である．この表現は，the black cat and the white cats（1 匹の黒い猫と 2 匹（以上）の白い猫）の読みや the black cats and the white cat（2 匹（以上）の黒い猫と 1 匹の白い猫）の読みをもちうる．その他，the black cats and the white cats（2 匹以上の黒い猫と 2 匹以上の白い猫）の読みや the black-and-white cats（2 匹以上の黒と白の猫（2 匹以上の白黒猫））の読みもある．ただし，the black cat and the white cat の読みはないとのことである．WordReference Forums の "the black and THE[?] white dogs" というスレッドも参照されたい．<https://forum.wordreference.com/threads/the-black-and-the-white-dogs.1978786/>

の読み) もある (West (2008: 101)). いずれにしても, (2a, b) は猫と犬を合わせて3匹という読みはもたない. すなわち, 猫1匹に犬2匹, あるいは, 猫2匹に犬1匹は指せない.

次に, 形容詞も名詞も異なる表現が and で結ばれた例をみてみよう.

(3) a. black cats and white dogs
 b. black and white cats and dogs, respectively

(3a) は形容詞と名詞をそれぞれ and で結んで (3b) のようにできる (Postal (1976: 223, n. 6); cf. also Quirk et al. (1985: 957)). (3a, b) は2匹以上の黒い猫と2匹以上の白い犬 (more than one black cat and more than white dog), 合わせて4匹以上を指す. (3a, b) も (2a, b) と同様, 猫と犬を合わせて3匹の読み——猫か犬のいずれか一方が1匹の読み——はもたない.

(1)-(3) の表現には共通点がある. (1) には黒い猫や白い猫が1匹の読みはなく, (2), (3) には猫や犬が1匹の読みはない. (1)-(3) のいずれにおいても, and で結ばれている名詞は複数形であり, そのため1匹の猫や犬は指せないようにみえる. *one cats や *one dogs と言えないこと, cats を言い換えると more than one cat となることがその傍証となりそうに思える.

次に, 「数詞+名詞」と「名詞+and+名詞」が組み合わされた表現——「数詞+名詞+and+数詞+名詞」——をみてみよう. 具体的には, (1a) の black cats and white cats の形容詞の部分が数詞になった (4a) である.

(4) a. two cats and three cats[3]
 b. *two and three cats (cf. black and white cats)
 c. five cats

black cats and white cats は形容詞を and で結んで black and white cats (= (1b)) にできるが, (4a) は数詞を and で結んで (4b) にはできない.[4] Two

---

 [3] この表現は, "How many (cats) are two cats and three cats?" や "Two cats and three cats are how many?" といった足し算の問題文にみられる.

 [4] ただし, "We have a total of about one hundred and fifty cats right now." (K. Schrenk, *A Dog Steals Home*) という例にあるように, hundred, thousand, million と 100 未

and three makes five. という言い回しがあるように，2と3を足し合わせて5と考え，(4c) のようにしなくてはならない (cf. Postal (1976: 221)).[5]

また，(2a) の black cats and black dogs の形容詞の部分が数詞になった (5a) のような例がある．and の前後で同じ数詞が繰り返されている表現である．

(5) a. two cats and two dogs
   b. two cats and dogs (cf. black cats and dogs)
   c. four cats and dogs

(5a) は 2 匹の猫と 2 匹の犬を指す．black cats and black dogs を black cats and dogs (= (2b)) にできるのと同じように，(5a) は (5b) にできる (cf. Givón (1993: 282-283), Levinson (2000: 175), Green and Piel (2002: 144)).[6] さらに，猫の数と犬の数を足し合わせて (5c) のようにすることもできる (cf. Two and two makes four.).[7] つまり，(5b) と (5c) は同じ読みをもちうる．

さらに，(3a) の black cats and white dogs の形容詞の部分が数詞になった (6a) のような例についてもみておこう (Postal (1976: 223-224, n. 6)). 数詞も名詞も異なる表現が and で結ばれた表現である．

満の数の間には and を入れうる (e.g. three hundred and ten; five thousand, six hundred and forty-two; two thousand and twenty-five). 詳しくは Swan (2016: 322.9) や Declerck (1991: 317, n. 1) を参照されたい．さらに，日本語の「クワガタ虫なら 1000 と 50 円」(里乃塚玲央『カブト虫は 840 円』)「この松の樹齢は一千と八年になりますさかい」(中里介山『大菩薩峠』)「もう 100 と 3 歳生きてきたでしょう」(「私たち，心は恋する胸キュンガール「100 歳超え」センテナリアンな女たち」『週刊朝日』2018 年 10 月 12 日）といった例も参照のこと．また，「?1000 と 250 円」と「??1200 と 50 円」の間には差が感じられることも付け加えておきたい．

[5] 他方で，Black and white make gray. ではあるが，black and white cats を gray cats とすることはできない．X and Y makes Z という表現の多様性が確認できる現象である．X plus Y equals Z についても同様である．

[6] Postal (1976: 223-224, n. 6) は nice boys and nice girls を nice boys and girls にすることは認めるが，three boys and three girls を three boys and girls にすることは，どういうわけか，認めていない．

[7] WordReference Forums の "I have a green and a red {apple/apples}" というスレッドも参照されたい．<https://forum.wordreference.com/threads/i-have-a-green-and-a-red-apple-apples.1602917/>

(6) a. two cats and three dogs
　　b. *two and three cats and dogs, respectively
　　　　(cf. black and white cats and dogs, respectively)
　　c. five cats and dogs

(6a) は2匹の猫と3匹の犬を指す．black cats and white dogs を black and white cats and dogs, respectively (=(3b)) にできるのとは違って，(6a) を (6b) にはできない．猫の数と犬の数を足し合わせて (6c) のようにするか (cf. Two and three makes five.)，それぞれの内訳を表したければ (6a) のようにする必要がある．

(1)-(3) と同じように，(5c) と (6c) においても and で結ばれている名詞は複数形である．複数形が more than one という意味を表すのであれば (cf. Quirk et al. (1985: 297)，Declerck (1991: 39, 236))，(5c) のように猫と犬を合わせて four cats and dogs と表現した場合，猫2匹と犬2匹の読みしかないのだろうか．この表現は，猫3匹に犬1匹，あるいは，猫1匹に犬3匹は指しえないのだろうか．(2b) の black cats and dogs は猫と犬，合わせて4匹以上を指し，3匹は指さないようだが，それでは three cats and dogs という表現は可能なのだろうか．猫と犬が合わせて3匹ということは，いずれか一方は必ず1匹ということになりそうだが，それを複数形の名詞で表せるのだろうか．同じような疑問が繰り返し浮かぶ．

2.「数詞＋名詞＋and＋名詞」

「数詞＋名詞＋and＋名詞」という表現については，オットー・イェスペルセン (Otto Jespersen) が次のように述べている．

(7) Sometimes ... a numeral is placed before such a collocation as *brothers and sisters*: they have ten brothers and sisters (Taine, Notes 69),[8] which may be=2 brothers+8 sisters or any other

---

[8] Taine, Hyppolite-Adolphe (1872) *Notes on England*, Strahan, London. もともとはフ

combination. Thus also J. Strange Winter, First Book 244 a very large family—about ten *girls and boys* | seven *sons and daughters* | we have twenty *cocks and hens* (=Dan. tyve höns) | *fifteen ladies and gentlemen* = x ladies + (15 − x) gentlemen.

(Jespersen (1914: 70-71); cf. also Jespersen (1924: 189))

ここでは ten brothers and sisters について two brothers and eight sisters という組み合わせの可能性が示されており，それ以外の組み合わせについては "or any other combination" と述べられているのみである。[9] また，fifteen ladies and gentlemen については x ladies + (15 − x) gentlemen と分析されているが，x の値として何が入るか――例えば，x が 1 でありうるかどうか――は明らかでない．先に示した素朴な疑問は残るままである．

この表現についてはジェームズ・マコーレー (James McCawley) も取り上げており，(8) の問いに対して A1 で答えることはできるが A2 で答えることはできず，brother(s) and sister(s) と言いたければ A3 のようにそれぞれの内訳を示さなければならないと述べる．[10] なお，自身では three brothers and sisters を認めないマコーレーは，(9) に示すように，人によってはこれを認めるようであるとも言う．

(8) Q: Do you have any brothers and sisters?
　　A1: Yes, {three / two / one}.
　　A2: Yes, *{three / two / one} brothers and sisters. (cf. *one brother {and / or} sister)
　　A3: Yes, one brother and two sisters. (cf. McCawley (1973: 359))
(9) [A]pparently some people can say *Yes, three brothers and sisters*.

(McCawley (1973: 359))

ランス語で書かれたものを William Fraser Rae が英語に訳したもの．以下，本稿であげる英語の例文には，他の言語からの翻訳は含めないように努めた．

[9] Jespersen (1924: 189) では "or any other combinations" となっている．

[10] 次のやり取りの例はマコーレーの主張の裏付けとしうる．"How many brothers and sisters did the author have?"―"Two―one brother and one sister." (H. D. Brown, *Vistas: An Interactive Course in English*, Level 2)

こういった母語話者による判断の相違には触れない者もおり，ランドルフ・クワーク (Randolph Quirk) ほかにとっては，(10) はまったく問題ないようである (cf. Postal (1976: 223-224, n. 6))．

(10) There are ten boys and girls in the playgroup.

(Quirk et al. (1985: 966))

ここで，「数詞＋名詞＋and＋名詞」が実際にどのように使われているかをみてみよう．次の例では，数詞 (four) と形容詞 (British) のあとに「名詞＋and＋名詞」(men and women) が続いている．(以下，用例中の下線は筆者による．紙幅の都合により，必要な文脈を割愛している場合があるが，付してある URL などで適宜確認されたい．)

(11) <u>Four British men and women</u> share something in common with every single one of us across the globe—one day they will die. The difference is that they know with certainty that it will be sooner rather than later. ("Before I Go," *BBC World Service: The Documentary*, November 2017) <https://www.bbc.co.uk/programmes/w3csvtyz>

そして，(11) の出だしのあと，イギリス人男性2人とイギリス人女性2人についての描写が続いている．Four British men and women という複数形の表現でイギリス人男性2人とイギリス人女性2人を指す例である．

次の (12a, b) でも数詞の four が使われているが，男女の組み合わせのパターンは (11) とは異なっている．

(12) a. Here, <u>four men and women</u> speak about thyroid disease and its impact on their lives. (K. Barrow, "Patient Voices: Thyroid Disease," *The New York Times*, June 27, 2017) <https://www.nytimes.com/interactive/2017/06/27/ well/patient-voices-thyroid.html>
　　b. Here's this week's edition of the Sacramento area's most wanted fugitives. <u>These four men and women</u> are all wanted on felony warrants by law enforcement around the Sacramento

Valley. (E. Zentner, "Chains, Hatchets & Crowbars: Sacramento's Most Wanted Fugitives This Week," *The Sacramento Bee*, March 15, 2018) <https://www.sacbee.com/news/local/crime/article205334529.html>

(12a) のあとでは，女性患者 3 人（Sharon Barbour, Dana Smith, Jennifer Metzger），男性患者 1 人（Azam Ali）の体験談が語られている．four men and women で男性 1 人，女性 3 人を指す例である（cf. one man and three women）．(12b) のあとでは，4 人の指名手配犯の情報が続くが，その内訳は男性 3 人に女性 1 人である．these four men and women で男性 3 人，女性 1 人を指す例である（cf. three men and one woman）．(12a, b) からわかるのは，four men and women という表現は男女いずれか一方が 1 人でありうるということである．つまり，複数形の名詞で 1 人を指しうることが実例によって確認できる．

ここまでのところ，four men and women で指しうる男女の組み合わせのパターンは男性 2 人に女性 2 人，男性 1 人に女性 3 人，男性 3 人に女性 1 人の 3 通りあることを確認してきた．

four men and women における men や women が男性 1 人や女性 1 人を指せるのであれば，three men and women という言い方もできそうである．男性と女性を足し合わせて 3 人ということは，男性が 1 人に女性が 2 人か，男性が 2 人に女性が 1 人ということである．この解釈のもとで three men and women が可能であるということは，and で結ばれている複数形の名詞のいずれか一方は 1 人を指すということである．そして実際，次のような例が見つかる．

(13) a. Three men and women speak about living with lung cancer.
 (K. Barrow, "Patient Voices: Lung Cancer," *The New York Times*, April 2009) <https://www.nytimes.com/interactive/2018/well/patient-voices-lungcancer.html>
 b. Here, three men and women talk about their lives after a spinal cord injury. (K. Barrow, "Patient Voices: Spinal Cord Injury,"

The New York Times, March 2009) <https://www.nytimes.com/interactive/2018/well/patient-voices-spinalcordinjury.html>

(13a) は男性患者 1 人と女性患者 2 人の記事の前置き，(13b) は男性患者 2 人と女性患者 1 人の記事の前置きである。[11]

上で確認したように，Do you have any brothers and sisters? という問いに対して Yes, three brothers and sisters. という表現で応じられるかどうかについては母語話者の意見は一致しないようだが（McCawley (1973: 359)），three brothers and sisters や three sisters and brothers という言い回し自体は難なく見つけられる．

次の (14a, b) は three brothers and sisters の例，(15a, b) は three sisters and brothers の例である．

(14) a. Elana was downstairs looking after Leo's three brothers and sisters, Robin, eight, Beau, two and Adeline, 12 months, while Carl, 44, was hoovering. (A. Downey, "Our Desperate Fight to Save Son from Deadly Asthma Attack as He Screamed and Pounded His Chest—Until We Knew He Was Gone," *The Sun*, December 21, 2018) <https://www.thesun.co.uk/fabulous/8001501/parents-boy-died-asthma-attack-relive-last-minutes/>

b. The earliest memory I have is as a cub with three brothers and sisters. We were born together and had a Mom to take care of us. Our Dad was nowhere to be found. I was a female and I had two brothers and one sister. (M. Lodico, *Through Cat Eyes*)

(15) a. I have three sisters and brothers (Arianna, Leslie and Adam) and I was to set a good example for them. (L. Ledin, "Moorpark's Herrera Is Much in Demand," *Ventura County Star*, June 8, 2016) <http://archive.vcstar.com/news/382320541.html/>

---

[11] イェスペルセンの分析法を用いれば，three men and women は x men $+ (3-x)$ women となり，x の値は 1 か 2 ということになる．つまり，x の値として 1 は入りうるのである．

b. For years, the hit-making songbird has been quietly keeping touch with at least three sisters and brothers, from various flings by her playboy dad, according to The Sun of London. (B. Odrama, "Rihanna Has Been Keeping a Big Secret for Years: She Has 3 Older Siblings (and 2 Nieces)!" *Gossip on This*, April 18, 2011) <http://gossiponthis.com/2011/04/18/rihanna-big-secret-3-older-siblings/>

(14a) は兄弟1人 (Beau) に姉妹2人 (Robin と Adeline) を指す例,[12] (14b) は兄弟2人に姉妹1人 (two brothers and one sister) を指す例である．(15a) は姉妹2人 (Adrianna と Leslie) に兄弟1人 (Adam) を指す．(15b) も同様であることが，これに先立つ部分で 2 sisters and 1 brother と述べられていることから確認できる．(three sisters and brothers で one sister and two brothers を指す実例は見つけられなかった．)

3. 複数を表さない複数形の名詞

複数形の名詞が常に複数を表すと考えると，three brothers and sisters という表現は不思議に感じられるかもしれない．実際は，複数形の名詞であっても複数を表さないことがある．マコーレーは，先に取り上げた論文とは別の書評論文において，複数形と単数形を比較して，複数形の方が有標性を欠いている（無標である）('plural' is less marked than 'singular') と述べる (McCawley (1968: 568)).[13]

---

[12] Robin は男女両方に使われる名前だが，記事に添えられている写真により，ここでは女性を指していると判断した．

[13] ここでは，以下の説明からわかるように，形態論的な有標性ではなく，意味論的な有標性が問題となっている．より詳しくは Ojeda (1992) や Sauerland et al. (2005) を参照されたい．マコーレーとは違って，形態論的にも意味論的にも単数形のほうを無標とみなす考え方については Taylor (2012: 182-185) や Farkas and de Swart (2010) を参照のこと．

(16) [P]lural is normal when it is not known whether one or more than one individual is being referred to (e.g., application forms give headings like *schools attended* and *children*; many English speakers use *they* when the antecedent is *who*, *nobody*, or *anybody*).　　　　　　　　　　　　　　　(McCawley (1968: 568))

マコーレーによれば，表現対象の数が単数 (one individual) か複数 (more than one individual) か不明な場合には，複数形を使うのが通例である．複数形が単数と複数の両方を表す無標の形式だからである．[14] マコーレーは，入学願書・申請書などにみられる schools attended や children という表現のほか，who や nobody を受ける they を例としてあげている (cf. Jespersen (1914: 136-141), Jespersen (1924: 198, 231-234))．

　本来は複数表現である they が単数表現を受ける用法——singular 'they' (単数用法の they)——については，以下に具体例を添えておこう．[15]

(17) a. Who thinks they can solve the problem?
　　 b. Nobody thought they had been unfairly treated.
　　 c. Has anyone got their copy of 'Macbeth' here?
　　　　　　　　　　　　　　　(Huddleston and Pullum (2002: 1473))
(18) a. I swear more when I'm talking to a boy, because I'm not afraid of shocking them.
　　 b. No girl should have to wear school uniform, because it makes them look like a sack of potatoes.
　　　　　　　　　　　　　　　(Swan (2016: 175.1))

---

[14] man（男性）と woman（女性）の対立が中和される文脈（男女の別が問題とならない文脈）で man（人間）が用いられるのと平行的である．有標 (marked)・無標 (unmarked) という観点からの認知主義に基づく日本語と英語の対照研究については廣瀬 (2003a, b) を参照のこと．

[15] 詳しくは Quirk et al. (1985: 343, 770-771), Biber et al. (1999: 316-317), Huddleston and Pullum (2002: 491-495, 1473), Pinker (2014: 255-262) や Swan (2016: 175, 328) などを参照のこと．

ここでは，単数表現を受けて they や their が使われている．複数表現が単数を表しうるということである．(18) が示すように，この用法は，男女の別が明確な場合にまで広がっている．

次の (19) の疑問文における複数形の名詞 (children) も単数と複数の両方を表す複数形——単数と複数の対立が中和された複数形——として理解できる．以下，(19)-(21) についての議論は Krifka (1989: 85) に基づくものである．

(19) Q: Do you have children?
    A1: Yes, I have {one child/two children/*no children}.
    A2: No, I have {*one child/*only one child/*two children/no children}. (cf. Krifka (1989: 85))

(20) Q: Do you have more than one child?
    A1: Yes, I have {*one child/two children/*no children}.
    A2: No, I have {one child/only one child/*two children/no children}.

I have one child. という答えが Yes で始まっていることからわかるのは，(19) の疑問文における children が one child を表しているということである．同様に，I have two children. という答えも Yes で始めうることから，(19) の疑問文における children は単数 (one child) と複数 (more than one child) の両方を表す——単数と複数の対立に中立的な無標の形式——と考えられる．[16]

仮に children が more than one child のように複数のみを表すとすれば，I have (only) one child. という答えは No で始まるはずである．[17] 実際は

---

[16] "My son was a boy—"—"I didn't know you had a son. You have one child?"—"Yes." (D. Shottenkirk, *Cover Up the Dirty Parts! Arts Funding, Fighting, and the First Amendment*) というやり取りや "You have more than one daughter then?"—"Oh yes, I have been blessed with two." (D. M. Waterman, *When Lilacs Bloom*) というやり取りを参照．

[17] "And do you have more than one child?"—"No, just the son." (J. W. Hall, *Rough Draft*) というやり取りを参照．

(19) が示すように No では始められないので，children が複数のみを表しているとは考えられない．(19) の Do you have children? は Do you have more than one child? とは異なるのである．(19) と (20) の応答にみられる容認度の違いが示す通りである．

次の (21) のような疑問文における apples になると，1個のりんご (one apple) と複数のりんご (more than one apple) を表すだけでなく，半分のりんご（りんご半個）やりんご一切れも表しうると考える必要がある．

(21) Q: Did you eat apples today?
A1: Yes, I ate {one apple/two apples/half an apple/a slice of apple/*no apples}.
A2: No, I ate {*one apple/*only one apple/*two apples/*half an apple/*only half an apple/*a slice of apple/no apples}.

(cf. Krifka (1989: 85))

以上，(19) の疑問文においては children が単数と複数の両方を表しうること，(21) の疑問文においては apples が単数と複数以外も表しうることを確認した．疑問文における複数形の名詞は，数に関して中立的であるといえる．[18] 言い換えれば，疑問文においては，単数と複数の対立は中和されるということである．なお，疑問文中の children や apples が any children や any apples になった場合にも同じ議論ができることを付しておきたい．限定詞を伴わない複数形の名詞（はだか複数名詞）(bare plurals) だけが単複の対立に関して中立的であるわけではない．

単複の対立に関して中立的な複数形の名詞は疑問文に限られるわけではない．[19] 次の文における more children や allies は one child ないし two chil-

---

[18] とはいえ，このような疑問文が常に容認されるわけではなく，Do you have husbands? などは通例用いられない (Pereltsvaig (2014: 53, n. 1))．こういった例については，複数形の名詞が数に関して中立的であると考えた上で，どういう条件下で単数を表しうるかを考えるのがよいであろう (cf. Harbour (2016: 149, 275, n. 6))．

[19] 条件節 (e.g. If you have ever seen horses in this meadow, you should call us.) や否定文 (e.g. Sam has never seen horses in this meadow.) における複数形の名詞が同様の性質をもつことが Farkas and de Swart (2010: 6: 3) によって指摘されている．以下では，

dren を指すこと——そして，おそらくは3人以上は指さないこと——が読み取れる．また，more children と言い換えの関係にある brothers and sisters についても同様である．

(22) My wife and I often discussed having <u>more children</u> (definitely one, occasionally two)—<u>brothers and sisters</u> for Hayley and Walker—<u>allies</u> to insulate him [＝Walker] from the world, but also to dispel our guilt. (I. Brown, *The Boy in the Moon: A Father's Journey to Understand His Extraordinary Son*)

数に関して中立的な複数形の名詞が複数のみならず単数も表すことは，以下に続く (23)-(25) の例によっても確認できる．(23), (24) は either one or two や either one or three といった表現のあとに複数形の名詞が続く例である．(25) は from one to two や between one and two といった表現のあとに複数形の名詞が続く例である．いずれも単数を表しうる．

(23) I am inviting <u>either one or two students</u> to a party.[20]

(Quirk et al. (1985: 963))

(24) a. The adjective [*aged*] can have <u>either one or two syllables</u>: *my aged grandmother* has two syllables; *an aged red wine* has only one. (K. G. Wilson, *The Columbia Guide to Standard American English*)

b. As stated earlier, signs can be made with <u>either one or two hands</u>. (M. Deuchar, *British Sign Language*)

それ以外の文脈でも複数形の名詞が単数を表しうることを確認していく．なお，ロシア語の複数形の名詞について同様の観察が Pereltsvaig (2014) でなされているが，以下で確認するのとは異なる文脈におけるものである．

[20] either one or two students (学生1人か2人) とは違い，either を欠いた one or two students は a small number of students という意味を表す．また，five or six は approximately in the range of five and six という意味，ten or twenty は a number in the region of 10 or 20 という意味を表す (Quirk et al. (1985: 963))．

c. The ceremony must be done by either one or three persons, two is unfortunate. In either case, only one person may address the spirit. (V. J. Banis, *Charms, Spells, and Curses for the Millions*)

(25) a. Considering the divorced, separated, and widowed women, 23 percent reported no children at home, and another 57.1 percent had from one to two children living with them. (S. Hanson and G. Pratt, *Gender, Work and Space*)

b. The average prochoice family had between one and two children (and was more likely to have one); the prolife families had between two and three and were more likely to have three. (K. Luker, "Abortion and the Meaning of Life," *Abortion: Understanding Differences*, ed. by S. Callahan and D. Callahan)

なお,念のため述べておくと,ここで数に関して中立的というのは either one or two に続く students のことであり,either one or two students 全体のことではない.either one or two といった数量表現のあとに無標の表現が現れるというのは,ちょうど次の例と似ている (cf. 廣瀬 (2003: 85)).

(26) a. Mr Jespersen is 75 years {old/*young}.
b. The water is two metres {deep/*shallow}.
c. Susan is only five feet {tall/*short}.

(Quirk et al. (1985: 470); cf. also Hofmann (1993: 42))

75 years のような数量表現のあとには old と young の対立に中立的な old (old と young の上位語としての年齢という意味を表す old) が生じている.これと同じように,either one or two のような数量表現のあとに生じるのも単数と複数の対立に中立的な複数形と考えるわけである.この複数形は数量という意味を表し,単数を表す単数形と複数を表す複数形のいわば上位語(上位構文)である.英語では通例,単数と複数は対立するが,表現対象の数が単数か複数かわからない文脈――単数でも複数でもありうる文脈――に

おいては，単数と複数の対立は中和され（単数と複数は対立せず），数量という意味を表す複数形が現れる．

(23)-(25) の例について，単数を表しうる複数形の名詞とみなすことには異論もあるかもしれない．例えば，either one or two students であれば，either one student or two students を基本形とし，そこから student が省略されたと考え，単数形が単数，複数形が複数を表す事例とみなす向きもあるだろう．ここでは，one student の student（単数形）と two students の students（複数形）という2つの異なる形式を1つにまとめうるのは，students（数に関して中立的な複数形）があるからだと考えている．[21] two students の students と either one or two students の students を別物と考えるわけである．これはちょうど，either one man or two women ないし either one woman or two men を either one or two men と表現した場合，either one or two men の men（人間）と either one women or two men の men（男性）を別物と考えるのと平行的である．

4.「複数形の名詞＋and＋複数形の名詞」

ここで，「複数形の名詞＋and＋複数形の名詞」に戻ろう．第2節では，three men and women や three brothers and sisters という表現が可能であることを確認した．男女合わせて3人ということは，男女いずれか一方は1人ということになる．and で結ばれた名詞はどちらも複数形であるので，一見したところ不思議にも感じられる表現である．しかしながら，複数形の名詞が常に複数を表すとの前提を放棄し，数に関して中立的な場合もあると考えれば，疑問は氷解する．以下ではこの点を再確認し，さらに，複数形の名詞を and で結んだ「複数形の名詞＋and＋複数形の名詞」という表現全体も数に関して中立的でありうることを確認する．

先に (14a) で取り上げた The Sun の記事の一文の直後には写真が添えら

---

[21] ここでの考え方によれば，either one student or two の student については，数に関して中立的な単数形を想定することになりそうだが，さしあたっては，単数を表す単数形であると考えておきたい．

(27) Leo, pictured with his brothers and sisters Robin, Beau and Adeline, always looked out for his siblings

(14a) の Leo's three brothers and sisters, Robin, eight, Beau, two and Adeline, 12 months という表現に対応するのが (27) である．ここでは，数詞を欠く his brothers and sisters, Robin, Beau and Adeline という表現で 3 人を指すことが可能となっている．

さらに (27) のあとの一文では，兄弟姉妹の名前を併記することなく，his brothers and sisters だけで 3 人を指せるようになっている．

(28) He loved his dad and I and his brothers and sisters so much.

複数形の名詞が数に関して中立的な用法をもてばこそ，and でつながれた複数形の名詞 (his brothers and sisters) も 3 人を指せるのである．

以下の例では，boys and girls や brothers and sisters が one or two という数詞を伴っている．一見したところ，「男女合わせて 1 人か 2 人」という理屈に合わない意味を表す表現に思え，one or two boys and one or two girls という解釈をしたくなる表現である．

(29) a. Taiwanese researchers examined lifetime cancer risk and French fry consumption. The researchers picked on French fries because they comprise by far the greatest percentage contribution of acrylamide to the diets of children. They estimated that, at most, one or two boys and girls out of every ten thousand would develop cancer eating French fries that they would otherwise not have developed if they hadn't eaten French fries. (M. Greger, "Cancer Risk from French Fries," *Care2*, December 24, 2014) <http://www.care2.com/greenliving/cancer-risk-from-french-fries.html>

b. I often watch parents who have <u>only one child</u>, the center of their universe, try to discipline this child. I know that what that child needs is <u>one or two brothers and sisters</u>. What the parents spend in money, time and emotional energy could be better spread over <u>three children</u> and would help with the discipline of the one.　(D. Reynolds, "A Case for Large Families," *Apostolic Family Training*, November 30, 2013) <https://apostolicfamily.org/a-case-for-large-families/>

　(29a) を吟味すると，one or two boys and girls out of every ten thousand における boys and girls は直前の children の言い換えであることが窺われる．10,000 人に 1 人か 2 人の子供という解釈であるので，boys and girls という and で結ばれた複数形の名詞は数に関して中立的であるばかりでなく，性に関しても中立的である．10,000 人に 1 人か 2 人と言った場合に，性別は問題となっていない．[22]

　(29b) の one or two brothers and sisters についても同じように考えられる．ここでは，子供が 1 人しかいない場合と 3 人いる場合が対比的に語られている．このことから，one or two brothers and one or two sisters という解釈は妥当でないことがわかる．子供が 1 人か 3 人かということが問題となっているので，brothers and sisters は children ないし siblings の言い換えとして理解できる．子供の性別は問わず，人数が問題となっているので，one or two brothers and sisters は，one or two children ないし one or two siblings という解釈を与えるのが理にかなう．

　(29b) の例に追加して，次の例もみておきたい．

---

[22] 統計が問題となっているので，注 18 にもかかわらず，ここでは one or two を少人数 (a small number) ではなく「1 人か 2 人」と解釈した．次の言い回しも参照．A small number of pregnant women (about one out of every 1,500-3,000 pregnancies) develop kidney stones, and there is some evidence that pregnancy-related changes may increase the risk of stone formation. ("Diet, Family History Contribute to Kidney Stones," *Trinidad and Tobago Guardian*, January 4, 2011) <http://www.guardian.co.tt/article-6.2.456589.e16922f279>

(30) a. In 1959 Mama and Dada and her two brothers and sisters had decided to pool their resources and get out of rented accommodation and London, by buying a house together. (P. Collins, *Letter to Louise*)

b. Dagan and Mary are brothers and sisters and the parents are Adar and Eriko. (P. L. Truong, *Colony in the Core: The Maker Manuscript*)

(30a, b) では，brothers and sisters が 2 人を表している．[23] 兄弟（brothers）1 人に姉妹（sisters）1 人である．複数形の名詞が数に関して中立的であればこそ可能な解釈である．

brothers and sisters が数に関して中立的な children ないし siblings として解釈できるということは，sibling の語義解説に用いられている言い回しによっても確かめられる．[24]

(31) Your siblings are your brothers and sisters. (*Macmillan English Dictionary for Advanced Learners*, 2nd ed., 2007; *Collins Cobuild Advanced Learner's Dictionary*, 9th ed., 2018)

(31) の siblings という複数形の名詞は，兄弟姉妹を単複の別に関係なく表す（cf. (16))．それを言い換えた brothers and sisters も同様である．

さらに，siblings の言い換えとしての brothers and sisters は，男女の別に関しても中立的であると考えられる．siblings がそうであることは，次の (32) によって確認できる．

---

[23] (30a) については，この文のあとに Uncle Maurice and Auntie Pauline という表現が出てくることから，兄弟 1 人，姉妹 1 人，合わせて 2 人と解釈できる．(30b) については，Dagan and Mary are brother and sister. という表現のほうが慣習的であるようである．

[24] 英英辞典の語義解説と用例を最大限に活用し，混沌とした言語現象の背後に存在する原理と心理を解き明かそうとする語法文法研究の実践の書に中右 (2018) がある．語義解説にみられる言い換えが「あくまでも元の慣用表現の微妙な意味合いをそぎ落としたもので，簡潔に分かりやすく注釈的説明を加える便法」（中右 (2018: 214)）であるという点は心しておきたい．

(32) [I]f an oldest child has only two siblings, these may be two brothers, a brother and a sister, a sister and a brother, or two sisters. Two of these four sets contain siblings of only one sex, and two of them contain both sexes. (Toman (1993: 22-23))

two siblings が表しうる兄弟姉妹の組み合わせのパターン——男女いずれか一方がゼロの組み合わせのパターン (two brothers と two sisters) ——がまさに siblings が男女の別に関して中立的であることを示している.

brothers and sisters が siblings の言い換え表現であるならば，単複の対立に関して中立的であるばかりでなく，男女の対立に関しても中立的であるはずである.

(33) a. "Do you have any brothers and sisters?"—"Yes, I do. I have a brother." (M. McCarthy, J. McCarten, and H. Sandiford, *Touchstone, 2A: Students Book*)

b. "Do you have any brothers and sisters?"—"Yes, a sister. Rebecca, six years younger." (J. Hoban, *Oh Brave New World*)

(34) a. Most children have at least one brother or sister. Since no two people anywhere are exactly alike, no two brothers and sisters get along the same. (M. B. Rosenberg, *Brothers and Sisters*)

b. It is important to note that the list of family members, while longer than the usual two brothers and sisters of the nuclear family today, is significantly shorter than it would have been two hundred years ago. (M. Griffin and A. Spanjer, "The Nisga'a Common Bowl in Tradition and Politics," *Aboriginal Canada Revisited*, ed. by K. Knopf)

(35) "Do you have brothers and sisters?"—"Yes, I have four siblings: one brother and three sisters. I am the middle." (E. M. Ohman and C. L. Grines, "Life and Times of Leading Cardiologists: Cindy Grines," *Medscape*, January 17, 2017) <https://www.medscape.com/viewarticle/874039>

(33) の問いに対して，兄弟か姉妹が 1 人しかいない場合であっても Yes で応じられることから，疑問文中の any brothers and sisters は性に関して中立的であるということが確かめられる．(34) でも性別は問題となっていない．[25] そして (35) の応答はまさに，brothers and sisters が siblings の言い換えであることを示す．[26]

最後に，次の文章をみてみよう．三種混合ワクチンの副作用について語ったものである．his [= Ken's] three brothers and sisters という表現のあとの Two of Ken's sisters という表現が目を引く．

(36) Eleven-year-old Ken is one of four children. ... Ken and his three brothers and sisters ran very high fevers for days after their DPT shots, and all projectile vomited their milk formulas until they were a year old. ... Two of Ken's sisters, who also had high fevers for several days after their DPT shots, are also in learning disability classes, but visual perception problems are less severe than Ken's. His youngest sister was given only one DPT shot, and she has no learning disabilities at all. (H. L. Coulter and B. L. Fisher, *A Shot in the Dark: Why the P in the DPT Vaccination May Be Hazardous to Your Child's Health*)

---

[25] (34b) の brothers and sisters については，nuclear family に与えられている a family unit consisting of a mother, a father, and their children (*Macmillan English Dictionary for Advanced Learners*, 2nd ed., 2007) という語義解説も参照．

[26] 日本語には，兄弟と姉妹の対立に中立的な無標の表現として兄弟がある．『デジタル大辞泉』(小学館) は兄弟に「男女の別なく，片親または両親を同じくする子供たち．また，その間柄．兄弟姉妹」という語釈をつけ，「姉二人，兄二人の五人兄弟の末っ子」という例をあげている．『日本国語大辞典』(小学館) には兄弟について「兄と弟を特にオトコキョウダイと言ったり，姉と妹をオンナキョウダイと言ったりすることがあるように，キョウダイは兄弟・姉妹の上位概念として使用されている」との解説もある．他方で『記者ハンドブック—新聞用字用語集—』第 13 版 (共同通信社) はこれを認めないようで「男女のため兄弟がそぐわない場合や性別不明の場合」平仮名書きで「きょうだい」とするとし，「私は姉 3 人と兄 1 人の 5 人きょうだい」という例をあげている．仮名書きした場合の意味の変化と日本語の文字体系の利点については中右実先生にご指摘をいただいた．

ここでは，his [＝Ken's] three brothers and sisters という表現が3人の姉妹を指している．3人の姉妹しかいないにもかかわらず three brothers and sisters と表現しうるのは (cf. zero brothers and three sisters)，ここでの brothers and sisters が siblings の言い換えとして働いていると考えれば合点がいく．

参考文献

Biber, Douglas, Stig Johansson, Geoffrey Leech, Susan Conrad and Edward Finegan (1999) *Longman Grammar of Spoken and Written English*, Pearson Education, Essex.

Declerck, Renaat (1991) *A Comprehensive Descriptive Grammar of English*, Kaitakusha, Tokyo. ［安井稔（訳）(1994)『現代英文法総論』開拓社，東京.］

Farkas, Donka F. and Henriëtte E. de Swart (2010) "The Semantics and Pragmatics of Plurals," *Semantics & Pragmatics* 3(6), 1-54.

Givón, Talmy (1993) *English Grammar: A Function-Based Introduction*, Volume I, John Benjamins, Amsterdam.

Green, Michael and John A. Piel (2002) *Theories of Human Development: A Comparative Approach*, Allyn and Bacon, Boston.

Harbour, Daniel (2016) *Impossible Persons*, MIT Press, Cambridge, MA.

廣瀬幸生 (2003a)「H_2Oをどう呼ぶか――対照研究における相対主義と認知主義［上］」月刊『言語』6月号（第32巻第6号），80-88.

廣瀬幸生 (2003b)「H_2Oをどう呼ぶか――対照研究における相対主義と認知主義［下］」月刊『言語』7月号（第32巻第7号），78-86.

Hofmann, Th. R. (1993) *Realms of Meaning: An Introduction to Semantics*, Longman, London.

Huddleston, Rodney and Geoffrey K. Pullum (2002) *The Cambridge Grammar of the English Language*, Cambridge University Press, Cambridge

Jespersen, Otto (1914) *A Modern English Grammar on Historical Principles*, Part II, Syntax, First Volume, Carl Winger, Heidelberg.

Jespersen, Otto (1924) *The Philosophy of Grammar*, George Allen & Unwin, London. ［安藤貞雄（訳）(2006)『文法の原理』（上，中，下）岩波書店，東京.］

小早川暁 (2016)「『数詞＋名詞＋and＋名詞』の文法」*JELS* 33（『日本英語学会第33回大会（関西外国語大学）研究発表論文集』），52-58.

Krifka, Manfred (1989) "Nominal Reference, Temporal Constitution and Quantification in Event Semantics," *Semantics and Contextual Expression*, ed. by Renate Bartsch, Johan van Benthem and Peter van Emde Boas, 75-115, Foris, Dordrecht.

Levinson, Stephen C. (2000) *Presumptive Meanings: The Theory of Generalized Conversational Implicature*, MIT Press, Cambridge, MA.［田中廣明・五十嵐海理（訳）(2007)『意味の推定——新グライス学派の語用論——』研究社，東京.］

McCawley, James D. (1968) "Review Article: *Current Trends in Linguistics, Vol. 3: Theoretical Foundations* by Thomas A. Sebeok, Mouton, The Hague, 1966," *Language* 44, 556-593.

McCawley, James D. (1973) "Syntactic and Logical Arguments for Semantic Structures," *Three Dimensions of Linguistic Theory*, ed. by Osamu Fujimura, 260-376, TEC Company, Tokyo.

中右実 (2018)『英文法の心理』開拓社，東京.

Ojeda, Almerindo E. (1992) "The Markedness of Plurality," *The Joy of Grammar: A Festschrift in Honor of James D. McCawley*, ed. by Diane Brentari, Gary N. Larson and Lynn A. MacLeod, 275-288, John Benjamins, Amsterdam.

Okuno, Koko (1986) "How Many Cats?" *English Linguistics* 3, 226-230.

Pereltsvaig, Asya (2014) "On Number and Numberlessness in Languages with and without Articles," *Crosslinguistic Studies on Noun Phrase Structure and Reference*, ed. by Patricia Cabredo Hofherr and Anne Zribi-Herts, 52-72, Brill, Leiden.

Pinker, Steven (2014) *The Sense of Style: The Thinking Person's Guide to Writing in the 21st Century*, Allen Lane, London.

Postal, Paul M. (1976) "Linguistic Anarchy Notes," *Notes from the Linguistic Underground, Syntax and Semantics* 7, ed. by James D. McCawley, 201-225, Academic Press, New York.

Quirk, Randolph, Sidney Greenbaum, Geoffrey Leech and Jan Svartvik (1985) *A Comprehensive Grammar of the English Language*, Longman, New York.

Sauerland, Uli, Jan Anderssen and Kazuko Yatsuhiro (2005) "The Plural is Semantically Unmarked," *Linguistic Evidence: Empirical, Theoretical and Computational Perspectives*, ed. by Stephan Kepser and Marga Reis, 413-434, Mouton de Gruyter, Berlin.

Swan, Michael (2016) *Practical English Usage*, 4th ed., Oxford University Press, Oxford.［吉田正治（訳）(2018)『オックスフォード実例現代英語用法辞典』（第4版）研究社，東京.］

Taylor, John R. (2012) *The Mental Corpus: How Language is Represented in the Mind*, Oxford University Press, Oxford.［西村義樹・平沢慎也・長谷川明香・大堀壽夫（編訳）(2017)『メンタル・コーパス——母語話者の頭の中には何がある

のか——』くろしお出版, 東京.]

Toman, Walter (1993) *Family Constellation: Its Effects on Personality and Social Behavior*, 4th ed., Springer, New York.

West, Chris (2008) *Perfect Written English*, Random House, London.

第 11 章

活動動詞を含む属性評価文の拡張と両義的解釈*

鈴木　亨

山形大学

1. はじめに

　書きことばを含む現代英語のややくだけた表現では，〈主語＋動詞＋形容詞〉の形式で，形容詞が主語の属性を描写する属性評価文の拡張用法として，活動動詞の生じる例が散見される。[1]

(1) a. They are different. They **think different**. They **act different**.
(Reginald Rose, *Twelve Angry Men*)[2]
(彼らは（我々とは）違うんだ．考えることも違うし，やることも違う．)

　　b. You **walked weird** on the stage.　　(映画『レディ・バード』)
(あんた，ステージでおかしな歩き方してたわね．)

(2) a. While that article **reads naïve** these days, ….
(Donna Diers, *Speaking of Nursing: Narratives of Practice, Research, Policy, and the Profession*)
(あの論文は現在の視点から読めばナイーブに思えるが…)

---

* 本稿は日本学術振興会科学研究費補助金による基盤研究（C）「英語の文法的逸脱表現の創発と受容における創造的調整機能の研究」（研究代表：鈴木亨，課題番号：19K00680）の助成を受けている．

[1] 本稿では例文の重要な箇所をボールド体で表記する．

[2] 例文 (1a) は，長谷川明香氏にご教示いただいた．

b. It [= uni butter] **eats salty**. (Okrent (2016))

（このウニ・バターはしょっぱいですね．）（料理番組の審査員のセリフ）

(1) の例文は，それぞれ一見すると動作主の行為様態を描写しているようであるが，実はその行為に関連して，話し手が動作主の属性を評価しているとも解釈できる．また，(2) では，主語が本来は動詞の目的語に相当する行為対象であり，話し手が動作主としての体験を通じて，対象物の属性を評価している．

いずれも，標準的な英文法に照らすと，副詞ではない形容詞の選択が，あるいは属性評価文における活動動詞の使用が，変則的とみなされうるものであり，コーパスを利用しても必ずしも容易に見つかる種類の事例ではないが，現代英語の変わりゆく姿の 1 つの徴候を示しているのではないかと思われる．本稿では，これらの表現の成立の背景と意味解釈のしくみについて考察する．

2. 現代英語における形容詞と副詞

英語における形容詞と副詞の形態上の分化には，複雑な歴史的プロセスが関わっている．大まかには，古英語で形容詞接辞 -lic と副詞接辞 -lice の使い分けがあったが，初期中英語において副詞語尾の -e が消失し，形容詞と副詞が形態的に混同されるようになる．その後，後期中英語における形容詞接辞 -lic の語尾子音の弱化・消失とともに，副詞をつくる接尾辞 -ly が一般化する．それ以降，おそらく教育の普及に伴う規範意識の拡がりもあり，現代英語のフォーマルな文体では，一部の例外を除き，形容詞と -ly 形副詞の使い分けはそれなりに広く定着していると考えられる．

(1) や (2) のような事例では，一見，副詞から接尾辞 -ly が脱落した代替表現であるかとも思われるが，文法書などで一般に認知されている単純形副詞 (flat adverb) は，わずかの例外を除き，典型的に単音節のゲルマン語源に限定されている（安井・秋山・中村 (1976), Quirk et al. (1985) 参照）．つまり，複音節語が多いロマンス語源の形容詞を単純形副詞として動詞の修飾に

用いるのは，ごくくだけた会話文などを例外として，通例は容認されていないと考えてよいだろう．[3]

関連して重要なのは，形容詞と -ly 形副詞とでは当該の構文で異なる解釈を持ちうるという点である．例えば，1997 年の Apple 社の広告で有名になった "Think different." という表現に関して，Steve Jobs は，different を differently とは異なる意味合いで捉えていたとされる（Isaacson (2011: 329-330)）．また，アメリカ英語の文法書である Wood (1981: 81) には，"think different" は，"have different thoughts" の意味であり，"think in a different way" とは異なると記されている．さらに，Pinker (2014: 203) は，当該表現について，"think big / think pink" と同様に，文法的には動詞が形容詞補部をとる形式であると述べている．[4]

現代英語における単純形副詞を含む形容詞と副詞の使い分けの実態は，客観的に捉えにくいところもあるが，本稿では，典型的な単純形副詞を除き，標準英語では一定の規範意識のもとで形容詞形と -ly 副詞形の使い分けがあるという前提で考察を進める．[5]

3. 属性評価文の 2 種類の拡張用法―R タイプと T タイプ

本節では，〈主語＋動詞＋形容詞〉の形式を持つ属性評価文の拡張事例における 2 つの基本パターンについて概観する．谷口（2005: 6 章）は，推論評価動詞 seem を基盤モデルとする属性評価文で，知覚・感覚動詞（look, taste, feel, smell, sound）が使用されるようになる歴史的経緯を，動詞に

---

[3] 広告や標語ではより強い印象を与えるために意図的に -ly を省略した形が好まれる傾向があるようである．例えば，1970 年代に考案されたとされる標語 "Think Globally, Act Locally." は，2000 年の時点で，90 年代から普及し始めた "Think Global, Act Local." のほうが優勢になっている（Google Books Ngram Viewer での検索結果）．また，単純形副詞については，接尾辞 -ly の脱落というよりも，話しことばで潜在的に維持されてきたものが，近年のメディア表現における話しことばと書きことばの同化傾向により可視化されてきたという見方もある（Hummel (2014)）．

[4] "Think different." と関連構文の分析については，鈴木 (2019) を参照されたい．

[5] 現代英語における形容詞と副詞の使い分けに関する俯瞰的な考察として，Hummel (2014), Killie (2014), Shimizu (2017) などを参照．

おいて主体化が進むプロセスとして分析している．その中で，属性評価文のさらなる拡張型として，活動動詞が行為対象を主語とし，話し手の行為を通じた対象物の推論的属性評価を表す次のような事例が指摘されている．[6]

(3) This cake **eats short and crisp**.　　　　　(Horton (1996: 329))

この文では，行為者がケーキを食べるという具体的行為を通じて，その食感が属性として評価されている．ここでは，谷口が指摘するとおり，主体化により動作主が背景化されるとともに，意味上目的語に相当する被動作主が主語に格上げされ，その属性が評価されるという点で，中間構文との類似性がある．主に単純現在時制で用いられることも，中間構文と共通する特徴の1つである．

以下に他の動詞が用いられる類例を示す．

(4) a. On its own, this sequence would **read a little maudlin**.
　　　　　　　　　　　　　　　　　　　　　　　　　(Google)
　　（この部分だけ読むと，少々感傷的すぎるかもしれない．）

b. Ripe and concentrated, it **drinks smooth and elegant** despite its serious power.　　　　　　　　　　　　　(Google)
　　（このワインは熟した凝縮味があり，しっかりと力強くも，なめらかで優雅な味わいです．）

c. The bed **sleeps comfortable**.　　　　　　　(Google)
　　（このベッドは快適に眠れます．）（ホテルの広告）

d. It **writes smooth** like butter in horizontal strokes ....　(Google)
　　（このペンは線を横に引くときはバターのように滑らかです．）

(4) では，read と drink の場合は，主語が動詞の意味上の目的語に相当するが，sleep と write の場合は，主語は場所あるいは道具という付加詞的関係に基づいて解釈される．

もう1つの属性評価文の拡張型として，谷口（2005）では言及はないが，

---

[6] 関連構文の命令文における形容詞の意味解釈については，早瀬（2009）を参照．

主語の行為様態に関連する次のような表現がある．

(5) a. They **walk different**. They **talk different**. They **eat different**. They **sleep different**. (COCA, SPOK 1998)
(あの子たちは歩き方も違えば，話し方も違うし，食べ方も違うし，眠り方だって違う．)（親から見た双子の子どもについての描写）
b. He **talks conservative** to the conservatives and **liberal** to the liberals …. (Jonathan Steinberg, *Bismarck: A Life*)
(彼は保守層相手には保守的な話し方を，リベラル層相手にはリベラルな話し方をする …)

(4) と (5) のいずれのパターンも，フォーマルな文体では容認されにくい変則的な語法であるが，ややくだけた文体では，書きことばでも少なからず目にすることができる．以下では，比較的事例が多い2つの動詞 read と talk を代表に，R タイプと T タイプという名称を用いる．R タイプでは，二項動詞の被動作主にあたる本来の目的語（場所・道具に相当する付加詞的要素を含む）が主語となり，行為主体は背景化される．一方，T タイプでは，行為主体の主語はそのまま保持される．

両者を区別する根拠の1つとして，進行形にした場合の容認度の違いがある．R タイプでは，進行形が一般に不自然である（*It was eating salty./*The article is reading naïve.）が，T タイプは状況に応じて進行形が許容される（He was walking weird./She was talking nervous.）．これは，前者が文として状態解釈を持つのに対し，後者は非状態解釈も可能な文であることを示している．後で再び論じるが，少し違う視点から見ると，R タイプに生じる形容詞の主たる機能が参与者の修飾であり，属性評価に焦点化する傾向が強いのに対し，T タイプにおける形容詞は，参与者修飾だけでなく，後で詳しく見るように副詞的様態修飾としても両義的に機能することの反映であると考えられる．

4. R タイプと中間構文

この節では，R タイプについて，谷口 (2005) の先行研究に基づき，知覚動詞の属性評価文をモデルとした，中間構文からの拡張例として位置づけられることを見る．中間構文については，複数の関連構文がプロトタイプ的まとまりをなすという分析が近年提唱されている (Taylor and Yoshimura (2006))．そのような観点から，R タイプも中間構文の関連表現の 1 つと位置づけることができる．

R タイプが典型的な中間構文とは異なる 1 つの特徴は，一般的な可能・難易の判断というよりも，むしろ話し手の体験に基づく個人的な嗜好を含む評価的判断に力点が置かれているという点にある．この点について，谷口 (2005: 250) は，中間構文における属性評価の主体が総称的であるのに対し，知覚動詞等が生じる属性評価文では，話し手自身を評価主体とする解釈があると述べている．関連して，典型的な中間構文では，動詞行為における典型的な機能の可能・難易が評価対象となるが，R タイプでは，より特定的な評価形容詞を用いることで，より主観的な属性評価へとシフトしていることが，次のパラフレーズの対比からもわかる．

(6) a. This book reads easily. ⇒ Reading this book is easy.
    b. This book reads {arrogant / naïve}.
        ⇒ This book is {arrogant / naïve}.
        ≠ Reading this book is {arrogant / naïve}.

動詞 read と共起する形容詞には，次のように様々な使用例がある．

(7) a. This phrase **reads a bit awkward**. (iWeb)[7]
    b. The first part of my comment **reads a bit confrontational**. (iWeb)
    c. … this might have **read a little harsh** …. (iWeb)
    d. … the final paragraph **reads a little judgmental**. (iWeb)

---

[7] iWeb (https://corpus.byu.edu.iweb) は，Mark Davis (Brigham Young University) により作成され，2018 年に公開された 140 億語からなるコーパスである．

興味深いことに，対応する -ly 形副詞の表現が比較的多いものと，少ないものがある．代表的な形容詞と副詞の比較件数について，なるべく安定したデータを得るために，まず書籍テクストに限定された Google Books で検索を行い，件数が少ない場合にのみ Google の一般検索を用いてまとめたのが表 1 である．動詞は，使用例がもっとも多い 3 人称単数現在に限定した．[8]

動詞（3 人称単数現在）	形容詞形（件数）	副詞形（件数）	コーパス
reads	awkward (9)	awkwardly (202)	Google Books
reads	harsh (16)	harshly (54)	Google Books
reads	confrontational (12)	confrontationally (6)	Google
reads	naïve (0)	naively (14)	Google Books
reads	arrogant (6)	arrogantly (16)	Google

表 1：動詞 read（3 人称単数現在）と形容詞と副詞形の共起件数

これらの表現が成立する契機として，中間構文として read と -ly 形副詞の間にある程度コロケーションが確立している場合（awkwardly や harshly），優位な副詞形から -ly が脱落して形容詞が派生されるという方向性が考えられる．一方，confrontational や arrogant の場合，両者に一方的な派生関係を認めるほどの件数はないので，それぞれ独自に read との組み合わせが生じているものと思われる．[9]

一方，同じ R タイプでも，eat や drink の場合，対応する -ly 形副詞は通常かなり不自然である．

(8) a. *It eats saltily.
b. *It drinks bitterly.

---

[8] 本稿の Google 等を利用した検索結果は，2018 年 10 月から 12 月にかけての検索による．実際の検索数はもう少し多くなる場合もあるが，重複や不適合な事例，信頼性が不確かなテクストは除いた結果を示している．

[9] 動詞 read に形容詞を組み合わせる 1 つの契機として，read の自動詞用法に，掲示や計器等の表示（文字，数値，指標など）が「〜と読める，〜と表示されている」という用法が確立していることが挙げられる．
(i) The fuel gauge **reads empty**. (COHA)

これらの動詞の場合，いわゆる典型的な中間構文からの派生というよりも，形容詞を伴う知覚動詞（この場合は味覚領域の動詞 taste）の属性評価文の枠組みに，意味領域の近接性に基づき eat や drink が直接導入されているのではないかと考えられる．ただし，このタイプもまた中間構文のネットワークに周辺的に関連づけられる可能性を排除するわけではない．

　R タイプについてまとめると，-ly 形副詞を伴う典型的中間構文をモデルに，より主観的・特定的な属性評価文として派生されるもの (read, sleep, write) と，知覚動詞の属性評価文の枠組みを直接利用して，近接する意味領域の動詞に拡張されたもの (eat, drink) という2つのサブタイプが存在する．意味解釈では，いずれも動詞の非状態性の読みが抑制されるとともに，個人の体験に基づくより主観的な属性評価にシフトした読みになると特徴づけられる．

5. T タイプにおける形容詞と副詞の分布

　R タイプがプロトタイプ的に中間構文と関連づけられるのに対し，T タイプの類推上のモデルとして機能すると考えられる典型例は，動詞 act と形容詞の組み合わせである．

(9) a. The maître d' opened the front door and **acted solicitous** ....
　　　　　　　　　　　　　　　　　　　(Robert B. Parker, *A Savage Place*)
　　（レストランの案内役がドアを開け，心配そうなそぶりを見せた．）
　b. The trouble is that when I'm serious I can't **act serious**.
　　　　　　　　　　　　　　　　　　　(Graham Greene, *The Human Factor*)
　　（困ったことに，私は真面目なときに真面目な態度がとれないのだ．）

現代英語において act が形容詞補部をとる用法が広く受容されつつあることは，辞書によっては次のような記載があることからもわかる．

(10)　To appear or seem to be: *The dog acted ferocious.*
　　（American Heritage College Dictionary における act の5つ目の語義と例文）

動詞 act の場合，形容詞と対応する -ly 形副詞のペアが相互に交替可能な事例が比較的多い．例えば，iWeb 検索で，"[act] arrogant" と "[act] arrogantly" を比較すると，前者が 73 件，後者が 72 件でほぼ同数である．また，Google 検索で "acted solicitous" と "acted solicitously" を比べると，前者が 18 件（内 Google Books が 4 件），後者が 18 件（内 Google Books が 4 件）と同数であった．

汎用的な行為一般を表す動詞である act 以外に，形容詞との組み合わせの事例が比較的多いのは，talk である．

(11) I wondered if they all **talked funny** ….
(Robert B. Parker, *A Savage Place*)
（彼らはみんな話し方がおかしいのだろうか …）

表 2 は，talk と共起する形容詞と副詞のペアについて iWeb での検索数を比較したものである．形容詞によっては動詞 talk と強いコロケーションがあり，イディオム化されていると考えられるが，その場合 -ly 形副詞は少数派である (A)．また，形容詞形と副詞形の検索数が拮抗するケースもある (B)．その一方，副詞形が優勢で，形容詞が少数派のペアもある (C)．C パターンの場合，-ly 形副詞との組み合わせのほうが基本であり，形容詞の使用は文字通り逸脱的な事例であることが示唆される．[10]

---

[10] 個別の動詞に対する形容詞と副詞のペアの共起件数の比較は，厳密には各形容詞や副詞そのものの生起頻度も考慮する必要もあるので，表 2 における数値の対照が当該動詞との相性を一義的に示すわけではないという点には注意が必要である．例えば，funnily や smartly は，他の動詞との組み合わせでも，ここで意図するような意味での生起頻度は低いと考えられるからである．この点については，住吉誠氏にご指摘いただいた．

第 11 章 活動動詞を含む属性評価文の拡張と両義的解釈　　　197

動詞 talk (活用形を含む)	形容詞形 (件数)	副詞形 (件数)	コーパス	優劣の パターン
[talk]	funny (294)	funnily (0)	iWeb	A
[talk]	weird (30)	weirdly (6)	iWeb	A
[talk]	smart (22)	smartly (2)	iWeb	A
[talk]	conservative (3)	conservatively (2)	iWeb	B
[talk]	strange (12)	strangely (10)	iWeb	B
[talk]	rude (14)	rudely (30)	iWeb	B
[talk]	different (77)	differently (293)	iWeb	B/C
[talk]	harsh (1)	harshly (21)	iWeb	C
[talk]	serious (8)	seriously (570)	iWeb	C
[talk]	honest (2)	honestly (642)	iWeb	C

表 2：iWeb における動詞 talk（活用形を含む）と形容詞と副詞の共起件数

6. 属性評価における内的視点と両義的解釈

　一般に様態描写と属性評価の関係は，行為様態の観察に基づいて行為主体についての属性評価が得られる，つまり，行為様態の原因が行為主体の属性に帰されるという推論が自然なものと考えられる．しかし，様態副詞による動詞の修飾がある意味で自明の表現であるのに対し，形容詞を選択して行為主体の属性を評価する表現は，活動動詞との組み合わせでは多かれ少なかれ変則的である．この節では，あえて形容詞を選択することで導かれる新たな解釈のあり方を中心に検討してみたい．

　属性評価文の拡張用法は，活動動詞が形容詞を伴う点で描写句との構文的類似性がある．描写句は，一般に活動に伴う付帯状況，すなわち事態の進行において付随的に成立する状態を表す (e.g. She walked barefoot.)．関連して，Himmelmann and Schultze-Berndt (2005: 14) では，様態副詞が事象志向であるのに対し，描写句は参与者志向であると一般には見なされがちであるが，実際には事象志向と参与者志向の区別は微妙なもので，両者は連続体をなす意味領域を構成していると特徴づけられている．

　そのような意味領域において「透明な副詞 (transparent adverb)」と呼ば

れる表現は，様態副詞や描写句と比較した場合，動詞が表す行為と主語の身体／心理状態との間には事実に基づく緊密な関連性 (a closer factual link) が認められるという (Himmelmann and Schultze-Berndt (2005: 9). Geuder (2000) も参照). 例えば (12b) の「透明な副詞」の使用例では，"Reading the review made him angry." という原因・結果の解釈が成立するが，(12c) の描写句の例では，angry はあくまでも付随状態の描写であり，"leaving the party" との因果関係は必然とはいえない．

(12) a. John read the review slowly. (pure manner)
　　 b. John angrily read the review. (transparent)
　　 c. John left the party angry. (depictive)

(Himmelmann and Schultze-Berndt (2005: 8))

この「透明な副詞」に関して，Broccias (2011) は，認知文法の枠組みで，外的視点と内的視点という違いから説明を試みている．その要点は，様態副詞の使用が，話し手・書き手自らの観察に基づく外的視点 (external vantage point) による推論的描写であるのに対し，「透明な副詞」は，いわば全知の (omniscient) 視点を持つ話し手・書き手が行為者の内面を特権的に捉えているという意味で，内的視点 (internal vantage point) からの描写であるというものである (Broccias (2011: 78)).

この外的視点と内的視点の区別を援用すると，属性評価文の拡張用法に生じる形容詞は，次のように特徴づけられる．様態副詞や描写句による描写は，話し手・書き手の観察に基づく外的視点による推論であるのに対し，属性評価文の形容詞は，「透明な副詞」と同様に，内的視点から主語の内面を特権的・直接的に描写する表現である．ただしこの場合，形容詞が特定する主語の内面は，「透明な副詞」とは異なり，因果関係というよりも，内面属性と行為様態が内在的に結びつき一体化したものとして理解される．Himmelmann and Schultze-Berndt が「透明な副詞」について述べた「事実に基づく緊密な関連性」という特徴づけは，この拡張用法に関しては，主語の内面属性と行為様態が内的視点により統合された両義的な事象把握として読み換えることができるだろう．

第11章　活動動詞を含む属性評価文の拡張と両義的解釈

この点について，talk と nervous の組み合わせを例に，-ly 形副詞との比較で具体的に考えてみよう．活動動詞と nervous が共起する事例は，Google 検索でも nervously に比べると検索数がはるかに少ないが，テキストの表記としては，形容詞の前にコンマが入る表記が比較的多く，コンマがない場合より容認されやすいものと思われる（例文 (13) は Google 検索に基づく作例）．[11]

(13) a. She talked nervously. （様態副詞）
 b. She talked, nervous. （描写句）
 c. She talked nervous. （属性評価）

コンマがある場合をいわゆる描写句，コンマがない場合を属性評価の拡張用法とみなし，様態副詞を含めてそれぞれの機能をまとめると，次のようになる．まず，様態副詞は，外的視点からの観察と推論に基づく行為様態の描写である（"She talked & her way of talking was nervous."）．次に，コンマで区切られた形容詞の場合は，通例の描写句として，外的視点からの観察と推論に基づき，行為に付随する行為主体の属性を描写する（"She talked & she was nervous"）．最後に，コンマのない形容詞の場合は，内的視点による直接的・特権的な行為主体の属性評価であると同時に，両義的な事態把握に基づき行為様態も含意することになる（"She talked & she was nervous & her way of talking was nervous."）．同じ形容詞形を用いる後者2つの区別は微妙であるが，コンマなしの場合は，本来は形容詞の描写対象ではない，行為の遂行に内在的に関わる様態も，内的視点を介した内面属性の評価と一体化した事象把握の一側面として，文の解釈に含まれると考えられる．つまり，この拡張用法は，内的視点によって属性評価と様態描写という2つの解釈を統合し，両義的に成立させることを可能にするハイブリッド表現

---

[11] 関連文献では，同格形容詞（appositive adjective）との区別を念頭に，描写句の前にはコンマを入れないのが通例だが，一般のテキストにおけるコンマの有無は，個人の好みや表記上の習慣に依存するところもあり，個々の事例の使い分けの根拠を判断することは難しい．(13b) のコンマは，あくまでも解釈上の区別を示す弁別的表記であり，音韻的休止を含意するものではない．

として機能するということになる.

　この表現に両義的解釈があることは,時制により解釈のシフトが起こりうることからも示唆される.次の例では,過去形であれば,属性評価読みに加えて,活動動詞本来の事象様態読み(「おかしな歩き方をした」)が残るが,現在形であれば,恒常的習慣に関する属性評価読み(「いつもおかしな歩き方をする」)が焦点化され,事象様態解釈は背景化される.

(14) a. She walked weird.
　　 b. She walks weird.

　しかし,このような特異な両義的解釈のあり方は,逆説的に,構文解釈上の不安定さをもたらし,少なくとも標準的な現代英語では当該表現の拡張が限定的なものに抑えられ,多くの事例で容認度の個人差を引き起こす要因になっているのではないかとも考えられる.

7. 拡張用法を支えるもの

7.1. 混交と強制による意味解釈

　属性評価文の拡張用法は,コーパスで確認できる範囲では非常に限定的であり,容認度の個人差も大きいことを考えると,抽象度の高い構文として確立しているというよりも,特定の動詞類と形容詞の臨時的な組み合わせが大半であり,その派生は「混交 (blending)」による分析が妥当であると思われる.[12]

　この臨時的な混交を支える要因として,副詞に比べ強く端的な印象を与える表現としての形容詞の選好,口語表現における省力化としての -ly の脱落,単純形副詞や描写句との混同などを含む,現代英語における形容詞と -ly 形副詞の形態上の揺らぎがあると考えられる.さらに,両義的解釈を持ちうる表現として類推上のモデルとなる知覚動詞 look や活動動詞 act などと並列

---

[12] 統語的変則事例に関わる混交による派生については,Barlow (2000), Taylor (2012: 12 章) を参照.

に使用することが，逸脱性を緩和する役割を果たしていると思われる例も頻繁に観察される．

(15) a. He didn't only **look nervous**. He **walked nervous** and **talked nervous** and **sounded nervous** ....

(Karen Kingsbury, *Fifteen Minutes*)

(彼はただ緊張している様子だっただけではない．歩き方も，話し方も，声までも緊張していた ...)

b. Have you noticed that they **think different**, they **act different**, they **walk and talk different**? (iWeb)

(彼らは考えもふるまいも，歩き方も話し方も違うのに気がついたか)

混交により生じる表現は，それ自体が何らかの構造上の逸脱を含むので，強制 (coercion) により新たに調整的な解釈が導かれる必要がある．この属性評価の拡張用法の場合，動詞と形容詞のそれぞれが，構文解釈上の要請からその意味を「上書き」される可能性が想定される．動詞に関しては，本来の活動描写から習慣的な読みを許容する解釈への変更となる．形容詞のほうは，属性評価の解釈を維持しつつ，副詞的様態描写の解釈も両義的に与えられることになる．

7.2. 様態描写と属性評価をつなぐ like X

混交と強制により様態描写と属性評価の両義的解釈が生み出される背景には，ある種の意味的な動機づけも存在すると考えられる．実は，様態描写と属性評価に関して両義的解釈を持つ表現として，like を用いた形式がある．

(16) Tina, you **think like a scientist**.

(Tina Seelig, *What I Wish I Knew When I Was 20*)

(ティナ，きみは科学者と同じ考え方をしているね.)（提出されたレポートへのコメント）

この例の like 句は，行為様態の描写であると同時に，(肯定的な) 属性評価 ("You are like a scientist.") を加える機能も担っている．このような like

句は，推論評価の動詞 seem や知覚動詞（look など）に加え，これまでに見た活動動詞とも高い頻度で共起し，評価解釈が含意される場合も多い．また，中間構文でも属性評価を含む難易表現として like 句が多用される（e.g. This car drives like a dream./This book reads like a children's book.）．[13]

このような like の用法に関連して，Corver (2014) は，生成統語論の枠組みで，形容詞から副詞をつくる接尾辞 -ly が，like と同じ種類の叙述関係 (predication) を導入する機能範疇の具現化であると分析している．その根拠の1つとして引かれているのは，Jespersen (1922: 346) による次のような歴史的経緯の説明である．接尾辞 -ly の起源は，"form, appearance, body" を意味する古英語の名詞要素 lik であり，現代英語で -ly が形容詞から副詞への品詞転換に使われるようになったのは，古英語における形容詞を派生する接尾辞 -lic（古英語の形容詞 ge-lic "having the same appearance with" が like の語源）と副詞接尾辞 -lice という本来は互いに独立した要素が音声的に同化したことによる（そのような二重性の名残として，gentlemanlike と gentlemanly のように競合する形容詞が現存している）．Corver の分析に従うと，現代英語における like 句は，「比較 (comparative)」の意味概念に基づき叙述解釈を導くという点で，様態副詞と同等の機能を担っているということになる．つまり，活動動詞と組み合わされた like 句を含む文は，動詞の行為様態を描写しつつ，行為主体を主語とする叙述関係に基づく属性評価をも含意するのである．

さらに関連して，like 句と同様に「比較」の概念に基づき，その否定面を語彙化したと言える形容詞 different が，属性評価文の拡張用法において多用されるのは偶然ではないと考えられる．形容詞 different は，フランス語由来（非ゲルマン語源）でありながら，"Think different." をはじめとして，属性評価を含意する解釈で様々な動詞との組み合わせで用いられる，やや特異な形容詞である．[14]

---

[13] 一見逸脱的であるが，次のようなスープの有名な宣伝文句がある．
  (i) Soup That Eats Like A Meal
      （食事のように食べ応えのあるスープ）(Campbell 社の宣伝)
[14] 動詞 know と different の組み合わせは，一人称単数形で多用され，しばしば強い自信

まとめると，属性評価と様態描写の両義性を持つこの表現形式が，混交と強制により生み出される背景には，現代英語のくだけた文体における接尾辞 -ly の揺らぎに伴う形容詞と副詞の形態上のあいまいさに加え，歴史的経緯に基づき「比較」の概念を共有することになった like 句と -ly 形の様態副詞の並存も1つの潜在的な動機づけとしてあるのではないかと考えられる．

8. おわりに

本稿では，ややくだけた文体を中心に活動動詞と形容詞が属性評価文の枠組みで共起する変則事例について，中間構文に関連づけられる派生的表現（R タイプ），および活動の様態描写文と属性評価文の統語的な混交により，様態描写と属性評価が内的視点を介して統合された両義的解釈を可能にする拡張表現（T タイプ）として分析できることを論じた．とりわけ後者においては，現代英語における副詞接尾辞 -ly の揺らぎとともに，歴史的経緯に由来する like 句との「比較」の概念の共有も複合的な背景要因の1つとして考えられることを指摘した．

参考文献

Barlow, Michael (2000) "Usage, Blends, and Grammar," *Usage-Based Models of Grammar*, ed. by Michael Barlow and Suzanne Kemmer, 315-345, CSLI Publications, Stanford.

Broccias, Cristiano (2011) "Motivating the Flexibility of Oriented -*ly* Adverbs," *Motivation in Grammar and the Lexicon*, ed. by Klaus-Uwe Panther and Gunter Radden, 71-88, John Benjamins, Amsterdam.

Corver, Norbert (2014) "[Adverbial [$_{Pr}$*ly*]]," available at: http://www.let.rug.nl/hoeksema/norbert.pdf.

Geuder, Wilhelm (2000) *Oriented Adverbs: Issues in the Lexical Semantics of Event Adverbs*, Doctoral dissertation, Universität Tübingen.

を含意するイディオム化された口語的表現である．

(i) But I **know different**. (Gillian Flynn, *Gone Girl*)
(でも私はそうではないとわかっている．)

早瀬尚子（2009）「形容詞か，副詞か——副詞としての形容詞形とその叙述性」『認知言語学論考』8 号，125-155.

Himmelmann, Nikolaus P. and Eva Schultze-Berndt (2005) "Issues in the Syntax and Semantics of Participant-oriented Adjuncts: An Introduction," *Secondary Predication and Adverbial Modification: The Typology of Depictives*, ed. by Nikolaus P. Himmelman and Eva Schultze-Berndt, 1-67, Oxford University Press, Oxford.

Horton, Bruce (1996) "What Are Copula Verbs," *Cognitive Linguistics in the Redwoods*, ed. by Eugene H. Casad, 319-346, Mouton de Gruyter, Berlin.

Hummel, Martin (2014) "The Adjective-Adverb Interface in Romance and English," *Adjectives in Germanic and Romance*, ed. by Petra Sleeman, Freek Van de Velde and Harry Perridon, 35-72, John Benjamins, Berlin.

Isaacson, Walter (2011) *Steve Jobs*, Simon & Schuster, New York.

Jespersen, Otto (1922/2013) *Language: Its Nature and Development*, Routledge, London.

Killie, Kristin (2014) "Secondary Grammaticalization and the English Adverbial *-ly* Suffix," *Language Science* 47, 199-214.

小西友七（1989）『英語形容詞副詞辞典』研究社出版，東京．

Okrent, Arika (2016) "The Grammar of 'Top Chef': What's With 'It Eats Salty'?" available at: http://mentalfloss.com/us/go/75055.

Pinker, Steven (2014) *The Sense of Style: The Thinking Person's Guide to Writing in the 21st Century*, Allen Lane, London.

Quirk, Randolph, Sidney Greenbaum, Geoffrey Leech and Jan Svartvik (1985) *A Comprehensive Grammar of the English Language*, Longman, London.

Shimizu, Masahiro (2017) "A Diachronic Study on the Dual-Form Adverbs *Deep/ly*, *Quick/ly*, *Slow/ly* in American English 1810-2009," *Zephyr* 29, 72-85.

鈴木亨（2019）「創造的逸脱を支えるしくみ——Think different の多層的意味解釈と参照のネットワーク」『認知言語学を紡ぐ』，森雄一・西村義樹・長谷川明香（編），47-69，くろしお出版，東京．

谷口一美（2005）『事態概念の記号化に関する認知言語学的研究』ひつじ書房，東京．

Taylor, John (2012) *The Mental Corpus: How Language Is Represented in the Mind*, Oxford University Press, Oxford.

Taylor, John R. and Kimihiro Yoshimura (2006) "The Middle Construction as a Prototype Category," *Proceedings of the Sixth Annual Meeting of the Japanese Cognitive Linguistics Association*, 362-370.

Wood, Frederick T. (1981) *Current English Usage*, Revised by Roger H. Flavell and Linda M. Flavell, Papermac, London.

安井稔・秋山怜・中村捷（1976）『現代の英文法 7 形容詞』研究社出版，東京．

第 V 部

言語使用における慣用と変則

第 12 章

コーパス解析に基づくテキストジャンルと名詞の用法の関係性

後藤一章

摂南大学

1. はじめに

　言語の適切な運用において，言語使用域（レジスター）の理解は極めて重要である．友人との会話，年長者への手紙，授業での発表，学術論文，小説など，実に様々な場面や状況によって言語はそれにふさわしいかたちで使用される．こうした媒体・場面・状況などを基準に分類される言語使用の区分は，テキストジャンル，またはジャンルと呼ばれる．「書き言葉」という広範なジャンル区分もあれば，「SNS 内のコミュニケーション」といった限定的なジャンル区分もあり得る．後述するように，各ジャンルには特徴的に使用される一連の言語項目が存在し，英語の慣用は，ある単語がどのような単語と結びつくかといったミクロ的なレベルに加え，ある単語がどのようなジャンルと結びつくかというマクロ的なレベルにまで及んでいると考えられる．

　テキストのジャンル差から生じる言語変異に関する研究は，テキスト類型研究と呼ばれる．テキスト類型に単語を用いる手法を，自然言語処理の分野では一般に "Bag of Words" と呼び，ジャンルを機械的に分類する指標として特に有力視されている (Lewis and Gale (1994), Yoshikawa et al. (2014) など)．一方，コーパス言語学分野では，類型化の手法や精度よりも，類型に寄与する単語そのものとジャンルとの関係性に焦点が当てられることが多い．Nakamura (2002) や後藤 (2006) は，テキスト類型を通して各ジャンルに特徴的な単語の使用傾向を分析している．その結果，口語的なジャンル

に特化して使用される語彙と，文語的なジャンルに特化して使用される語彙が見出される一方，口語的特徴が強い単語群から文語的特徴が強い単語群へ徐々に推移していく一種のグラデーションのような語彙の使用傾向が観測されている．

しかし，当然ながら単語は単独で使用されるわけではない．それぞれに頻度表には表れない「用法」というものが存在する．例えば形容詞には限定用法と叙述用法があり，限定用法で使用される elder や main という語もあれば，alive や asleep のように叙述用法で使用される語もある．また，beautiful のように両方の用法で使用される語も少なくなく，同じ品詞の語であっても，用法が同一とは限らない．動詞に目を向ければ，他動詞用法や自動詞用法の別，また，名詞に関しても，主語用法，目的語用法，補語用法などがある．これら各用法の使用率がすべての語において均一であるとは考えづらく，とりわけジャンルごとの頻度分布についても大小のばらつきが予測される．

そのため，ジャンル別の言語使用の実態を探るためには単語の個別頻度を分析するだけでは不十分であり，「用法」という変数を考慮に入れて再検討する必要があると考えられる．そこで本稿では，コーパス言語学的手法に基づき，言語使用域と単語の用法に焦点を当て，それらの関係性を明らかにすることを目的とする．

2. 先行研究

Biber (1988) はジャンルによる言語変異を実証的に調査した，先駆的なコーパス研究である．時制や品詞などを含む 67 種の言語項目の生起頻度を計測し，23 種のテキストジャンルにおける複雑な関係性を解析している．Biber (1988) では因子分析という多変量解析が利用され，各テキストジャンルが「関与的 対 情報提示的発話 (Involved vs. Informational Production)」という対比によって類型化されている．「関与的」とは人間の関与に焦点が当てられ，主に即時的な発話が行われる口語的なジャンルに見られる特徴だと説明されている．一方，「情報提示的」とは情報提示に焦点が置か

れ，発話に入念な準備がなされる文語的なジャンルに観測される特徴だと述べられている．Biber の調査の中で最も「関与的」な性質は「電話での会話 (telephone conversation)」に見られ，次に「対面での会話 (face-to-face conversation)」に見られた．他方，最も「情報提示的」な性質は「公文書 (official documents)」に見られ，「学術散文 (academic prose)」がそれに続いている．

　Biber の功績は，主観的に語られることの多かったジャンル間の言語的な差異を，数量的かつ客観的な観点から議論した点にある．Biber (1988) の手法はその後様々な発展を遂げ，統計手法や分類指標にも改良が加えられていった．特に，Nakamura (2002) は，67 の言語項目に代わる分類指標として，動詞，名詞，形容詞などを用い，「単語」が十分なジャンル弁別性とジャンル説明力を有することを示した．それにより，LOB コーパスに含まれる 15 ジャンルを，「物語的 (narrative)」と「説明的 (expository)」という基準で分類している．また，いずれの品詞による類型化においても，最も「物語的」なジャンルは「冒険小説 (adventure & western fiction)」であり，最も「説明的」なジャンルは「学術文書 (learned & scientific writings)」となっている．この「物語的 (narrative)」と「説明的 (expository)」という捉え方は，Biber (1988) の「関与的」と「情報提示的」にほぼ対応しているように思われる．

　さらに，分類指標は「単語」に留まらず，品詞やコロケーション，n-gram などにも拡張され，より多面的な観点からジャンルと言語項目の関係性の分析が進められている (Santini (2004), Biber and Barbieri (2007), Zhang et al. (2008), Tang and Cao (2015))．ただし，「単語の用法」という点に注目し，テキスト分類を行った研究はこれまでほとんど見られない．例えば，あるジャンルでは主語用法で用いられやすい名詞が，別のジャンルでは目的語用法で用いられやすいという現象が確認されれば，用法にもジャンル弁別性があることになる．実際に，用法を変数とした類型化が可能か，類型化されるとすれば，どのような基準で類型化が行われるのかを検討する．

3. データと分析手法

3.1. コーパスデータ

調査データとして British National Corpus XML Edition（以下，BNC）を使用する．BNC は約 1 億語の現代イギリス英語コーパスであり，大規模汎用英語コーパスの一つである．BNC の特徴はその規模に加えてジャンルの多様さにあり，幅広いジャンルの特徴を網羅的かつ横断的に観察することが可能である．

BNC は Lee (2001) によって 70 種類のテキストジャンルに類型化されている．約 9,000 万語の書き言葉（Written Texts）は 46 ジャンルに分類され，約 1,000 万語の話し言葉（Spoken Texts）は 24 ジャンルに分類されている．表 1 は，各テキストジャンルの名称とその総語数を示している．詳細は Lee (2001) に譲るが，学術文書，創作散文，日常会話などの分野はもちろん，学術文書の中でも人文学，医学，自然科学などの詳細な下位分類が設けられており，より専門性の高いジャンルの分析にも対応可能となっている．

表 1　Lee (2001) の分類による BNC の各テキストジャンルの総語数

Written		Written		Spoken	
Genre	総語数	Genre	総語数	Genre	総語数
W_ac_humanities_arts	3,321,867	W_newsp_brdsht_nat_commerce	424,895	S_brdcast_discussn	757,317
W_ac_medicine	1,421,933	W_newsp_brdsht_nat_editorial	101,742	S_brdcast_documentary	41,540
W_ac_nat_science	1,111,840	W_newsp_brdsht_nat_misc	1,032,943	S_brdcast_news	261,278
W_ac_polit_law_edu	4,640,346	W_newsp_brdsht_nat_report	663,355	S_classroom	429,970
W_ac_soc_science	4,247,592	W_newsp_brdsht_nat_science	65,293	S_consult	138,011
W_ac_tech_engin	686,004	W_newsp_brdsht_nat_social	81,895	S_conv	4,206,058
W_admin	219,946	W_newsp_brdsht_nat_sports	297,737	S_courtroom	127,474
W_advert	558,133	W_newsp_other_arts	239,258	S_demonstratn	31,772
W_biography	3,528,564	W_newsp_other_commerce	415,396	S_interview	123,816
W_commerce	3,759,366	W_newsp_other_report	2,717,444	S_interview_oral_history	815,540
W_email	213,045	W_newsp_other_science	54,829	S_lect_commerce	15,105
W_essay_school	146,530	W_newsp_other_social	1,143,024	S_lect_humanities_arts	50,827
W_essay_univ	65,388	W_newsp_other_sports	1,027,843	S_lect_nat_science	22,681
W_fict_drama	45,757	W_newsp_tabloid	728,413	S_lect_polit_law_edu	50,881
W_fict_poetry	222,451	W_non_ac_humanities_arts	3,751,865	S_lect_soc_science	159,880
W_fict_prose	15,926,677	W_non_ac_medicine	498,679	S_meeting	1,384,302
W_hansard	1,156,171	W_non_ac_nat_science	2,508,256	S_parliament	96,239
W_institut_doc	546,261	W_non_ac_polit_law_edu	4,477,831	S_pub_debate	283,507
W_instructional	436,892	W_non_ac_soc_science	4,187,649	S_sermon	82,287
W_letters_personal	52,480	W_non_ac_tech_engin	1,209,796	S_speech_scripted	200,234
W_letters_prof	66,031	W_pop_lore	7,376,391	S_speech_unscripted	464,937
W_misc	9,140,957	W_religion	1,121,632	S_sportslive	33,320
W_news_script	1,292,156			S_tutorial	143,199
W_newsp_brdsht_nat_arts	351,811			S_unclassified	421,554

3.2. 分析手法
3.2.1. 名詞の用法

本研究では単語の中でも特に，文の中心的役割を果たす名詞に注目する．名詞の用法の網羅的な解説を試みた小西（2001）は，名詞の取りうる構文として7種類を想定している．例として，day をキーワードとした場合の構造を以下に示す．

1. Adj day
2. Noun day
3. day Noun
4. Prep day 〈Prep は by, for, in など〉
5. day of [for] Noun
6. day Verb (O)
7. S Verb day

名詞の典型的な構造が列挙されているが，注意が必要なのは，1, 2, 5 が他構造との重複を許す点である．すなわち，on the first day のように 1 でありながら 4 であるケース，また enjoy the first day のように 1 でありながら 7 であるケースが起こり得る．小西（2001）の関心は構文に加えてコロケーションにもあったため，day と共起しやすい形容詞，名詞，前置詞などを調査する上でこの枠組みは妥当である．しかし，本研究の焦点は「主語」用法や「前置修飾語」用法といった名詞の統語的用法であるため，これらの用法が単独では特定されない 1, 2, 5 については，今回は除外することとした．一方，3, 4, 6, 7 では捕捉できない第二文型（SVC）における名詞の「補語」用法を含めるため，以下の構造を新たに追加する．

8. Be day 〈Be は be 動詞，または連結動詞〉

以上をまとめ，以下 5 種類を本研究の名詞の用法の射程とする．

① Subject（「主語」用法）：N V
② Object（「目的語」用法）：V（一般動詞）N
③ Complement（「補語」用法）：V（be 動詞 or 連結動詞）N
④ Premodifier（「前置修飾語」用法）：N N
⑤ Prepositional complement（「前置詞句補語」用法）：PP N

調査対象とする語については，Adam Kilgarriff 氏の Web サイトで公開されている BNC Word Frequency List を利用し，BNC に生起する頻度上位 200 語の名詞とする（表 2）。最も頻度の高い名詞は time（183,427 回）であり，続いて year（163,930 回）となる。

表2 BNC における高頻度名詞 200 語（頻度順）

time	company	month	level	face	police	control	experience	food	record
year	problem	side	policy	market	kind	value	death	role	manager
people	service	night	council	hour	price	health	act	practice	relation
way	hand	eye	line	rate	action	decision	sense	bank	field
man	party	head	need	law	issue	class	staff	support	window
day	school	information	effect	door	position	industry	student	event	account
thing	place	question	use	court	cost	back	language	building	difference
child	point	business	idea	office	matter	force	department	range	material
government	house	power	study	war	community	condition	management	stage	air
part	country	money	lot	reason	figure	paper	morning	meeting	wife
life	week	change	job	minister	type	century	plan	town	project
case	member	interest	name	subject	research	father	product	art	sale
woman	end	order	result	person	education	section	city	club	relationship
work	word	book	body	term	few	patient	committee	arm	light
system	example	development	friend	sort	programme	activity	ground	history	care
group	family	room	right	period	minute	road	letter	parent	rule
number	fact	water	authority	society	moment	table	evidence	land	story
world	state	form	view	process	girl	church	foot	trade	quality
area	percent	car	report	mother	age	mind	boy	situation	tax
course	home	other	bit	voice	centre	team	game	teacher	worker

3.2.2. 統語解析

前節の5種類の名詞の用法をコーパスから機械的に抽出するため，統語解析を援用する．統語解析は自然言語処理分野で研究されている言語解析技術であり，確率的言語モデルに基づいて文中の句構造や係り受け関係などを自動的に発見する．

現在，様々な統語解析器（Parser）が開発されているが，解析精度や操作性の点から，Connexorという言語研究機関で開発されたMachinese Syntaxを使用する．Machinese SyntaxはFunctional Dependency Grammar（以下FDG）に基づいて開発されている（Tapanainen and Järvinen (1997)）．FDGでは各構成要素はheadとdependentに分けられ，各構成要素間には依存関係があり，subjやobjなどの統語標識によってその統語的依存関係が示される．文構造は基本的に木構造で表現されるが，一般的な句構造文法と異なる点は，各ノードが品詞などの統語項目ではなく単語そのものという点にある．最上位に位置する要素は主節の述語動詞であることが多く，これが文全体のhead (root)となる．

表3 Machinese Syntaxによる文の解析結果

No.	Text	Baseform	Syntactic relation	Syntax and morphology
1	This	this	det:>2	@DN> %>N DET DEM SG
2	chapter	chapter	subj:>3	@SUBJ %NH N NOM SG
3	surveys	survey	main:>0	@+FMAINV %VA V PRES SG3
4	the	the	det:>5	@DN> %>N DET
5	development	development	obj:>3	@OBJ %NH N NOM SG
6	of	of	mod:>5	@<NOM-OF %N< PREP
7	his	he	attr:>8	@A> %>N PRON PERS GEN SG3
8	general	general	attr:>9	@A> %>N A ABS
9	biological	biological	attr:>10	@A> %>N A ABS
10	theorizing	theorizing	pcomp:>6	@<P %NH N NOM SG
11	over	over	tmp:>3	@ADVL %EH PREP
12	that	that	det:>15	@DN> %>N DET DEM SG
13	remarkable	remarkable	attr:>14	@A> %>N A ABS
14	early	early	attr:>15	@A> %>N A ABS
15	period	period	pcomp:>11	@<P %NH N NOM SG
16	.	.		
17	<s>	<s>		

表3は Machinese Syntax による解析結果の例である．各単語に付与される情報は，「Base form（基底形）」，「Syntax relation（単語間の依存関係）」，「Syntax and morphology（各単語の統語・形態情報）」の3種類である．「Syntax relation」に記載される数値は左端の「No.」に対応し，依存関係にある単語の位置を示している．例えば，1行目 this の "det:>2" は，2行目の単語に限定詞（determiner）として機能していることを示す．また，「Syntax and morphology」は詳細な統語機能を示し，2行目 chapter の「@SUBJ %NH N NOM SG」であれば，当該単語が主語，名詞句主部，単数名詞であることを示している．

統語解析済みコーパスから名詞の用法を判別するアルゴリズムを以下に説明する．まず，キーワードとなる名詞をパタンマッチによって「Base form」から探索し，一致した場合「Syntax and morphology」で名詞を示す "N" というタグの有無を判定する．名詞と判定されれば，再度「Syntax and morphology」を調査し，"@SUBJ (Subject)" がある場合は「主語」用法として取得し，"@OBJ (Object)" または "@I-OBJ (Indirect object)" がある場合は「目的語」用法として取得する．"PCOMPL-S (Subject complement)" がある名詞は「補語」用法，"@A> (Premodifier of a nominal)" がある名詞は「前置修飾語」用法，"@<P (Preposition complement)" 及び "%NH (Nominal head)" がある名詞は「前置詞句補語」用法として取得する．

表3を例とすると，まず「Base form」の5行目に200語のキーワードに含まれる development が発見されるため，「Syntax and morphology」で "N" の有無がチェックされる．"N" があるため，続いて周囲のタグが調べられ，"@OBJ" があることから目的語として取得される．これが判別処理の一手順となり，この時点で次の行（単語）に進む．「Base form」内の単語が引き続き調べられ，15行目にキーワードの period が発見される．同様に「Syntax and morphology」が調査され，今回は "@<P" 及び "%NH" があるため，「前置詞句補語」として取得されることになる．これを頻度計測と並行しながら行っていく．

なお，BNC のテキストは，書誌情報や品詞タグなどの様々なアノテーションが XML で付与されているため，それら既存のタグ情報はすべて除

去した上で統語解析処理を行った．

3.2.3. 多変量解析

前節の手順で名詞の用法別頻度を計測し，それらのジャンルごとの頻度分布を集計する．これは，以下の規模のマトリクスとなる．

$$(200（名詞の個数）\times 5（用法数））\times 70（BNC のジャンル数）$$

この時，1,000 行×70 列の規模となり，これほどの頻度行列における各変数間の関係性を目視によって把握することはほぼ不可能である．そこで，多変量解析を使用する．ただし，Biber (1988) の用いた因子分析は，解析パラメータの設定によって結果が大きく左右されるという問題が指摘されている．そこで，Nakamura (2002) で代案として使用された対応分析（数量化 III 類）を利用する．

対応分析は，サンプル（用法別名詞）とカテゴリー（ジャンル）の相対的な関係性を分析する多変量解析であり，サンプルとカテゴリーに与えられるスコアに基づいて散布図が作成される．一般的に，1～2 次元の低次元空間にスコアに基づいた変数間の相対的距離がマッピングされ，関係性が視覚化される．

4. 結果と考察

4.1. テキストジャンル間の相対的距離

200 語の名詞の用法別頻度を，70 のテキストジャンル（表1）ごとに計測し，作成した頻度分割表の一部が表 4 である．なお，Pmod は「前置修飾語」，Comp は「補語」，Obj は「目的語」，Prep は「前置詞句補語」，Subj は「主語」を表している．また，本来は 200 語×5 用法の 1,000 行になるはずだが，yesterday の「目的語」用法がいずれのジャンルにおいても 0 であるため，999 行となっている．

第 12 章 コーパス解析に基づくテキストジャンルと名詞の用法の関係性 215

表 4 名詞の用法別頻度分割表の一部

#	WORD_FUNC	W ac humanities arts	W ac medicine	W ac nat science	W ac polit law edu	W ac soc science	...	S unclassified
1	account_Pmod	23	7	7	109	41	...	5
2	account_Comp	66	0	8	42	56	...	0
3	account_Obj	302	35	36	436	462	...	12
4	account_Prep	528	82	63	1114	729	...	16
5	account_Subj	272	10	41	252	320	...	1
6	act_Pmod	28	5	4	220	73	...	1
7	act_Comp	55	1	5	177	78	...	2
...	...	...	...	...	...	...	...	...
998	yesterday_Prep	2	0	0	2	9	...	13
999	yesterday_Subj	2	0	0	1	4	...	0

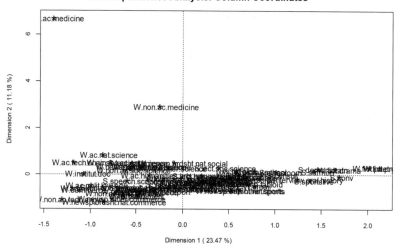

図 1 BNC におけるテキストジャンル間の相対的距離

216　第Ⅴ部　言語使用における慣用と変則

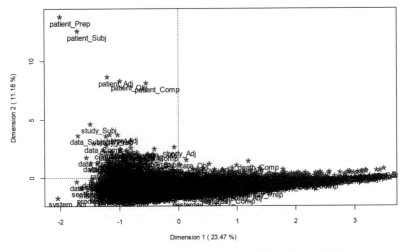

図2　BNCにおける高頻度名詞200語間の相対的距離

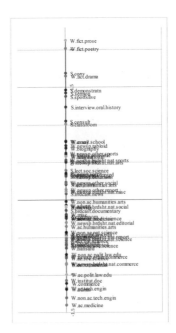

図3　1次元の値に基づくテキストジャンル間の相対的距離

統計解析パッケージ「R 3.5.1」を利用し，対応分析を行った結果が図1と図2である．さらに，1次元（x軸）の値を用い，各テキストジャンルの相対距離を数直線に配置したのが図3である．

対応分析では距離が相関の強度を表しており，近接して布置されるジャンル間，或いは用法間には強い相関があると解釈される．また，ジャンルと用法の位置にも対応関係が存在する．例えば図1の第二象限左上に布置されている「W_ac_medicine（学術文）」と，図2で同じように第二象限左上に布置されている patient_Prep および patient_Subj とは特に相関が強いことを意味している．

まず，図3を観察すると，傾向として，負方向には主に書き言葉のジャンルが布置され，正方向には主に話し言葉のジャンルが布置されていることが分かる．負方向において絶対値の高い10ジャンルのうち90%が書き言葉ジャンルであり，正方向は話し言葉ジャンルが70%を占める．無論，負方向にも話し言葉ジャンルはあるが，「S.lect.commerce（講義）」や「S.pub.debate（討論）」など，文語的性質が強いと考えられるジャンルである．一方，正方向においての書き言葉ジャンルは，「W.fict.prose（物語）」や「W.fict.poetry（詩）」など，口語的な性質が強いと考えられるジャンルとなっている．

次に，図1の2次元（縦軸）を基準に観察すると，「W_ac_medicine（学術文）」が他ジャンルから大幅に乖離している．最も近い位置にあるのは「W.non.ac.medicine（准学術文）」だが，これも同様の医療に関する論説文である．ここから，2次元におけるジャンル配置は「医療系 vs. 非医療系」という対比に集約されていると考えられる．

4.2. 名詞用法とジャンルの関係性

1次元を基準とした，話し言葉ジャンルと書き言葉ジャンルの正負の関係性は，図2の名詞用法の散布図にもそのまま適用される．すなわち，正方向には口語的なジャンルで使用されやすい名詞用法が，負方向には文語的なジャンルで使用されやすい名詞用法が布置されていると解釈される．

表5は正方向の絶対値が最も高い用法の20項目であり，表6は負方向に

おける絶対値が最も高い20項目である．まず注目したい点は，名詞用法の偏りである．表5には，「主語」が5項目，「目的語」が7項目，「補語」が4項目，「前置詞句補語」が4項目と，いずれも平均的に現れているように見えるが，「前置修飾語」としての用法は0である．

表5　スコアの高い名詞の用法

#	名詞用法	スコア
1	eye_Subj	3.50
2	voice_Subj	3.44
3	face_Subj	3.37
4	face_Obj	3.19
5	eye_Obj	3.19
6	eye_Comp	3.19
7	hand_Subj	3.13
8	hand_Obj	3.11
9	head_Obj	3.05
10	door_Obj	3.03
11	door_Prep	2.98
12	door_Subj	2.93
13	voice_Prep	2.91
14	arm_Obj	2.89
15	girl_Comp	2.85
16	face_Comp	2.82
17	voice_Obj	2.74
18	door_Comp	2.65
19	eye_Prep	2.56
20	face_Prep	2.55

表6　スコアの低い名詞の用法

#	名詞用法	スコア
1	system_Pmod	-2.04
2	patient_Prep	-2.00
3	data_Pmod	-1.73
4	patient_Subj	-1.71
5	data_Subj	-1.71
6	section_Pmod	-1.66
7	product_Pmod	-1.56
8	data_Prep	-1.56
9	study_Subj	-1.50
10	data_Obj	-1.49
11	example_Pmod	-1.49
12	decision_Pmod	-1.46
13	cost_Pmod	-1.45
14	management_Pmod	-1.45
15	data_Comp	-1.44
16	value_Subj	-1.38
17	court_Subj	-1.37
18	rate_Subj	-1.36
19	evidence_Pmod	-1.34
20	member_Pmod	-1.33

一方，表6に最も多く見られるのはこの「前置修飾語」用法であり，10項目が含まれる．続いて「主語」が6項目，「前置詞句補語」が2項目，「目的語」と「補語」がそれぞれ1項目である．

20語程度の統計であるが，正方向と負方向において各用法の使用率にばらつきのある可能性が示された．そこで，負方向と正方向それぞれ絶対値の高い200項目までを対象に広げ，改めて各用法の個数を計測した．その結果が表7である．

表7 口語的・文語的ジャンルで使用率の高い名詞の用法

	正方向（口語的）	負方向（文語的）
主語 (Subject)	32 (36%)	57 (64%)
目的語 (Object)	50 (74%)	18 (26%)
補語 (Complement)	61 (87%)	9 (13%)
前置修飾語 (Premodifier)	21 (23%)	70 (77%)
前置詞句補語 (Prepositional)	36 (44%)	46 (56%)

*** : p <.001

「主語」用法はわずかに，「前置修飾語」用法は大幅に負方向（文語的ジャンル）での使用率が高いことが分かる．一方，「目的語」用法と「補語」用法については，正方向（口語的ジャンル）の使用率が著しく高い．「前置修飾語」用法は，両ジャンルでの使用率の差が最小であり，ジャンルを問わず使用されている可能性が認められる．

4.3. 各名詞における用法の使用傾向の差異

ジャンルに関する名詞の用法の全体的な使用傾向は表7より明らかとなったが，それが個々の名詞にどの程度当てはまるかが次の疑問である．例えば，「前置修飾語」用法と「主語」用法は正方向（口語的ジャンル）での使用率が低いが，表5を見る限り，「主語」用法も口語的ジャンルで決して使用されていないわけではない．むしろ，スコア上位の eye や voice などは，「主語」用法での使用率が高い．同様に，負方向（文語的ジャンル）における「補語」用法の全体的な使用率は低いが，data という語は「補語」用法ながら15位に位置している（表6）．つまり，全体的な名詞の用法の傾向とは別に，名詞ごとに用法の個体差のようなものが二重構造として存在していると推測される．

これを明らかにするために，対応分析で各名詞の用法に与えられたスコア（表5や表6参照）に注目し，その分散を求めた．分散はデータの散らばり度合いを示す指標であり，ここでは名詞の用法別使用率がどの程度離散しているか評価する．分散が大きい名詞ほど，用法によって文語的ジャンルと口語的ジャンルでの使用率の差が大きい名詞となる．一方，分散の小さい名詞

は，いずれかのジャンルに偏っているか，或いは少しも偏っていないかのどちらかとなる．

分散は以下の公式で求められる．

$$V = \frac{1}{n}\sum_{i=1}^{n}(x_i - \bar{x})^2$$

この時，n は名詞の用法の個数，x_i は各用法別のスコア，$\bar{x}$ はスコア全体の平均値を示す．200名詞の分散を調査し，分散が最大となる20語と最小となる20語を示したのが表8である．

表8　分散の最大20語と最小20語

#	名詞	分散
1	arm	1.33
2	eye	1.11
3	hand	0.87
4	head	0.81
5	table	0.79
6	money	0.68
7	word	0.61
8	age	0.57
9	face	0.53
10	child	0.50
11	voice	0.50
12	kind	0.50
13	job	0.47
14	life	0.42
15	time	0.39
16	friend	0.38
17	teacher	0.37
18	person	0.36
19	room	0.35
20	house	0.35

#	名詞	分散
181	art	0.02
182	town	0.02
183	view	0.02
184	method	0.02
185	result	0.02
186	church	0.02
187	action	0.02
188	force	0.01
189	data	0.01
190	rate	0.01
191	support	0.01
192	sale	0.01
193	issue	0.01
194	club	0.01
195	committee	0.01
196	range	0.01
197	relationship	0.01
198	government	0.01
199	process	0.01
200	council	0.01

最も分散が大きい名詞は arm であり，用法のスコア分布は図4の通りである．「前置修飾語」用法のみ負の値を示し，その他の用法は正の値を示し

ている．すなわち，arm は主に口語的ジャンルで使用されるが，「前置修飾語」として用いられる場合は例外的に文語的ジャンルでの使用率が高いことを示している．表7に照らせば，「主語」用法は文語的ジャンルでの使用率が高いはずだが，arm については該当しない．類似した使用分布は，eye, hand, money, word などの名詞にも観測された．

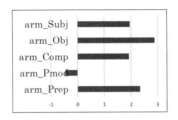

図4　arm の用法別使用率の分布

これに対し，teacher や person などの名詞は異なった分布を示している（図5）．「前置修飾語」用法の文語的ジャンルでの使用率の高さは arm と同様であるが，「補語」用法が際立って口語的ジャンルで用いられている．これは表7の全体的な傾向と合致するものだが，「目的語」用法については表7と異なり，文語的ジャンルでの使用率が高い．

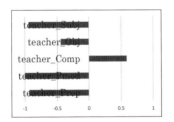 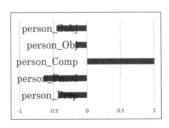

図5　teacher, person の用法別使用率の分布

さらに，table はまた異なった分布を示している．図6のように，「主語」「目的語」「補語」用法については，表7で示された使用傾向と概ね合致している．しかし，「前置修飾語」用法については必ずしも文語的ジャンルで使用率が高いわけではない．また，「前置詞句補語」に関しては，明らかに口語的ジャンルでの使用率が高く，これも全体的な名詞の用法の使用傾向と合

致していない.

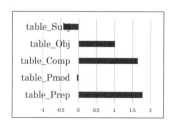

図 6　table の用法別使用率の分布

　一方，分散の小さい名詞には，relationship や club などがある．図 7 は各名詞の用法分布であるが，用法を問わずに relationship は負方向（文語的ジャンル），club は正方向（口語的ジャンル）に特化して使用されている実態が窺える．いずれの名詞も，用法選択にジャンルがほとんど影響していないと考えられ，こうした名詞群は単語そのものが口語的，あるいは文語的である可能性が指摘される．また，既に述べたように，分散が小さい名詞はすべての用法が両分野でほぼ同程度に使用されている可能性もあるが，少なくとも表 8 の名詞の中にそのような例は見られなかった．

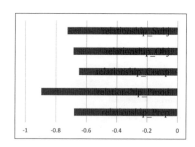 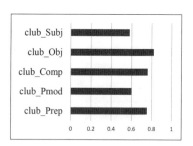

図 7　relationship, club の用法別使用率の分布

4.4. まとめ

　以上より，名詞の用法のジャンル別使用率が，少なくとも一部の名詞に関して，大幅に異なることが明らかとなった．口語的ジャンルにおいて使用率が高い用法，文語的ジャンルにおいて使用率が高い用法，両ジャンルで同程

度に使用される用法の3種類に大別された．ここでの口語的ジャンルとは，図3にあるように小説や日常会話など，話者，あるいはテキストに現れる人物の感情の伝達や，人物間の関係性などが主に表現されるジャンルである．一方，文語的ジャンルとは，学術文書や論説文など，情報密度が高く，入念に準備されたテキストが中心となる．これらはそれぞれ，Biber (1988) における「関与的 対 情報提示的発話」という性質に相当する．よって，表7から，「主語」「前置修飾語」が文語的，または「情報提示的」な性質を有していると言える．他方，「目的語」「補語」は口語的，または「関与的」な性質を有する用法として捉えられる．これらをまとめると，表9の通りとなる．

表9　名詞用法とジャンルの関係性

①	主語	「情報提示的」ジャンルとの親和性が高い．
②	目的語	「関与的」ジャンルとの親和性が高い．
③	補語	「関与的」ジャンルとの親和性が特に高い．
④	前置修飾語	「情報提示的」ジャンルとの親和性が特に高い．
⑤	前置詞句補語	使用においてジャンルの影響が比較的小さい．

　一方，上記の全体的な名詞の用法の使用傾向とは別に，名詞によって独自の用法パタンが存在する可能性も示された．例えば，arm の用法分布は図4の通りであり，「前置修飾語」用法の使用率が負方向（情報提示的）で高いことは，全体的な名詞用法の分布傾向と矛盾しない．しかし，「主語」用法はむしろ正方向（関与的）での使用率が高く，「前置詞句補語」用法も明らかに正方向での使用率が高い．同様に，図5の child や person も，「補語」用法の使用率が正方向で高いことは表9の通りであるが，同じく正方向で使用率が高いはずの「目的語」用法の使用率は決して高くなかった．

　さらに，用法の使用率がジャンルによって変化する現象は，すべての名詞に該当するわけではなく，relationship や club のように，用法ではなく，単語選択そのものにジャンルが影響している可能性が高い名詞の存在が確認された．

5. おわりに

本研究では，BNC に含まれる 200 語の高頻度名詞の用法別頻度を 70 ジャンルで計測し，多変量解析によって用法とジャンルの関係性を分析した．その結果，用法によって使用率の高いジャンルと低いジャンルが存在することが示された．また，そうした全体的な用法の使用傾向とは別に，名詞ごとに個別的な使用傾向が存在している可能性も指摘された．一見，恣意的に見える名詞の用法も各名詞に基づいて慣用的に選択されており，さらにその慣用的な選択は語彙レベルに留まらず，言語使用域にまで関係しているという興味深い知見が得られた．

ただし，今回の調査はあくまでも限られた名詞の使用傾向の調査であり，名詞全体に一般化するためにはさらに広範な調査が必要であろう．また，そうした傾向が生じている理由についても，実証と理論の両面から考察していくことが今後の課題となる．いずれにしても，名詞用法とジャンルの網羅的な調査を行うためにも，BNC のように様々なテキストジャンルを収録したより大規模な英語コーパスの継続的な開発が期待される．

参考文献

Biber, Douglas (1988) *Variation across Speech and Writing*, Cambridge University Press, Cambridge.

Biber, Douglas and Susan Conrad (1999) "Lexical Bundles in Conversation and Academic Prose," *Out of Corpora: Studies in Honour of Stig Johansson*, ed. by Hilde Hasselgard and Signe Oksefjell, 181-190, Rodopi, Amsterdam.

Biber, Douglas and Barbieri, Federica (2007) "Lexical Bundles in University Spoken and Written Registers," *English for Specific Purposes* 26(3), 263-286.

後藤一章 (2006)「対応分析から得られる「類型スコア」を用いたテキストタイプ推定手法の提案」『英語コーパス研究』13 号, 107-122.

小西友七 (編) (2001)『英語基本名詞辞典』研究社出版，東京.

Lee, David (2001) "Genres, Registers, Text Types, Domain and Styles: Clarifying the Concepts and Navigating a Path Through the BNC Jungle," *Language Learning & Technology* 5(3), 37-72.

Lewis, David and William Gale (1994) "A Sequential Algorithm for Training Text Classifiers," *SIGIR* 94, 3-12.

McEnery, Tony, Richard Xiao and Yukio Tono (2006) *Corpus-based Language Studies: An Advanced Resource Book*, Routledge, London.

Nakamura, Junsaku (2002) "A Galaxy of Words: Structures Based upon Distributions of Verbs, Nouns and Adjectives in the LOB Corpus," *English Corpus Linguistics in Japan*, ed. by Toshio Saito, Junsaku Nakamura and Shunji Yamazaki, 19-42, Rodopi, Amsterdam.

Santini, Marina (2004) "A Shallow Approach to Syntactic Feature Extraction for Genre Classification," *Proceedings of the 7th Annual Colloquium for the UK Special Interest Group for Computational Linguistics*.

Tang, Xiaoyan and Jing Cao (2015) "Automatic Genre Classification via N-grams of Part-of-speech Tags," *Procedia-Social and Behavioral Sciences* 198, 474-478.

Tapanainen, Pasi and Timo Järvinen (1997) "A Non-projective Dependency Parser," *Proceedings of the 5th Conference on Applied Natural Language Processing*, 64-71.

Yoshikawa, Yuya, Tomoharu Iwata and Hiroshi Sawada (2014) "Latent Support Measure Machines for Bag-of-Words Data Classification," *NIPS* 2014, 1961-1969.

Zhang, Wen, Taketoshi Yoshida and Xijin Tang (2008) "Text Classification Based on Multi-word with Support Vector Machine," *Knowledge-Based Systems* 2(8), 879-886.

Web サイト

David Lee's Genre Classification Scheme, http://rdues.bcu.ac.uk/bncweb/genres.html

Kilgarriff, A. BNC Database and Word Frequency Lists, https://www.kilgarriff.co.uk/bnc-readme.html

第 13 章

フィクションのテンスとダイクシス*

内田聖二

奈良大学

1. はじめに

　一般に現在時を基準とするダイクシス項目である，(1) の last night や，(2) の tomorrow はそれぞれ過去完了形や過去形，過去完了形をとる文とは相容れない．

(1) ?*Last night*[1] Andrea *had left* Joan's house early.
　　cf.　*Last night* Andrea *left* Joan's house early.
(2) a. ?*Tomorrow* he *had* a lunch date with Enid Armstrong.
　　b. ?*Tomorrow* they *had planned* to snip the first chives for a herb omelette.
　　cf.　*Tomorrow* they *will plan* to snip the first chives for a herb omelette.

ところが，これらの文は過去時制の語りで語られる literary text，すなわち，フィクションの地の文にごく自然に生じることができる (cf. 内田 (2011: 173-177))．

＊ 本稿は内田 (2017) を加筆修正したものである．なお，本研究は JSPS (15K02620) の成果の一部である．
[1] 以下，イタリック体は筆者によるものである．

(3) Ellie was sure that *last night* Andrea *had left* Joan's house early because she was planning to meet Rob Westerfield. Ellie had heard her when she talked to him on the phone *yesterday*, and when she was finished, she was practically crying.

(Mary Higgins Clark, *Daddy's Little Girl*)

(4) a. *Tomorrow* he *had* a lunch date with Enid Armstrong. He couldn't wait to get his hands on her ring.

(Mary Higgins Clark, *Loves Music, Loves to Dance*)

b. The north-facing window wasn't the best light for them, but still they had thrived. *Tomorrow* they *had planned* to snip the first chives for a herb omelette.

(Phyllis Dorothy James, *Innocent Blood*)

また,現在時を基準とする now は当然現在時制と共に用いられるが,フィクションの地の文では過去時制とごく普通に共起する.

(5) a. "Okay, Nancy Fancypant, get moving. Oh, and wear something old, something new ....". He *wasn't* just *smiling now*, he was grinning. (Danielle Steel, *The Promise*)

b. Rhyme *was now* on the tenth floor of the Stantons' hotel, along with officers of the NYPD Emergency Service operation. (Jeffery Deaver, *The Skin Collector*)

これらの now は「現在時」とは直接かかわらず,COUBUILD(1987年初版)の語義,'**Now** is also used with the past tense, especially in novels and stories, to refer to the particular time in the past that you are speaking or writing about, as opposed to any later or earlier time.' に相当する.[2] この now の用法はフィクションではあまりにも頻繁に目にするので,今ではごく「当たり前の」現象のように感じられるが,元来は発話者が独占的に

---

[2] OED^2 には過去時制と共起する例はあるが (cf. 語義 4),このような now の語義への言及はないので比較的新しい用法であると推論できる.

もっている排他的時間を表す語彙であって，過去時制とは原則整合しないことは留意しておく必要がある (cf. 内田 (2011: 175-176)).[3]

このように，フィクションの地の文では，一般的な文法規則では認められていない「逸脱」現象が生じることがある．ほかに，例えば，the night before のような語句は現在時基準ではないので現在時制で語られるフィクションでは選択されないことが予想されるが，(6) のような例がみられる．

(6) Anne disappeared *the night before*, so all the paperwork *is* still up on the ward.

(Pierre Lemaitre, *Camille*) (Translated by Frank Wynne)

現在時制で語られている (6) では，現在時基準であれば last night となるべきところに the night before が生起している．

一方，文法に則った使われ方ももちろんみられる．(6) と同じフィクションからとった (7) では現在時基準のダイクシス項目 yesterday が用いられている．(6) の the night before との差はどこにあるのであろうか．[4]

(7) … we *tried* it *yesterday* and the garage door opened. (ibid.)

本稿では，あまり気づかれてはこなかったが，よくみると文法的な逸脱がみられる現象をフィクションの地の文から観察し，一貫した説明ができないかどうか考察するものである．

次の第 2 節はテクストが過去時制で語られているのか，あるいは現在時制で語られているのかという基本的なことから出発する．第 3 節はメタ表

---

[3] now については，Adamson (1995), Nikiforidou (2012) を参照されたい．Adamson (1995) は現在時基準の副詞がフィクションの過去時制のなかで用いられる現象を 'WAS-NOW paradox' と呼んでいる．また，Nikiforidou (2012) は Adamson (1995) の 'WAS-NOW paradox' を構文文法の観点から分析し，一般に，自由間接話法の特徴といわれている now felt, now thought, now saw のような過去時制と現在時が直結する現象が non-literary text にもみられることを BNC からの検索から証明している．

[4] Adamson (1995) は，この現象の説明として，視点の様式化 (stylization of empathy) という考え方を導入し，文法規則，文法範疇が文法のレベルで「文法化」するのに対し，談話のレベルでは「視点の様式化」が起こるからだとしている．ただ，なぜ談話のレベルで起きるのかという説明はない．

象という考え方を取り入れ，フィクションの地の文とのかかわりを考察する．第4節はこういった地の文における「逸脱」現象の表現効果について述べ，第5節の結語へと続く．

2. 語りの時制

　フィクションの地の文はそれがどの時制によって語られているかということが重要な基本事項である．この節では語りの時制の基本的な構造を確認し，それが現在時基準のダイクシス項目の用いられ方とどう関連するのかみていきたい．

2.1. 過去時制の語り

　相手に語って伝えるという「物語り」の起源から考えると，語りに過去時制が用いられるのが基本であると考えるのが妥当であろう．すなわち，フィクションの地の文は過去時制で語られるのがいわば default 値と考えてよい (cf. Biber et al. (1999: 458))．(8)-(10) は同一のフィクションからの例であるが，典型的な過去時制を用いて語られている．(8) の the next day, (9) の that night, (10) の the day before は，いずれも現在時を基準とするダイクシスでは tomorrow, tonight, yesterday となるべきところである．

(8)　She wondered if he'd be there when she came back *the next day*.
　　　　　　　　　　　　　　　　　　　　　　　　(Danielle Steel, *Blue*)
(9)　… she realized with a shiver how close she had come to ending her life *that night*.　　　　　　　　　　　　　　　　(ibid.)
(10)　A little while later her sister called her, and apologized profusely for not calling her *the day before*, on the anniversary.　　(ibid.)

　このような過去時制で語られるテクストでも (11), (12) のように地の文に現在時を基準とするダイクシス項目が生起することがある．(11) と (12) は上と同じフィクションからであるが，(11) では here, (12) では tonight

があるからといって，いわゆる自由間接話法の事例ではない．[5]

(11) She didn't want to eat that night and could buy whatever she needed the next day. …, but the organization she worked for was based in New York, and it made sense for her to keep an apartment *here*. (ibid.)

(12) …, and she didn't want to wait until the next day. … Her sense of good order dictated that she should kill herself *tonight*. (ibid.)

(11) の here は 1 行上の New York を指しているので，通常の場所を表す副詞としては there となるべきところであるが，here となっていることに注目されたい．また，(12) は (11) と文を 1 つ挟んで連続している箇所であるが，現在時にダイクテックセンターを置かない the next day のあとに現在時を基準とする tonight が生起している．つまり，ここではある種の「逸脱」が見られるのである．この現象をどう説明すべきであろうか．

2.2. 現在時制の語り

「語り」の default の時制は過去形であることから考えると，現在時制の語りそのものが「逸脱」となるが，その現在時制で語られるフィクションは増えつつあるとみられている．Fludernik (2012: 83) は 19 世紀後半から現在時制の語りが台頭してきたとしているし，Carruthers (2012: 325) は，20 世紀文学で起こった変化のひとつに，出来事を描写する際，過去時制から現在時制に移行したことをあげている．ちなみに，直近 3 年間の英米の短編集を語りの時制で単純に比較してみると次のような結果となった．

---

[5] 現在時基準のダイクシス項目が用いられていても必ずしも自由間接話法であることの証拠とはならないことについては内田 (2013: 160-161) を参照されたい．

(13) a. *The Best British Short Stories*[6]

	2015年版	2016年版	2017年版
現在時制の語り	13	10	8
過去時制の語り	7	11	11
混交の語り	1	0	1
作品数	21	21	20

b. *The Best American Short Stories*[7]

	2015年版	2016年版	2017年版
現在時制の語り	7	4	6
過去時制の語り	14	16	11
混交の語り	0	0	3
作品数	21	20	20

つまり，収められている短編で現在時制で語られているものとしては，イギリス英語は53.3％，アメリカ英語は33.3％，イギリス英語とアメリカ英語全体としては43.4％の割合となった．

現在時制の語りにはどのような特徴があるのであろうか．こういった現在時制の地の文では，現在形，現在完了形，過去形，過去完了形の4つの形態とそれぞれの進行形のパタンがみられる．まず，(14)の時間表現をみてみよう．

(14) Megan *is* still *missing*, and I *have lied*—repeatedly—to the police. I *was* in a panic by the time I *got* back to the flat last night. I *tried* to convince myself that they'*d come* to see me about my accident with the taxi, but that *didn't* make sense.

(Paula Hawkins, *The Girl on the Train*)

---

[6] Royle, Nicholas (ed.) *The Best British Short Stories 2015, 2016, 2017*, Salt Publishing, Cromer.

[7] Boyle, T. C. and Heidi Pitlor (eds.) *The Best American Short Stories 2015*, Diaz, Junot and Heidi Pitlor (eds.) *The Best American Short Stories 2016*, Meg Wolitzer and Heidi Pitlor (eds.) *The Best American Short Stories 2017*, Houghton Mifflin Harcourt, New York.

(14) は前後 3 つの文で現在進行形，現在完了形，過去形，過去完了形の 4 つの時制表現がみられる箇所である．(15) はさらに過去進行形も見られる例で，(16) は (15) に続く段落からのもので，現在完了形が用いられている．

(15) The abductor *was playing* games. He *had wiped* the SUV clean; no prints, no blood, nothing.　　　　(John Grisham, *Rogue Lawyer*)

(16) Jiliana *has* not *been heard* from. Her body *has* not *been found*.
(ibid.)

さらに，過去時制の語りではみられない，(17) のような事例もみられる．

(17) As I *had hoped,* it *becomes* a discussion as more and more lose their inhibitions.　　　　　　　　　　　　　　　　(ibid.)

ここでは，いわばテンスが 2 段階ジャンプしており，時制表現にいわば「深み」を与えている．あるアメリカ人のネイティブスピーカーによると，'As I hoped' に比べ，議論になることを願って時間的にやや長い間考えていたという含みがあるという．

また，時間の前後関係における瞬時性を表すとされる 'Hardly ... than/when ...' の構文は一般に「過去完了形 → 過去形」という連鎖で用いられるが，フランス語からの翻訳例ではあるが，(18) のような表現もみられる．

(18) *Hardly has* Camille *written* the first line of his report *than* his mobile *starts* to vibrate again.
(Pierre Lemaitre, *Camille*) (Translated by Frank Wynne)

(18) では hardly ... than の構文が，「現在完了形＋現在形」となっている．「過去完了形＋過去形」では大過去としての過去完了形と過去形の時間的差が明示的に意識されるが，「現在完了＋現在形」では，現在完了形と現在形にはそのような時間的な差が意識されず，むしろ時間的な近似性に焦点が当たり，よって瞬時性がさらに強調されると思われる．次節ではこのような過去時制の語りにはない現在時制の語りの表現効果について考察する．

2.3. 現在時制の語りの表現効果

では，過去時制の語りと現在時制の語りではその違いはどこにあるのであろうか．前節 2.2 節で述べたように，最近の傾向としては以前に比べ，現在形の語りが増えているという印象がある．この理由としては，例えば，現在形の語りでは過去形の語りよりテンスの選択の幅が大きいということがあげられる．つまり，過去時制の語りでは，不変の真理や諺などを現在形で引用する場合を除き，過去形と過去完了形 2 つしか基本的なテンスがない．一方，現在時制の語りでは現在形，現在完了形，過去形，過去完了形と選択の幅は倍に広がる．

(19)

過去時制の語り	現在時制の語り
・過去形 ・過去完了形	・現在形 ・現在完了形 ・過去形 ・過去完了形

この幅が広いということを以下の例でみてみよう．

現在時制を用いての語りでは，過去形が過去時制の語りでの過去完了形に相当する．また，過去時の語りでは現れない現在完了形が用いられ，過去完了形は大過去を表すのが基本となる．つまり，時制表現，アスペクト表現に関して時間の幅をもっているのである．様々なテンス表現が以下の (20)，(21)，(22) にみられる．(20) と (21) は前後して続く文脈であるが，(20) では過去進行形，過去完了形，(21) では現在完了形，過去形，現在形が用いられている．

(20)(=(15)) The abductor *was playing* games. He *had wiped* the SUV clean; no prints, no blood, nothing.

(John Grisham, *Rogue Lawyer*)

(21)(=(16)) Jiliana *has* not *been heard* from. Her body *has* not *been found*. She*'s* probably dead, but when *was* she *murdered*? The worst possible scenario *is* also the most obvious: She *wasn't killed* immediately but *was held* captive until after she *gave* birth. (ibid.)

次の (22) の場面では現在時から大過去までの表現が一堂に会している．Adan が Nacho の娘，17才の Eva とダンスをしているところ．

(22) Holding her, smelling her hair and her perfume, Adan *can see* why. The girl *is* intoxicating, and he'*s* grateful that Nacho's favorite daughter *inherited* his charm and not his looks.

　　When the subject first *came* up, Adan *wasn't* exactly sanguine. "We're not getting any younger," Nacho *had said*, at the end of a long discussion about the war in Tijuana. (Don Winslow, *The Cartel*)

4行目の the subject は Eva との結婚のことを指すが，ダンスをしながらその結婚のことが最初に話題になったときのことを思い出している．この4行目以降が回想であることは，語りの基準が現在形から過去形に転換していることからわかる．次の行が 'Nacho had said' と過去完了形になっているが，これは結婚の話題が持ち上がる以前のことであることを物語っている．

回想のあと，ダンス音楽が止んでその場の現実に戻ったときには現在形で (23) のように表現されている．

(23) Now, as the music *stops*, Adan *wonders* what she *is thinking*.

(ibid.)

つまり，現在，過去，大過去の3つの時間の隔たりがテンスで明示的に示されているのである．

このように，現在時制での語りは，過去時制の語りに比べ，時間表現に深みを与え，よって豊かな表現効果が期待できることが，現在時制の語りが増えている理由の1つと考えられるのである．

3. メタ表象とフィクション

テクスト，とりわけ literary text では，大雑把にいえば，作者が語り手な

いし登場人物を通して読者に伝えるという形態をとる．図示すると (24) のようになろう．

(24)
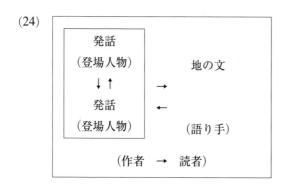

(内田 (2013: 143))

作者が登場人物，語り手を介して語るこの形式は一般にメタ表象と呼ばれる現象と軌を一にしている．Sperber (2000: 3) によると，言語が関与するメタ表象は (25) のように規定される．「心的 (mental)」とは心の中で思っていること，「公的 (public)」とは実際に発話されていることをいう．

(25) a. 心的表象 (mental representation) の心的表象
　　 b. 発話表象 (public representation) の心的表象
　　 c. 心的表象の発話表象
　　 d. 発話表象の発話表象

例えば，(26a) は，John が 'it will rain' と思っているということを心に描くメタ表象の例であり，(26d) は 'it will rain' と John が言ったことを実際に口にするというメタ表象を表している．

(26) a. 'John believes that it will rain' という思考
　　 b. 'John said that it will rain' という思考
　　 c. 'John believes that it will rain' という発話
　　 d. 'John said that it will rain' という発話

この状況をフィクションというテクストに当てはめると，文字化されている地の文，会話のやり取りの部分は，作者が manipulate する語り手ないし

登場人物を介して読み手に伝えるという構図となる.作者がその意を託す語り手ないし登場人物は,テクストそのものが一人称の語りの形をとっているのか,あるいは三人称の語りの形をとっているのかによって,「語る」主体は異なるが,「作者 → 語り手 → 読み手」という流れは同じである.そこから,もちろん最終的には作者が主導権を握っているのであるが,語りは原則的には過去時が default であるので,「語り手が…と言った／語った」というメタ表象形式が背後に存在すると仮定することができる.[8]

とすれば,covert ではあるが,フィクションには [The narrator said/thought] という伝達部が存在し,「地の文」はその下位節となり,よって地の文の時制は上位節の動詞の時制に一致して過去時制となるのである.[9] 一方,現在時制の語りでは時制の一致の原則が破られていると考える.つまり,上位節の動詞の時制から独立しているのである.

以上の議論をまとめると,(24) のフィクションにおけるメタ表象の構図から,過去時制の語りでは,登場人物,語り手,あるいは作者などが読み手に「伝達した」ということが暗黙裡に示唆されているということである.すなわち,過去時制の語りでは伝達部の主語,動詞が省略されてはいるが,地の文は非明示的な伝達部の動詞の時制の影響を受けると考えるのである.よって,時制の一致の原則が基本的に適用されるとみなすことが可能となるのである.

時制の一致の原則にメタ表象現象がかかわる証左として (27) のような発話での過去形の使い方をあげることができる (cf. 内田 (2011: 175), 内田 (2013: 143-144)).

---

[8] ほかにメタ表象の観点からの文学研究に Zunshine (2006) がある.そこでは Sperber (2000) に言及しながら,心的状態を登場人物に帰するプロセスにはメタ表象能力が関与しているとしている.

[9] 「主節」の主語は「語り手」であるが,状況によってはその場その場の登場人物という形をとることがあることはいうまでもない.なお,引用符を伴う会話部は独立しており,もちろん直接引用部まで主節の動詞の影響は及ばない.

(27) 'That thing *I was doing tonight* ... I've changed my plans. I have to spend the evening with *Horse and Hound*'s（原文イタ）star reporter.'
　　　　　　　　　　　　　　　　　(Richard Curtis, *Notting Hill*)

ここではこれからすることに対して，'I was doing tonight' と過去進行形が用いられている．[10] この過去形と 'tonight' の結びつきも従来の説明では不可能であるが，そこには (28) のような [I said] という伝達部が省略されており，よって，その影響で 'I was doing tonight' と時制の一致が起きていると説明することができるのである．[11]

(28)　[that thing [I said [I was doing tonight]]]

4.「逸脱」現象とライブ化／脱ライブ化

4.1.「場面のライブ化」

内田（2013: 154-159）は現在時を基準とするダイクシス項目があたかも物語が展開している場の時間に合わせて転換される現象を「場面のライブ化」と呼んだ．この現象はダイクシス項目を語り手あるいは登場人物のその場の時間軸，場所軸に合わせて表現することで，読み手はその場に居合わせるような臨場感を味わうことができる．[12]

---

[10] Palmer (1987: 65) はその時点で先に起こると判断される出来事に進行形を用いることができるとし，現在進行形のほか，現在時基準のダイクシス項目を伴う次のような過去進行形にも言及しているが，生じるコンテクストには触れていない．
　(i) a. I was reading a paper to the conference tomorrow.
　　　b. I was meeting him next week.
　　　c. He was coming to see me soon.

[11] Nishiguchi の一連の研究では 'I had a party tomorrow.' のような 'fake past' への言及がある．この種の文は 'I had a party tomorrow. I have forgotten about it.' のようなコンテクストで用いられ，話し手の驚き，予期していなかったことを示唆するとし，かなり複雑な統語分析をしている (Nishiguchi (2006, 2011, 2013))．本稿の提案に沿っていえば，'I remembered [I had a party tomorrow.] と分析できよう．

[12] それぞれ違う観点からではあるが，同じ現象に，Nikiforidou (2012: 180) は「ズームイン」，Carruthers (2012: 308) は「クローズアップ」などの効果をあげている．

(29) ライブ化：過去時制の語りで，語り手あるいは登場人物の時間軸，場所軸に合わせて現在時を基準とするダイクシス項目が現れる照応現象

「場面のライブ化」という視点から先に問題提起した (11), (12) を振り返ってみよう.

(30)(=(11))　She didn't want to eat *that night* and could buy whatever she needed *the next day*. … , but the organization she worked for was based in New York, and it made sense for her to keep an apartment *here*. 　　　　　　　　　　　　(Danielle Steel, *Blue*)

(31)(=(12))　… , and she didn't want to wait until *the next day*. … Her sense of good order dictated that she should kill herself *tonight*.　　　　　　　　　　　　　　　　　　　　　(ibid.)

前節の議論から，(30) の that night, the next day, (31) の the next day は，例えば，tonight や tomorrow が間接引用されたとき変換されるものであるので，時制の一致と同じ操作を経たものと考えられる．他方，(30) の here, (31) の tonight は直接引用された際に現れる現在時基準のダイクシス項目である．通常の流れでは，(30) の here は New York を指しているので there となるべきであるし，同様に，(31) の tonight は that night となって然るべきところである．この here, tonight への転換がライブ化である．(30) では 'she' がそのとき New York にいることで here の使用が可能となったものであるが，そうすることで読み手をその現場に誘う効果が期待できる．(31) も同じく臨場感を醸しだす働きがあり，客観的な様相を呈する that night から現在時基準の tonight に変化していることで，「次の日」まで待つのではなく「今晩」実行に移すべきという，差し迫ったニュアンスを伝えることに成功していると説明することができる．

ちなみに，「ライブ化」と似たような表現効果をもつ現象に「歴史的現在」がある．語りの過去時を現在時制にして表現するいわゆる「歴史的現在」は語りの基本時制をも転換したものである．よく知られている現象であるが，

Quirk et al. (1985) からの説明と事例をあげておく．

(32) As well as occurring in rather mannered and formal prose of an old-fashioned tone, it is common in colloquial spoken narrative, especially at points of particular excitement. The time reference is unequivocally past. (Quirk et al. (1985: 1457))

(33) It was on the Merritt Parkway just south of New Haven. I was driving along, half asleep, my mind miles away, and suddenly there was a screeching of brakes and I *catch* sight of a car that had been overtaking me apparently. Well, he *doesn't*. He *pulls* in behind me instead, and it*'s* then that I notice a police car parked on the side. (ibid.)

「歴史的現在」と「場面のライブ化」の違いは大きく言ってふたつある (cf. 内田 (2013: 157))．ひとつは，前者が動詞句を中心に，文，ないし段落単位で具現されるのに対し，後者はダイクシス項目を中心に語句単位で生じることが多いということである．2つ目は，「歴史的現在」はいわば小説の場面を「読者の now」に合わせる手法であると言えるのに対し，「場面のライブ化」は読者を意識させることなく「小説の現場に引き入れる」テクニックと考えることができるという点である．

4.2. 「場面の脱ライブ化」

一方で，その逆の現象，「場面の脱ライブ化」もある．これはダイクテックセンターを読み手に置くもので，素直な「文法的」な照応である (内田 (2013: 156-157))．

(34) 脱ライブ化：ダイクテックセンターを読み手に置く照応現象

過去時の語りでは脱ライブ化はごく普通の文法現象であり，取り立てて注意すべきところはないが，話しことばの発話から関連する例をあげておく．

(35) I said, "Damn, *those* would look good on *those* beautiful ears."

(*Erin Brockovich*) (Script)

一人称 'I', すなわちジョージが, 以前買ったイアリングを手に, 買ったときの状況を, プレゼントしようとしていた相手エリンに言っている場面である. 実際に当該のイアリングを手にしているので, these としてもかまわないが, 宝石店でそのイアリングを目にしているところを想定して述べている. 発話の場のダイクシスを避けていることから, いわば脱ライブ化して伝えていると解釈できるが, その場から「退く」という表現効果がある. この例でもジョージがエリンのもとを去ろうとしている場面である.

次の (36), (37), (38) はいずれも現在時制で語られているフィクションである. (38) の was abducted は概念的には大過去を表しているが, 表面上は過去時制であり, よって About a year ago, とはごく自然に整合する.

(36) *About a year ago*, a young woman named Jiliana Kemp *was abducted* as she was leaving a hospital after visiting a friend.

(John Grisham, *Rogue Lawyer*)

過去時の語りでは, 脱ライブ化は無標のもので, ライブ化が有標な現象ということができるが, 現在時制の語りの場合はどう説明すべきであろうか. (37) と (38) は現在時制で語られているので, それぞれ last night, yesterday と表現可能なところであるが, 過去時制の語りにおける基準ダイクシスである, the night before, the day before が生じている.

(37) = ((7))   Anne disappeared *the night before*, so all the paperwork *is* still up on the ward.

(Pierre Lemaitre, *Camille*) (Translated by Frank Wynne)

(38) I *tell* him about my conversation with Miguel *the day before*.

(John Grisham, *Rogue Lawyer*)

間接話法のなかで典型的に生起するこういった時間表現は, 現在時制の語りでは, 過去時制の語りの場合とは逆に有標な言語表現, すなわち「脱ライ

ブ化」といえる．これは脱ライブ化することによって，例えば，(37) では，アンがいなくなった前日に焦点が当たらないようにする表現効果があると考えることができる．つまり，「前日にアンがいなくなった」のはそれまでに与えられている既知情報で，伝えたい主眼は so 以下にあるのである．よって，「その日の前夜」つまり，the night before と表現しているのである．また，(38) では前日 Miguel と話を交わしたことはすでに前の文脈で述べられており，言いたいことはそのことを彼に伝えたということである．

　以上の議論から言えることは，上でも述べたように，過去時制の語りでは伝達動詞が省略され，地の文は「時制の一致」を受けたものと仮定することで時制の一致の原則が基本的に適用されるとみなすのである．一方，それに対して，時制の一致が破られていると考える現在時制の語りで現在時を基準とするダイクシス項目が出現するのはごく普通の現象であるのに対し，(37) と (38) はいわば「例外」であり，その意味で有標な言語事象であるが，旧情報の存在を暗示し，いわば情報を背景化する働きがあると言ってよい．

4.3.　anaphoric *there* と deictic *there*

　これまで時制を中心にライブ化，脱ライブ化の言語現象を考察してきたが，場所の副詞にも同じような現象があることを指摘しておきたい．場所の副詞 there と here は，一般に文文法では相互に言い換えることはできない．there の anaphoric 用法はごく一般的な現象であるし，ダイクテックな用法としては，電話の相手に聞こえているか否かを確認する，'Are you there?' や相手がいる場所の天候を問う，'Is it raining there?' などにみられる電話相手がいる場所を指す there が典型である．一方，here はダイクテックな用法が基本といえよう．対照的な場所を含意するダイクテックな用法の here と there は相互に交換することはできないが，テクストで言い換え可能な場合はダイクテックな要因が絡むことを以下の例で示したい．

(39) = ((11))　She didn't want to eat *that night* and could buy whatever she needed *the next day*. …, but the organization she worked for was based in New York, and it made sense for her to keep an

apartment *here*. (Danielle Steel, *Blue*)

(39) の here に注目しよう．それまでは that night, the next day と過去時基準のダイクシス項目で語られているのに対し，but 以下ではダイクテックな発話場所基準の here が用いられている．文文法では there となるべきところであるし，そうであってもまったくおかしくない．これは she, her で指示されている主人公が，その場，すなわちニューヨークにその瞬間にいることから可能となる「ライブ化」現象なのである．

次の (40) はメンタルクリニックの場面で，there はその待合室を指す anaphoric な用法であるが，このフィクションは全体が現在時制の語りであること，(40) の動詞が過去時制であること，から「脱ライブ化」されていると考えることができ，上で述べたように，この場面では客観的に，外部から描写されているという印象を受ける．

(40) I waited *there* for five minutes, ten.
(Paula Hawkins, *The Girl on the Train*)

一方，(41) も一人称の現在時制で語られているテクストで，語り手 'I' がプールを見通せるところにいて，その場所を here で指している．

(41) The kids pull themselves out of the water as their mothers wait with towels and advice. From *here* they appear to be about ten years old. (John Grisham, *Rogue Lawyer*)

語り手 'I' がその場にいるという (41) の状況では，発話場所基準のダイクシスである here の使用はごく自然な流れである．ここでは there に言い換えることはできない．[13] すなわち，「脱ライブ化」することは難しいといえる．

他方，(40) と同じ章 (subsection) にある (42) の here は train を指すことから there と言い換え可能である．ただし，その場合はこの文を語っている人物は電車に乗り合わせていないという含意が生じ，「脱ライブ化」する

---

[13] あるアメリカ人ネイティブスピーカーの判断による．

ことになる．

(42) The train is packed—no chance of a seat *here*, it's not like getting on at Euston, …　　　　　　(Paula Hawkins, *The Girl on the Train*)

現在時制の語りで here が用いられている (41) (42) に共通していることは，語り手がその場に居合わせているということで，そのことが here の使用を可能にしていると思われる．[14] なお，フィクションの同じ段落で同じ場所を指す here と there が用いられている事例については内田 (2013: 157-159) を参照されたい．

以上をまとめると，場所副詞 there には anaphoric *there* と deictic *there* があるが，here にはダイクテック用法しかなく，テクストで言い換え可能なのはダイクテックな要因がかかわる場合である．また，その際，there が here となる場合は「ライブ化」，here が there となる場合は「脱ライブ化」と考えることができるのである．

4.4. 自由間接話法 (Free Indirect Speech)

これまではダイクシスの中心概念である時，場所，人称のうち前者 2 つを中心に述べてきた．最後にテクストと人称とのかかわりについて述べておきたい．

テクストの地の文において人称代名詞が「逸脱」していると感じるのは，いわゆる自由間接話法が用いられているときが典型である．周知のように，自由間接話法は伝達部のない間接引用が，地の文に「溶け込んでいる」言語現象でダイクシス項目の照応は間接話法のそれに従う (cf. 内田 (2013: 160-

---

[14] 駅に到着する前に This is Saidaiji. Please change trains *here* for Nara and Osaka Namba. という車内放送を耳にすることがある．「文文法」的に考えると，ここの here は there にならなければならないが，聞き手はその電車に乗り合わせているので特に不自然には聞こえないという (注 13 と同じアメリカ人の判断)．また，『相棒』(「越境捜査」2017 年 11 月 3 日 14：00，ABC 朝日放送) の謎解きの箇所で，誘拐犯が電話のなかで，現場でたまたまパトカーのサイレンの音がすることから，「今このあたりで警察がうるさいだろう？」という場面があった．このことから杉下右京は犯人は現場近くにいると推理する．現場にいなければ「そのあたりで」というはずだからである．これも発話者と発話の場との関連を示すダイクテックな証左である．

次は Hemingway の例であるが，(43) ではイタリック部分が自由間接話法とされるが，そこにある 'she' は主人公のアメリカ人の妻を指し，いずれも彼女の心理描写，本稿の用語で言えば，メタ表象を表している．よって，その1つ目の文，'The cat would be around to the right.' と2つ目の文，'Perhaps she could go along under the eaves.' は彼女の内面描写であるので，'She thought [the cat will be around to the right. Perhaps I can go along the eaves.]' と解釈されなければならない．

(43) Liking him she opened the door and looked out. It was raining harder. A man in a rubber cape was crossing the empty square to the café. *The cat would be around to the right. Perhaps she could go along under the eaves.* As she stood in the doorway an umbrella opened behind her. It was the maid who looked after their room.　　　　　　　　　(Ernest Hemingway, 'Cat in the Rain')

つまり，自由間接話法における人称代名詞は，一人称の語りにおける一人称代名詞を除き，いわば「仮の」代名詞で，「真の」ものではない．この現象は上の (24) で仮定した図式を反映した，まさに伝達部のない話法といえる．言い換えれば，Jespersen がこの話法を represented speech と名付けたように，representation（表象）が関与しているのであるが，representation は自由間接話法だけにかかわるのではなく，引用現象全体にかかわるものと考えるのが妥当である（内田 (2011: 177-181, 2011: 159-164))．

この観点から (44) の例をみてみよう．検事が陪審員に，近親者に犯罪歴のある者がいないかと型通りの確認をしているところで，Please forgive him. という文が続いている．これは命令文という点で「直接」話法的で，代名詞 him が用いられているという点で，「間接」話法的である．このような「逸脱」がみられるが，地の文の命令文だからといって読み手への命令文でもなく，「彼」のことを許してほしいと言っているわけでもない．

(44) He apologizes for intruding into such a private matter, but he has no choice. *Please forgive him.* From the rear, juror number eighty-one slowly rises a hand.　　　(John Grisham, *Rogue Lawyer*)

　もちろん，検事のことば 'Please forgive me.' を地の文に融合させた自由間接話法ととることができるのであるが，直接的な命令文を使って「ライブ化」すると同時に，先行する 'he' を指示する 'him' を採用することで「脱ライブ化」しているものと解釈することができる．(この場合，me よりも him が優先される傾向にあることについては内田 (2011: 158-164)，内田 (2016) 参照.)

5.　結語

　本稿では従来取り立てて注目されることのなかった，文文法から「逸脱」しているダイクシスにかかわる言語事象をおもにフィクションの地の文から抽出し，なぜ「逸脱」しているのかを議論し，説明を試みた．そこではフィクションの語りの時制と現在時基準のダイクシス表現が密接にかかわることに注目し，認知語用論におけるメタ表象という観点から時制の一致現象と平行関係にあることを指摘した．さらに，それは場所や人称にかかわる現在時基準のダイクシス項目の一致現象とも軌を一にする言語現象であることも明らかにした．

参考文献

Adamson, Sylvia (1995) "From Empathetic Deixis to Empathetic Narrative: Stylization and (De-)subjectivisation as Processes of Language Change," *Subjectivity and Subjectivisation*, ed. by Dieter Stein and Susan Wright, 195-224, Cambridge University Press, Cambridge.

Biber, Douglas, Stig Johansson, Geoffrey Leech, Susan Conrad and Edward Finegan (1999) *Longman Grammar of Spoken and Written English*, Pearson Education Limited, Harlow.

Bronzwaer, Wilhelmus Jozef Maria. (1970) *Tense in the Novel: An Investigation of Some Potentialities of Linguistic Criticism*, Wolters-Noordhoff Publishing,

Groningen.

Carruthers, Janice (2012) "Discourse and Text," *The Oxford Handbook of Tense and Aspect*, ed. by Robert I. Binnick, 306-334, Oxford University Press, Oxford.

Fludernik, Monika (2012) "Narratology and Literary Linguistics," *The Oxford Handbook of Tense and Aspect*, ed. by Robert I. Binnick, 75-101, Oxford University Press, Oxford.

Nikiforidou, Kiki (2012) "The Past+Now in Language and Literature," *Viewpoint in Language A Multimodal Perspective*, ed. by Barabara Dancygier and Eve Sweetser, 177-197, Cambridge University Press, Cambridge.

Nishiguchi, Sumiyo (2006) "Fake Past and a Monster," *Stony Brook Occasional Papers in Linguistics* 1, 152-171.

Nishiguchi, Sumiyo (2011) "Fake Past and Covert Emotive Modality," *Cahiers Chronos* 23, 159-174.

Nishiguchi, Sumiyo (2015) "Fake Past and Awareness," *The 29th Annual Conference of the Japanese Society for Artificial Intelligence* (1-3).

Palmer, F. R. (1974) *The English Verb*, Longman, London.

Quirk, Randolph, Sidney Greenbaum, Geoffrey Leech and Jan Svartvik (1985) *A Comprehensive Grammar of the English Language*, Longman Group Limited, Harlow.

Sperber, Dan, ed. (2000) *Metarepresentations: A Multidisciplinary Perspective*, Oxford University Press, Oxford.

Sperber, Dan and Deirde Wilson (1986/1995^2) *Relevance: Communication and Cognition*, Blackwell, Oxford.［内田聖二・中逵俊明・宋南先・田中圭子（訳）『関連性理論——伝達と認知』1993, 1999（第2版），研究社，東京.］

内田聖二 (2011)『語用論の射程　語から談話・テクストへ』研究社，東京.

内田聖二 (2013)『ことばを読む，心を読む　認知語用論入門』開拓社，東京.

内田聖二 (2016)「ダイクシス，あるいは時間・場所・人称の一致について」英語語法文法学会第24回大会シンポジウム「Spoken English と Written English をめぐって」（奈良大学）.

内田聖二 (2017)「テクストのテンスとダイクシス」日本英語学会第35回大会シンポジウム「慣用表現・変則的表現から見る英語の姿」（東北大学）.

Wilson, Deirdre (2000) "Metarepresentation in Linguistic Communication," *Metarepresentations: A Multidisciplinary Perspective*, ed. by Dan Sperber, 411-448, Oxford University Press, Oxford.

Zunshine, Lisa (2006) *Why We Read Fiction: Theory of Mind and the Novel*, The Ohio State University Press, Columbus.

執筆者紹介
(五十音順)

家入葉子

京都大学大学院文学研究科教授．専門は英語史．

主要業績：*Negative Constructions in Middle English* (Kyushu University Press, 2001), *Verbs of Implicit Negation and their Complements in the History of English* (John Benjamins, 2010), *Language Contact and Variation in the History of English* (Mitsumi Uchida, Lawrence Schourup と共編著, Kaitakusha, 2017), など．

五十嵐海理

龍谷大学社会学部教授．専門は語用論．

主要業績：「Actually のメタ言語的修正について」(『英語語法文法研究』第 18 号, 190-195, 2011),「構文イディオムにおける wits の 2 用法」(吉川裕介氏と共著, JELS 29, 45-51, 2012),「否認とメタ表示」(東森勲 (編)『メタ表示と語用論』, 93-146, 開拓社, 2015), など．

内田聖二

奈良大学文学部教授．専門は語用論．

主要業績：『関連性理論 (第 2 版)』(共訳, 研究社, 1999),『思考と発話』(共訳, 研究社, 2008),『語用論の射程』(研究社, 2011),『ことばを読む、心を読む』(開拓社, 2013), など．

後藤一章

摂南大学外国語学部准教授．専門はコーパス言語学．

主要業績：「日英対訳表現の抽出処理からみる多言語コーパス Tatoeba の有効性」(『統計数理研究所共同研究リポート 345』, 1-9, 2015),「タグ無しテキストとタグ付きテキストにおけるコロケーション分析」(『英語コーパス研究』第 24 号, 69-82, 2017),「統語解析に基づく NS と NNS における名詞の統語機能の比較」(『統計数理研究所共同研究リポート 405』, 85-96, 2018), など．

小早川　暁

獨協大学外国語学部教授．専門は語法文法，認知言語学．

主要業績：「英語の動詞 sigh の意味論」(*JELS* 32, 49-55, 2015)，「『数詞＋名詞＋and＋名詞』の文法」(*JELS* 33, 52-58, 2016)，「単数構文と複数構文」(*JELS* 35, 62-68, 2018)，など．

柴﨑礼士郎

明治大学総合数理学部教授．専門は歴史言語学，談話分析，言語類型論．

主要業績：『言語文化のクロスロード』(文進印刷，2009)，「現代アメリカ英語の二重コピュラ構文」(秋元実治・青木博文・前田満（編）『日英語の文法化と構文化』, 147-180, ひつじ書房, 2015), "From the inside to the outside of the sentence" (S. Hancil, T. Breban and J. V. Lozano (eds.), *New Trends on Grammaticalization and Language Change*, 333-360, John Benjamins, 2018), "Sequentiality and the emergence of new constructions" (H. Cuyckens, H. De Smet, L. Heyvaert and C. Maekelberghe (eds), *Explorations in English Historical Syntax*, 283-306, John Benjamins, 2018)，など．

鈴木　亨

山形大学人文社会科学部教授．専門は語彙意味論，構文論．

主要業績：「結果構文における有界性制約を再考する」(小野尚之（編）『結果構文研究の新視点』, 104-141, ひつじ書房, 2007)，「'Think different' から考える創造的逸脱表現の成立」(菊地朗他（編）『言語学の現在を知る26考』, 241-253, 研究社, 2016), "Spurious resultatives revisited: Predication mismatch and adverbial modification" (『山形大学人文学部研究年報』第14号, 69-104, 2017)，など．

住吉　誠

関西学院大学経済学部教授．専門は語法文法．

主要業績："Phrases, non-compositionality, and functions in use: An analysis of 'Don't "yes, sir" me!'" (Joanna Szerszunowicz, et al. (eds.), *Linguo-Cultural Research on Phraseology* (Intercontinental Dialogue on Phraseology Vol. 3), 281-297, University of Bialystok Publishing House, 2015)，『小学館 オックスフォード 英語コロケーション辞典』(編集委員，小学館，2015)，『談話のことば2　規範からの解放』(研究社, 2016)，など．

都築雅子

中京大学国際教養学部教授.専門は語彙意味論,コーパス言語学.

主要業績:「ゲルマン諸語に見られる派生的果構文に関する一考察」(小野尚之(編)『結果構文研究の新視点』,143-176,ひつじ書房,2007),「コーパスと語彙意味論研究——加熱調理動詞の使役交替性」(深谷輝彦・滝沢直宏(編)『コーパスと英文法・語法』,141-168,ひつじ書房,2015),「in fact, actually, indeed, really の考察」(『英語語法文法研究』第23号,36-52,2016),など.

西村義樹

東京大学大学院人文社会系研究科教授.専門は意味論,認知文法.

主要業績:『認知言語学Ⅰ:事象構造』(編著,東京大学出版会,2002),『言語学の教室:哲学者と学ぶ認知言語学』(野矢茂樹氏との共著,中央公論新社,2013),『認知文法論Ⅰ』(編著,大修館書店,2018),など.

平沢慎也

慶應義塾大学・東京大学・東京外国語大学非常勤講師.専門は認知言語学.

主要業績:"Why is the *wdydwyd* construction used in the way it is used?" (*English Linguistics* 33(2), 499-510, 2017),『メンタル・コーパス——母語話者の頭の中には何があるのか』(分担翻訳,くろしお出版,2017),「for all I know の意味と使用,動機付け」(『東京大学言語学論集』40, 51-84, 2018),『前置詞 by の意味を知っているとは何を知っていることなのか——多義論から多使用論へ』(くろしお出版,2019),など.

八木克正

関西学院大学名誉教授.専門は語法文法,辞書学,フレイジオロジー.

主要業績:『英語定型表現研究』(井上亜依氏と共著,開拓社,2013),『熟語本位英和中辞典 新版』(校注,岩波書店,2016),『斎藤さんの英和中辞典——響きあう日本語と英語を求めて』(岩波書店,2016),『英語にまつわるエトセトラ』(研究社,2018),など.

慣用表現・変則的表現から見える英語の姿

編　者	住吉　誠・鈴木　亨・西村義樹
発行者	武村哲司
印刷所	日之出印刷株式会社

2019 年 9 月 26 日　第 1 版第 1 刷発行Ⓒ

発行所	株式会社　開 拓 社	〒 113-0023　東京都文京区向丘 1-5-2 電話　（03）5842-8900（代表） 振替　00160-8-39587 http://www.kaitakusha.co.jp

ISBN978-4-7589-2274-6　C3082

|JCOPY|＜出版者著作権管理機構　委託出版物＞

本書の無断複製は，著作権法上での例外を除き禁じられています．複製される場合は，そのつど事前に，出版者著作権管理機構（電話 03-3513-6969, FAX 03-3513-6979, e-mail: info@jcopy.or.jp）の許諾を得てください．